本书是国家社会科学基金课题一般项目
“中国境内汉藏语言的语音类型与音变共性研究”
（批准号：16BYY145）的结项成果

# 汉藏语言的语音类型与音变共性

燕海雄　著

民族出版社

**图书在版编目（CIP）数据**

汉藏语言的语音类型与音变共性 / 燕海雄著．—北京：民族出版社，2023.11

ISBN 978-7-105-17155-2

I. ①汉…　II. ①燕…　III. ①比较语音学－汉、藏　IV. ① H214.1

中国国家版本馆 CIP 数据核字（2024）第 000877 号

**汉藏语言的语音类型与音变共性**

策划编辑：刘海涛
责任编辑：刘海涛
封面设计：金　晔
出版发行：民族出版社
社　　址：北京市和平里北街 14 号　邮编：100013
电　　话：010-58130636（编辑室）010-64224782（发行部）
网　　址：http://www.mzcbs.com
印　　刷：北京中石油彩色印刷有限责任公司
经　　销：各地新华书店
版　　次：2024 年 12 月北京第 1 版
印　　次：2024 年 12 月北京第 1 次印刷
开　　本：850 毫米 ×1168 毫米　1/32
字　　数：280 千字
印　　张：10.625
书　　号：ISBN 978-7-105-17155-2 / H · 1243（汉 433）
定　　价：75.00 元

# 目 录

# 第1章 绪论

我国有56个民族，是一个多民族、多语言、多方言、多文字的国家。我国境内有129种语言，主要有汉藏语（例如汉语、藏语、壮语、苗语等）、阿尔泰语（例如维吾尔语、蒙古语、满语等）、南岛语（例如阿美语、泰雅语、排湾语、布农语、邹语以及回辉语等）、南亚语（例如京语、巴琉语、莽语、佤语、德昂语、布朗语以及克木语等）、印欧语（例如塔吉克语等）以及混合语（例如五屯话、唐汪话、诶话、扎话以及倒话等）。[①]

汉藏语言包括汉语、藏缅语、侗台语以及苗瑶语，主要分布在我国及周边的国家和地区。汉语主要分布在中国、新加坡以及部分东南亚国家和地区。藏缅语主要分布在中国、缅甸、泰国、越南、老挝、不丹、印度、尼泊尔、巴基斯坦等国家和地区。侗台语主要分布在中国南部、泰国、老挝、越南北部以及缅甸等国家和地区。苗瑶语主要分布在中国西南部（以贵州省为主）、越南北部、老挝以及泰国等国家和地区。从共时的角度看，汉藏语言在地理上毗邻，类型上相似，共享众多语言特征。从历时的角度看，汉藏语言在演化的过程中，有些分化得早，有些分化得晚，有些接触得深，有些接触得浅，有些发展得快，有些发展得慢。汉藏语言在共时层面上相似相融，在历时层面上相继相承，共同形成了汉藏语言多元一体

---

① 随着语言调查和语言识别的逐步深入，我国境内的语言逐步增多。2007年，孙宏开等主编的《中国的语言》记录了129种语言（包括汉语）。2017年9月，孙宏开等主编的《中国140种语言百科全书》（英文版）记录了140种语言。孙宏开、胡增益、黄行主编：《中国的语言》，北京，商务印书馆，2007； Shearer, Walter & Sun, Hongkai 2017. *Encyclopedia of the 140 Languages of China:Speakers, Dialects, Linguistics Elements, Script, and Distribution*. Lewiston • Lampeter: The Edwin Mellen Press.

格局。

## 1.1 汉藏语言的复杂关系

汉藏语系假设至今已经有了 200 多年的研究历史。基于不同的视角和出发点，不同的学者对于汉藏语系的分类存在较大的争论。随着语言描写和知识挖掘的持续深入，获得的共识也越来越多。孙宏开、江荻（1999、2000）从学术史的角度梳理了汉藏语系的研究历程，指出了不同历史阶段的研究思路与特点，并且以汉藏语系研究为中心，扩展到东亚语言系属研究的方方面面。①

东亚语言的系属关系是复杂的，其实质就是处理汉语、藏缅语、侗台语、苗瑶语、南岛语以及南亚语之间的亲疏远近关系。这种亲疏远近关系主要包括两层意思：（1）这些语言集团之间到底有/没有发生学关系？（2）如果有发生学关系，距离远近如何划定？从地理上看，汉语和藏缅语主要分布在东亚大陆的北部、西部以及西南部，南岛语和南亚语主要分布在东亚大陆的东南部以及东南亚等地，而侗台语与苗瑶语主要分布在上述两大语言集团之间的过渡地带。②这样的地理分布特征在语言层面上留下了不少印记，即侗台语和苗瑶语一方面与北方语言集团（即汉语和藏缅语）之间共享不少语言特征，另一方面又与南方语言集团（即南岛语和南亚语）之间共享不少语言特征。

从汉藏语系研究的历史沿革来看，格里森和科诺于 1909 年就

---

① 孙宏开、江荻：《汉藏语言系属分类之争及其源流》，载《当代语言学》，1999（2）；孙宏开、江荻：《汉藏语系研究历史沿革》，见丁邦新、孙宏开主编：《汉藏语同源词研究（一）：汉藏语研究的历史回顾》，1~116 页，南宁，广西民族出版社，2000。

② 1926 年，人类学家施密特（Wilhelm Schmidt）提出建立南方大语系的设想，下摄南亚语系与南岛语系，前者包括蒙达语与孟-高棉语，后者包括马来-波利尼西亚语以及大部分大洋洲语言。

将台语划归于汉藏语系之内。我国学者在这种认识的基础上，此后逐渐将苗瑶语也划归到汉藏语系中来（以李方桂 1937 年的分类体系为代表），这样汉藏语系就统摄 4 个平行的语族（以罗常培、傅懋勣 1954 年的分类体系为代表）。西方学者关于汉藏语系的认识也是在科诺的分类基础上，随着语言材料的进一步挖掘，有的学者将侗台语排除到汉藏语系之外，并且将其划归到澳泰语系（以本尼迪克特 1942 年的分类体系为代表）。

**表 1.1 格里森和科诺的汉藏语系分类**[①]

| 1 汉台语 |
|---|
| 1.1 汉语 |
| 1.2 台语 |
| 2 藏缅语 |

**表 1.2 李方桂的汉藏语系分类**[②]

| 1 汉台语 |
|---|
| 1.1 汉语<br>1.2 台语 |
| 1.3 苗瑶语 |
| 2 藏缅语 |

① Konow, Sten 1909. The Tibeto-Burman Family. In Grierson, George A.(eds.) *Linguistic Survay of India,* Vol.3: 1~31.

② Li, Fangkuei 1936~1937. Languages and Dialects. *The Chinese Year Book*, pp.121~128，上海，商务印书馆；Li, Fangkuei 1973. Languages and Dialects of China. *Journal of Chinese Linguistics*, Vol.1:1~13.

**表 1.3 本尼迪克特的汉藏语系分类**[1]

| 1 汉语 |
| --- |
| 2 藏—克伦语 |
| 2.1 藏缅语 |
| 2.2 克伦语 |

**表 1.4 罗常培和傅懋勣的汉藏语系分类**[2]

| 1 汉语 |
| --- |
| 2 侗傣语族 |
| 3 藏缅语族 |
| 4 苗瑶语族 |

**表 1.5 孙宏开的汉藏语系分类**[3]

| 1 汉语 |
| --- |
| 2 侗台语族 |
| 3 苗瑶语族 |
| 4 藏缅语族 |

汉藏语系假设主要以汉语与藏缅语为出发点，进而向侗台语、苗瑶语扩展；而南方语系假设则是以南岛语与南亚语为出发点，进而向侗台语、苗瑶语扩展。上述两种语系假设纠结在一起的目的就是为了争夺侗台语与苗瑶语作为自身子嗣语言的合法性。这种地理

① Benedict, Paul K. 1942. Thai, Kadai and Indonesian: A New Alignment in Southeastern Asia. *American Anthropologist*, Vol. 44:439.

② 罗常培、傅懋勣：《国内少数民族语言文字的概况》，载《中国语文》三月号，1954。

③ 孙宏开：《二十世纪的中国少数民族语言文字研究》，见刘坚主编：《二十世纪的中国语言学》，658~659 页，北京，北京大学出版社，1998。

上的分布特征制约着早期学者对于东亚语言的总体认识，也影响着东亚语言系属研究的发展方向。①

东亚语言在地理分布上毗邻，在语言特征上趋同。正是基于语言特征上的趋同从而导致共享不少语言共性，探讨东亚语言的发生学关系才具有了可能性。也正是基于这些共性，导致判断其发生学关系并不顺利。造成这种复杂语言关系的原因是多方面的，其中最为重要的原因可能是语言接触的干扰，即东亚语言在历史上经历过深入的语言接触。在这个层面上可以看到东亚语言的形成过程与印欧语言的形成过程存在着显著性差异，即语言接触在东亚语言的形成过程中占据主导性，而语言分化在印欧语言的形成过程中占据主导性。我们并不完全否认语言分化在东亚语言形成过程中的作用，正如并不否认语言接触在印欧语言形成过程中的作用一样，只是语言分化在东亚语言的形成过程中较之语言接触相对显得弱一些；或者可以这样去理解，语言分化也许在东亚语言的史前阶段起到了重大的作用，但在现阶段的认知范围之内，语言接触的作用更加明确一些。②

① 1990 年，法国学者沙加尔在第 23 届国际汉藏语会议上提交了《汉语南岛语同一起源论》的论文。该文认为：南岛语和汉语之间有众多的同源词，而且对应关系规整。沙氏的依据有三条：1.南岛语末音节与汉语字音对应；2.南岛语的不同韵尾分别对应汉语的不同声调；3.原始南岛语的中缀对应上古汉语的介音，因此汉语的介音有构词作用。这样的观点先后得到了中国学者邢公畹、郑张尚芳以及潘悟云等不同程度的支持，并进一步提出了建立包括汉语、藏缅语、侗台语、苗瑶语、南亚语以及南岛语的上位大语系，称作“华澳语系”。

② 游汝杰：《中国语言系属研究述评》，载《云梦学刊》，1996（3）；陈保亚：《论语言接触与语言联盟》，1~7 页，北京，语文出版社，1996；桥本万太郎著，余志鸿译：《语言地理类型学》（汉文版前言），74~85 页，北京，世界图书出版公司，2008；燕海雄：《论东亚语言塞音的音变规则》，22~25 页，上海，中西书局，2011。

## 1.2 我国境内的汉藏语言

我国是汉藏语言的故乡，语言资源丰富，类型特征多样。张梦翰等（2019）采用贝叶斯系统发生学方法计算出原始汉藏语分化的地方大约在中国北方的黄河中游及上游地区，分化的时间大约在5900 多年前的新石器时代，而原始藏缅语内部各语支开始分化的时间大约在 4700 多年以前。这项研究细化了汉藏语内部逐步分化和形成的历史进程，与语言学、历史学、民族学、考古学以及分子人类学等相关学科相互印证。[①]我国境内共有 76 种汉藏语言，除汉语外，还有 46 种藏缅语、22 种侗台语以及 7 种苗瑶语。[②]

### 1.2.1 藏缅语

我国境内有 46 种藏缅语言，分属 5 个语支，分别为藏语支、彝语支、景颇语支、缅语支以及羌语支。藏语支有 4 种语言，分别为藏语、门巴语、白马语以及仓洛语；彝语支有 15 种语言，分别为彝语、傈僳语、拉祜语、哈尼语、基诺语、纳西语、堂郎语、末昂语、桑孔语、毕苏语、卡卓语、柔若语、怒苏语、土家语以及白语；景颇语支有 9 种语言，分别为景颇语、独龙语、格曼语、达让语、阿侬语、义都语、崩尼—博嘎尔语、苏龙语以及崩如语；缅语支有 6 种语言，分别为阿昌语、载瓦语、浪速语、仙岛语、波拉语以及勒期语；羌语支有 12 种语言，分别为羌语、普米语、嘉戎语、木雅语、尔龚语、尔苏语、纳木依语、史兴语、扎坝语、贵琼语、拉坞戎语以及却域语。

---

① Zhang Menghan, Yan Shi, Pan Wuyun, Jin Li 2019. Phylogenetic evidence for Sino-Tibetan origin in northern China in the Late Neolithic. *Nature*, 569(7754): 112~115.

② 本研究采纳了《中国的语言》中的系属分类体系。孙宏开、胡增益、黄行主编：《中国的语言》，北京，商务印书馆，2007。

### 1.2.2 侗台语

我国境内共有 22 种侗台语，分属 4 个语支，分别为壮傣语支、侗水语支、黎语支以及仡央语支。壮傣语支有 5 种语言，分别为壮语、布依语、傣语、临高语以及标语；侗水语支有 8 种语言，分别为侗语、水语、仫佬语、毛南语、莫语、佯僙语、拉珈语以及茶洞语；黎语支有 2 种语言，分别为黎语和村语；仡央语支有 7 种语言，分别为仡佬语、布央语、普标语、拉基语、布干语、木佬语以及蔡家话。

### 1.2.3 苗瑶语

我国境内主要有 7 种苗瑶语言，分属 3 个语支，分别为苗语支、瑶语支以及畲语支。苗语支有 4 种语言，分别为苗语、布努语、巴哼语以及炯奈语；瑶语支有 1 种语言，即勉语；畲语支有 2 种语言，分别为畲语和巴那语。

### 1.2.4 汉语

汉语通常分为十大方言，分别为官话方言、晋方言、吴方言、闽方言、客家方言、粤方言、湘方言、赣方言、徽方言、平话土话。各方言区内又分布着若干次方言和许多种“土语”。其中使用人数最多的官话方言可分为东北官话、北京官话、冀鲁官话、胶辽官话、中原官话、兰银官话、江淮官话、西南官话 8 种次方言。

## 1.3 汉藏语言的语音描写

我国境内的汉藏语言存在很多特殊类型的语音现象，例如送气擦音、清化鼻音、松紧元音、复元音以及各种复杂的嗓音现象等。有些语音现象（例如塞擦音、送气音以及龈腭音等）在汉藏语言音系中出现得多，分布得广，具有重要的区别功能和研究价值。

语言调查是语音描写的前提，语音描写是类型比较的基础。国外学者从 19 世纪上半叶开始关注汉藏语言的调查和描写，具有代表性的成果有 W.W.亨特（1868）、麦克斯•缪勒（1854）、格里森（1909）、戴维斯（1909）、谢飞（1955、1974）、本尼迪克特（1942、1972、1975）等。①我国学者从 20 世纪 20 年代末开始调查和描写汉藏语言，尤其是抗日战争爆发后，西南联合大学、西北联合大学等高校先后迁往西部，老一辈的民族语言学家深入汉藏民族居住的地区，用现代语言学的理论和方法对多种汉藏语言进行了实地调查，例如赵元任调查了广西壮语和瑶语，李方桂调查了贵州布依族语言、广西壮语和水语，罗常培调查了云南独龙语、傣语、怒语、白语等，袁家骅、马学良、高华年等调查了彝语、哈尼语和苗语，傅懋勣调查了彝语、纳西语和羌语等，邢公畹调查了云南傣语，闻宥、傅懋勣、张琨等调查了四川羌语，金鹏调查了四川藏语、嘉绒语等。②

新中国成立以后，党和政府制定了一系列方针政策，保障少数

① 孙宏开、江荻：《汉藏语言系属分类之争及其源流》，载《当代语言学》，1999（2）；孙宏开、江荻：《汉藏语系研究历史沿革》，见丁邦新、孙宏开主编：《汉藏语同源词研究（一）：汉藏语研究的历史回顾》，1~116 页，南宁，广西民族出版社，2000；Davies, Henry R. 1909. *Yunnan, The Link Between India and the Yangzte*. Cambridge: Cambridge University Press；Shafer, Robert 1955. Classification of the Sino-Tibetan Languages. *Word* 11: 94~111；Shafer, Robert 1974. *Introduction to Sino-Tibetan*, Wiesbaden: Otto Harrassowitz；Benedict, Paul K. 1942. Thai, Kadai and Indonesian: A New Aligment in Southeastern Asia. *American Anthropologist*, Vol.44: 576~601；Benedict, Paul K. 1972. *Sino-Tibetan: A Conspectus*. Cambridge: Cambridge University Press；Benedict, Paul K. 1975. *Austro-Thai Language and Culture, with A Glossary of Roots*. NewHaven: Human Relations Area Files Press.

② 孙宏开：《中国少数民族语言规划百年议》，载《青海民族研究》，2015（2）。

民族语言文字的使用和发展少数民族文化教育的权利，保障少数民族的平等权利。1956 年，在中国科学院语言研究所少数民族语言文字研究组和中央民族学院语文系的基础上筹备成立少数民族语言研究所。少数民族语言研究所具体负责语言大调查的组织领导工作。这次大调查前后约有 700 余人次参与，根据专业方向，组成了 7 个调查队，其中第一队调查了壮语、布依语、侬语、沙语（侬语、沙语后来合并于壮语）、侗语、水家语（现称水语）、黎语及其他亲属关系相近的语言，第二队调查了苗语、瑶语及其他亲属关系相近的语言，第三队调查了傈僳语、景颇语、拉祜语、哈尼语、卡佤语（现称佤语）、民家语（现称白语）、纳西语、独龙语、阿昌语等语言，第四队调查了彝语（及其方言）以及土家语等，第七队调查了藏语、羌语、嘉绒语、西番语（现定为普米语）等。①

20 世纪 50 年代的民族语言大调查积累了丰富的语料，取得了重要的成绩，但是调查成果没能及时整理和系统发布。改革开放以后，《中国少数民族语言简志丛书》列为国家民委民族问题五种丛书之一，陆续由民族出版社出版。截止到 1987 年，共出版了 57 本共 59 种少数民族语言，涉及的汉藏语共 33 种，分别为藏语、景颇语、载瓦语、羌语、阿昌语、普米语、独龙语、门巴语、仓洛语、博嘎尔语、彝语、白语、土家语、哈尼语、傈僳语、拉祜语、纳西语、怒苏语、基诺语、壮语、傣语、布依语、侗语、毛难语、黎语、仫佬语、水语、仡佬语、苗语、勉语、布努语、拉珈语、畲语等。此外，《民族语文》创刊并开辟了“中国少数民族语言概况”专栏、“中国新发现语言研究丛书”的陆续出版、“中国少数民族语言方言研究丛书”的陆续出版以及《中国语言地图集》的绘制等，进一

① 第五队调查了蒙古语、达斡尔语、东乡语、土族语、保安语等，第六队调查了维吾尔语、哈萨克语、柯尔克孜语、乌孜别克语、塔塔尔语、塔吉克语等。

步掌握了我国境内藏缅语的语音情况。2007 年，在前期各项研究的基础上，中国社会科学院民族学与人类学研究所孙宏开、胡增益和黄行主编的《中国的语言》由商务印书馆出版。该项研究成果是在国内 90 多名作者历时 50 余年实地调查的基础上完成的一部集大成的语言国情报告，反映了中国民族语言文字国情的概貌。该项研究成果收录了截至目前识别的中国境内的 129 种语言，其中属于汉藏语言的有 76 种（包括汉语）。

## 1.4 汉藏语言的音节结构

音节在汉藏语言中是一个非常重要的概念，共时类型错综复杂，历时演变井然有序。[①]汉语、侗台语、苗瑶语和部分南亚语属于单音节词根型为主的语言，阿尔泰语和南岛语属于多音节词根型为主的语言，藏缅语介于二者之间，但是内部差别较大。[②]

### 1.4.1 音节类型

汉藏语言以单音节词根型为主，存在着丰富的复辅音、介音以

① Li, Fangkuei 1936~1937. Languages and Dialects. *The Chinese Year Book*, pp.121~128，上海，商务印书馆；Li, Fangkuei 1973. Languages and Dialects of China. *Journal of Chinese Linguistics*, Vol.1:1~13；马学良主编：《汉藏语概论》，4~9 页，北京，北京大学出版社，1991；刘丹青：《汉藏语言的音节显赫及其词汇语法表征》，载《民族语文》，1998（2）；朱晓农：《语音学》，302~336 页，北京，商务印书馆，2010。

② 孙宏开、胡增益、黄行主编：《中国的语言》，56~57 页，北京，商务印书馆，2007。

及辅音韵尾。[①]在复辅音研究方面，马学良（1991）、孙宏开（1999）等认为汉藏语言的复辅音可以分为 4 种类型：（1）基本辅音+后置辅音；（2）前置辅音+基本辅音；（3）前置辅音+基本辅音+后置辅音；（4）重前置辅音+前置辅音+基本辅音+后置辅音。[②]在介音研究方面，孙宏开（2001）和燕海雄（2011）认为，汉藏语言中最为常见的介音有 3 种，分别为-i-、-u-以及-y-。[③]在辅音韵尾研究方面，马学良（1991）和石林、黄勇（1996、1997）认为，汉藏语言中常见的辅音韵尾有鼻音韵尾、塞音韵尾、擦音韵尾、颤音韵尾以及边音韵尾等。[④]在音节类型研究方面，汉语方言音节类型的考察较为多见，尤其是入声韵尾、鼻音韵尾等相关的方面，例如刘泽民（2009）考察了汉语南方方言入声韵尾的类型及其演变，叶晓锋（2011）考察了汉语方言中辅音和元音的组合音列以及 SVS 音节结构的类型分布，李兵、常敏（2020）考察了汉语方言入声音节的类型分布等，而藏缅语、侗台语以及苗瑶语在相关方面尚未全面启动，还有广阔

---

① Li, Fangkuei 1936~1937. Languages and Dialects. *The Chinese Year Book*, pp.121~128，上海，商务印书馆；Li, Fangkuei 1973. Languages and Dialects of China. *Journal of Chinese Linguistics*, Vol.1:1~13；《藏缅语语音和词汇》编写组编：《藏缅语语音和词汇》，1~144 页，北京，中国社会科学出版社，1991；马学良主编：《汉藏语概论》，4~9 页，北京，北京大学出版社，1991。

② 《藏缅语语音和词汇》，50~69 页，北京，中国社会科学出版社，1991；马学良主编：《汉藏语概论》，9 页，北京，北京大学出版社，1991；孙宏开：《原始汉藏语的复辅音问题——关于原始汉藏语音节结构构拟的理论思考之一》，载《民族语文》，1999（6）。

③ 孙宏开：《原始汉藏语中的介音问题——关于原始汉藏语音节结构构拟的理论思考之三》，载《民族语文》，2001（6）；燕海雄：《论东亚语言塞音的音变规则》，83~89 页，上海，中西书局，2011。

④ 马学良主编：《汉藏语概论》，4~9 页，北京，北京大学出版社，1991； 石林、黄勇：《论汉藏语系语言鼻音韵尾的发展演变》，载《民族语文》，1996（6）；石林、黄勇：《论汉藏语系语言塞音韵尾的发展演变》，载《民族语文》，1997（6）。

的发展空间和重要的研究价值。[①]

### 1.4.2 音节构拟

音节在不同类型语言中的地位是不同的，其中在单音节词根型为主的语言中发展出一套声韵分析法。

**表 1.6 单音节词根型语言的音节结构分析模型**

<table>
<tr><td rowspan="2">声母</td><td>韵头</td><td>韵腹</td><td>韵尾</td></tr>
<tr><td colspan="3">韵母</td></tr>
<tr><td colspan="4">声调</td></tr>
</table>

传统的音节结构分为声调和声韵，声韵可以再分为声母与韵母，韵母可以再进一步分为韵头、韵腹与韵尾。音节类型是音节构拟的基础，音节构拟是音节演变的深化。柯蔚南（1986）构拟了原始汉藏语的音节结构，马提索夫（1991）构拟了原始藏缅语言的音节结构，丁邦新（1998）构拟了上古汉语的音节结构。

**表 1.7 柯蔚南为原始汉藏语言构拟的音节结构**[②]

<table>
<tr><td colspan="9">T（?）</td></tr>
<tr><td>C</td><td>(C)</td><td>($M_1$)</td><td>($M_2$)</td><td>($M_3$)</td><td>V</td><td>(V)</td><td>C</td><td>(C)</td></tr>
<tr><td>辅音</td><td>辅音</td><td>介音</td><td>介音</td><td>介音</td><td>元音</td><td>元音</td><td>辅音</td><td>辅音</td></tr>
</table>

① 刘泽民：《汉语南方方言入声韵尾的类型及其演变》，载《上海师范大学学报（哲学社会科学版）》，2009（5）；叶晓锋：《汉语方言语音的类型学研究》，复旦大学博士学位论文，2011；李兵、常敏：《汉语方言入声音节的类型学观察》，载《中国语文》，2020（2）。

② Coblin, Weldon S. 1986. *A Sinologist's Handlist of Sino-Tibetan Lexical Comparisons*. Nettetal: Steyler Verlag.

**表 1.8 马提索夫为原始藏缅语言构拟的音节结构**[①]

| (P) | (P) | Ci | (G) | (V) | (:) | (Cf) | (S) |
|---|---|---|---|---|---|---|---|
| 前缀 | 前缀 | 词首前缀 | 流音 | 元音 | 长度 | 词尾辅音 | 后缀 |

**表 1.9 丁邦新为上古汉语构拟的音节结构**[②]

| (C) | (C) | (C) | (S) | (S) | V | C |
|---|---|---|---|---|---|---|
| 辅音 | 辅音 | 辅音 | 介音 | 介音 | 元音 | 辅音 |

柯蔚南、马提索夫以及丁邦新构拟的音节结构存在较大的差异。马提索夫认为流音之前的是前缀，词尾辅音之后的是后缀；柯蔚南和丁邦新则认为介音之前的是辅音，元音之后的是辅音。孙宏开（1999）提出多个理由讨论了原始汉藏语前缀和复辅音的区别，认为原始汉藏语言既可能有前置辅音，又可能有前缀，反对把前置辅音和前缀混为一谈，并认为前置辅音“从一开始就是词根的一部分，因此今天在构拟原始汉藏语或原始藏缅语的音节结构时，一定要把它作为词根的一部分构拟出来”。[③]施向东（2004）也认为必须要区分词中的语法成分和非语法成分。[④]孙宏开（1999）在藏缅语复辅音分析的基础上，结合诸家关于音节结构的构拟模式，提出了关于原始汉藏语言复辅音声母体系的构拟：[⑤]

---

① Matisoff, James A. 1991. Sino-Tibetan Linguistics: Present State and Future Prospects. *Annual Reviews Anthropol* 20: 469~504.

② 丁邦新：《上古汉语的音节结构》，见《丁邦新语言学论文集》，北京，商务印书馆，1998。

③ 孙宏开：《原始汉藏语的复辅音问题——关于原始汉藏语音节结构构拟的理论思考之一》，载《民族语文》，1999（6）。

④ 施向东：《原始汉藏语的音节结构和构词类型再议》，载《天津大学学报（社会科学版）》，2004（1）。

⑤ 孙宏开：《原始汉藏语的复辅音问题——关于原始汉藏语音节结构构拟的理论思考之一》，载《民族语文》，1999（6）。

**表 1.10 孙宏开为原始汉藏语言构拟的复辅音声母结构**

| $F^1$ | $F^2$ | C | B |
|---|---|---|---|
| 前置辅音 1 | 前置辅音 2 | 基本辅音 | 后置辅音 |

原始汉藏语言的音节结构是复杂的，但又是可以进一步探讨的。全面调查并归纳现代汉藏语言中的共时音节类型，充分重视并参考历史上的文字和文献材料，这是构拟古代音节结构和解释音节演变的基础工作。

### 1.4.3 音节演变

汉藏语言的音节结构从古到今的演变共性与其内部的功能差异有着密切的关系。李方桂（1937、1973）、马学良（1991）等先后指出了汉藏语言音节结构的简化趋势，即复辅音的简化、辅音韵尾的简化以及声调的产生。①马学良（1991）、《藏缅语语音和词汇》编写组（1991）、孙宏开（1999、2011）等进一步论证了复辅音的类型和简化的可能方式等。②目前尚需进一步关注并解决那些看似相似的复辅音为什么会在不同的语言中可能有不同的演变方式和

① Li, Fangkuei 1936~1937. Languages and Dialects. *The Chinese Year Book*, pp.121~128，上海，商务印书馆；Li, Fangkuei 1973. Languages and Dialects of China. *Journal of Chinese Linguistics*, Vol.1:1~13. 马学良主编：《汉藏语概论》，4~9 页，北京，北京大学出版社，1991。

② 马学良主编：《汉藏语概论》，4~9 页，北京，北京大学出版社，1991；《藏缅语语音和词汇》编写组编：《藏缅语语音和词汇》，50~69 页，北京，中国社会科学出版社，1991；孙宏开：《原始汉藏语的复辅音问题——关于原始汉藏语音节结构构拟的理论思考之一》，载《民族语文》，1999（6）；孙宏开：《原始汉藏语辅音系统中的一些问题——关于原始汉藏语音节结构构拟的理论思考之二》，载《民族语文》，2001（1）；孙宏开：《原始汉藏语中的介音问题——关于原始汉藏语音节结构构拟的理论思考之三》，载《民族语文》，2001（6）。

方向，现有的研究成果并不能系统解释这种不同的现象。潘悟云（1999、2000）探讨了主要音节、次要音节、一个半音节以及弱化音节，用响度顺序原则分析了次要音节在语音方面的特征，解释了甲类复辅音与乙类复辅音在音节层面上的差别。[①]王洪君（2008）提出了核心音节与边际音节，认为“普遍响度原则说明了语言的共性，核心音丛的特殊响度级差限制和边际音丛的构成限制则说明了语言的特性。只有区分这三种不同性质的原则才能简明地说明一个语言的音节结构限制”。[②]燕海雄（2011）认为音节结构存在表层结构和深层结构的差别，不同的音节位置可能会导致不同的音变方向，即前置辅音位置上的塞音倾向于擦音化并脱落的趋势，辅音韵尾位置上的塞音倾向于喉塞音化并脱落的趋势。[③]戴庆厦（1997）、施向东（2004）、冯英（2005）等相继指出复辅音还有另外一种可能的演变方向，即分化为双音节。[④]江荻（2013、2014）阐述了汉语从多音节词演化为单音节词的演变机制。[⑤]戴庆厦（2019）认为，单音节性是分析性语言的核心特点，双音节化是分析性语言的进一

---

① 潘悟云：《汉藏语中的次要音节》，见石锋、潘悟云编：《中国语言学的新拓展》，125~147 页，香港，香港城市大学，1999；潘悟云：《历史音韵学》，101~118 页，上海，上海教育出版社，2000。

② 王洪君：《汉语非线性音系学》，94~114 页，北京，北京大学出版社，2008。

③ 燕海雄：《论东亚语言塞音的音变规则》，308~319 页，上海，中西书局，2011。

④ 戴庆厦：《景颇语词的双音节化对语法的影响》，载《民族语文》，1997（5）；施向东：《原始汉藏语的音节结构和构词类型再议》，载《天津大学学报（社会科学版）》，2004（1）；冯英：《复音词的产生与复音化的关系——汉藏系语言词汇复音化思考》，载《云南师范大学学报（哲学社会科学版）》，2005（1）。

⑤ 江荻：《〈尔雅〉词汇形式证明汉语曾是多音节词语言》，载《古汉语研究》，2014（3）；江荻：《王念孙的联绵词“天籁”说证》，载《语言科学》，2013（5）。

步发展。[①]这样的话，复辅音声母的简化究竟走的是哪一条道路？或者以哪一条道路为主、哪一条道路为辅？选择道路的机制是什么？动力是什么？这些问题还需要进一步讨论。

## 1.5 语言样本及系属分类

本书选取了我国境内的95个汉藏语言或方言音系，其中藏缅语、侗台语以及苗瑶语的音系数据主要来自《中国的语言》，汉语方言的音系数据主要来自《汉语方音字汇》。[②]上述语言样本主要用来统计和归纳汉藏语言的语音类型。除此以外，本书还参考了其他汉藏语言材料，例如“中国新发现语言研究丛书”“中国少数民族语言方言研究丛书”“中国民族语言语法标注文本丛书”“中国濒危语言志系列丛书”、《汉藏语语音和词汇》以及“汉藏语同源词数据检索系统”“东亚语言语音词汇数据检索系统”等。[③]

**表1.11 本书选取的语言样本及系属分类**

| 序号 | 语言名称 | 系属分类 |
|---|---|---|
| 1 | 藏　语 | 汉藏语系藏缅语族藏语支 |
| 2 | 门巴语 | 汉藏语系藏缅语族藏语支 |
| 3 | 白马语 | 汉藏语系藏缅语族藏语支 |
| 4 | 仓洛语 | 汉藏语系藏缅语族藏语支 |

① 戴庆厦：《分析性语言的单音节性与双音节化——以景颇语为例》，载《黔南民族师范学院学报》，2019（5）。

② 孙宏开、胡增益、黄行主编：《中国的语言》，北京，商务印书馆，2007；北京大学中国语言文学系语言学教研室编：《汉语方音字汇》，北京，语文出版社，2008。

③ 本研究涉及的汉藏语材料主要来自孙宏开等主持的或推动的项目成果。数据库的相关信息可以进一步参考江荻（2014）的介绍。江荻：《东亚语言语音词汇数据检索系统的设计与功能概述》，载《云南师范大学学报》，2014（2）。

续表

| 序号 | 语言名称 | 系属分类 |
|---|---|---|
| 5 | 彝　语 | 汉藏语系藏缅语族彝语支 |
| 6 | 傈僳语 | 汉藏语系藏缅语族彝语支 |
| 7 | 拉祜语 | 汉藏语系藏缅语族彝语支 |
| 8 | 哈尼语 | 汉藏语系藏缅语族彝语支 |
| 9 | 基诺语 | 汉藏语系藏缅语族彝语支 |
| 10 | 纳西语 | 汉藏语系藏缅语族彝语支 |
| 11 | 堂郎语 | 汉藏语系藏缅语族彝语支 |
| 12 | 末昂语 | 汉藏语系藏缅语族彝语支 |
| 13 | 桑孔语 | 汉藏语系藏缅语族彝语支 |
| 14 | 毕苏语 | 汉藏语系藏缅语族彝语支 |
| 15 | 卡卓语 | 汉藏语系藏缅语族彝语支 |
| 16 | 柔若语 | 汉藏语系藏缅语族彝语支 |
| 17 | 怒苏语 | 汉藏语系藏缅语族彝语支 |
| 18 | 土家语 | 汉藏语系藏缅语族彝语支 |
| 19 | 白　语 | 汉藏语系藏缅语族彝语支 |
| 20 | 景颇语 | 汉藏语系藏缅语族景颇语支 |
| 21 | 独龙语 | 汉藏语系藏缅语族景颇语支 |
| 22 | 格曼语 | 汉藏语系藏缅语族景颇语支 |
| 23 | 达让语 | 汉藏语系藏缅语族景颇语支 |
| 24 | 阿侬语 | 汉藏语系藏缅语族景颇语支 |
| 25 | 义都语 | 汉藏语系藏缅语族景颇语支 |
| 26 | 崩尼-博嘎尔语 | 汉藏语系藏缅语族景颇语支 |
| 27 | 苏龙语 | 汉藏语系藏缅语族景颇语支 |
| 28 | 崩如语 | 汉藏语系藏缅语族景颇语支 |
| 29 | 阿昌语 | 汉藏语系藏缅语族缅语支 |
| 30 | 载瓦语 | 汉藏语系藏缅语族缅语支 |
| 31 | 浪速语 | 汉藏语系藏缅语族缅语支 |

续表

| 序号 | 语言名称 | 系属分类 |
|---|---|---|
| 32 | 仙岛语 | 汉藏语系藏缅语族缅语支 |
| 33 | 波拉语 | 汉藏语系藏缅语族缅语支 |
| 34 | 勒期语 | 汉藏语系藏缅语族缅语支 |
| 35 | 羌　语 | 汉藏语系藏缅语族羌语支 |
| 36 | 普米语 | 汉藏语系藏缅语族羌语支 |
| 37 | 嘉戎语 | 汉藏语系藏缅语族羌语支 |
| 38 | 木雅语 | 汉藏语系藏缅语族羌语支 |
| 39 | 尔龚语 | 汉藏语系藏缅语族羌语支 |
| 40 | 尔苏语 | 汉藏语系藏缅语族羌语支 |
| 41 | 纳木依语 | 汉藏语系藏缅语族羌语支 |
| 42 | 史兴语 | 汉藏语系藏缅语族羌语支 |
| 43 | 扎坝语 | 汉藏语系藏缅语族羌语支 |
| 44 | 贵琼语 | 汉藏语系藏缅语族羌语支 |
| 45 | 拉坞戎语 | 汉藏语系藏缅语族羌语支 |
| 46 | 却域语 | 汉藏语系藏缅语族羌语支 |
| 47 | 壮　语 | 汉藏语系侗台语族壮傣语支 |
| 48 | 布依语 | 汉藏语系侗台语族壮傣语支 |
| 49 | 傣　语 | 汉藏语系侗台语族壮傣语支 |
| 50 | 临高语 | 汉藏语系侗台语族壮傣语支 |
| 51 | 标　话 | 汉藏语系侗台语族壮傣语支 |
| 52 | 侗　语 | 汉藏语系侗台语族侗水语支 |
| 53 | 水　语 | 汉藏语系侗台语族侗水语支 |
| 54 | 仫佬语 | 汉藏语系侗台语族侗水语支 |
| 55 | 毛南语 | 汉藏语系侗台语族侗水语支 |
| 56 | 莫　语 | 汉藏语系侗台语族侗水语支 |
| 57 | 佯僙语 | 汉藏语系侗台语族侗水语支 |
| 58 | 拉珈语 | 汉藏语系侗台语族侗水语支 |

续表

| 序号 | 语言名称 | 系属分类 |
|---|---|---|
| 59 | 茶洞语 | 汉藏语系侗台语族侗水语支 |
| 60 | 黎　语 | 汉藏语系侗台语族黎语支 |
| 61 | 村　语 | 汉藏语系侗台语族黎语支 |
| 62 | 仡佬语 | 汉藏语系侗台语族仡央语支 |
| 63 | 布央语 | 汉藏语系侗台语族仡央语支 |
| 64 | 普标语 | 汉藏语系侗台语族仡央语支 |
| 65 | 拉基语 | 汉藏语系侗台语族仡央语支 |
| 66 | 布干语 | 汉藏语系侗台语族仡央语支 |
| 67 | 木佬语 | 汉藏语系侗台语族仡央语支 |
| 68 | 蔡家话 | 汉藏语系侗台语族仡央语支 |
| 69 | 苗　语 | 汉藏语系苗瑶语族苗语支 |
| 70 | 布努语 | 汉藏语系苗瑶语族苗语支 |
| 71 | 巴哼语 | 汉藏语系苗瑶语族苗语支 |
| 72 | 炯奈语 | 汉藏语系苗瑶语族苗语支 |
| 73 | 勉　语 | 汉藏语系苗瑶语族瑶语支 |
| 74 | 畲　语 | 汉藏语系苗瑶语族畲语支 |
| 75 | 巴那语 | 汉藏语系苗瑶语族畲语支 |
| 76 | 北京话 | 汉藏语系汉语官话方言 |
| 77 | 济南话 | 汉藏语系汉语官话方言 |
| 78 | 西安话 | 汉藏语系汉语官话方言 |
| 79 | 太原话 | 汉藏语系汉语官话方言 |
| 80 | 武汉话 | 汉藏语系汉语官话方言 |
| 81 | 成都话 | 汉藏语系汉语官话方言 |
| 82 | 合肥话 | 汉藏语系汉语官话方言 |
| 83 | 扬州话 | 汉藏语系汉语官话方言 |
| 84 | 苏州话 | 汉藏语系汉语吴方言 |
| 85 | 温州话 | 汉藏语系汉语吴方言 |

续表

| 序号 | 语言名称 | 系属分类 |
|---|---|---|
| 86 | 长沙话 | 汉藏语系汉语湘方言 |
| 87 | 双峰话 | 汉藏语系汉语湘方言 |
| 88 | 南昌话 | 汉藏语系汉语赣方言 |
| 89 | 梅县话 | 汉藏语系汉语客家方言 |
| 90 | 广州话 | 汉藏语系汉语粤方言 |
| 91 | 阳江话 | 汉藏语系汉语粤方言 |
| 92 | 厦门话 | 汉藏语系汉语闽方言 |
| 93 | 潮州话 | 汉藏语系汉语闽方言 |
| 94 | 福州话 | 汉藏语系汉语闽方言 |
| 95 | 建瓯话 | 汉藏语系汉语闽方言 |

## 1.6 前期成果及出版资助

本成果是国家社会科学基金项目“中国境内汉藏语言的语音类型与音变共性研究”（批准号：16BYY145）的结项成果，部分章节在不同的语言学专业期刊和辑刊上发表。考虑到研究的系统性、体例的统一性以及术语的连贯性，出版时修订并统一了前期成果的数据、表格和术语等。各章内容与前期成果之间的对应关系如下。

**第 2 章**

（1）燕海雄：《论汉藏语言塞音的类型与共性》，载《云南师范大学学报》，2015（2）。

（2）燕海雄：《论汉藏语言小舌塞音的音变共性》，载《中央民族大学学报》，2016（6）。

（3）燕海雄：《建立语言历史音变规则的基本方法》，载《东方语言学》（第六辑），上海：上海教育出版社，2009。

（4）燕海雄：《论汉藏语言龈腭塞音的来源》，见《汉藏语学报》（第 5 期），北京，商务印书馆，2011。

（5）燕海雄：《论汉藏语言硬腭塞音的来源》，载《民族语文》，2011（5）。

**第 3 章**

（6）燕海雄、孙宏开、江荻：《中国南方民族语言塞擦音的类型与系属特征》，载《语言研究》，2010（4）。

**第 4 章**

（7）燕海雄：《论汉藏语言擦音的类型与共性》，载《中国民族语言学报》（第一辑），北京，商务印书馆，2017。

（8）燕海雄：《汉藏语言软腭擦音的主要来源》，载《百色学院学报》，2021（2）。

**第 5 章**

（9）燕海雄、江荻：《论鼻音在中国语言中的类型与共性》，载《语言科学》，2015（2）。

**第 6 章**

（10）燕海雄：《论汉藏语言高元音的类型与共性》，载《常熟理工学院学报》，2018（4）。

**第 7 章**

（11）燕海雄：《论汉藏语言前元音的类型与共性》，见《汉藏语学报》（第 12 期），北京，商务印书馆，2021。

（12）燕海雄：《论前高圆唇元音在中国语言中的类型与主要来源》，载《满语研究》，2018（1）。

**第 8 章**

（13）燕海雄：《汉藏语言复元音韵母的类型及来源》，载《民族语文》，2022(03)。

**第 9 章**

（14）燕海雄：《论汉藏语言辅音韵尾的类型与共性》，载《语言科学》，2024（1）。

**第 10 章**

（15）燕海雄：《论我国境内汉藏语言的语音类型与音变共性》，载《语言研究》，2022（2）。

**附录 1**

（16）燕海雄、江荻：《国际音标符号的分类、名称、功能与 Unicode 编码》，载《语言科学》，2007（6）。

**附录 2**

（17）燕海雄：《从我国语言看国际音标表的修订与完善》，载《民族语文》，2012（5）。

**附录 3**

（18）燕海雄：《从汉藏语的音变看调音部位的远近关系》，见《汉藏语学报》（第 14 期），北京，商务印书馆，2023。

本成果受到中国人民大学 2022 年度“中央高校建设世界一流大学（学科）和特色发展引导专项资金”支持。

# 第 2 章 塞音

塞音是世界语言音系中最为重要的音类之一。国际音标表中有 13 个塞音，其调音部位与发声类型（清浊特征）的基本情况如下表所示。

**表 2.1 塞音在国际音标表中的调音部位和发声类型**

| 调音部位 | 双唇 | 唇齿 | 齿龈 | 卷舌 | 硬腭 | 软腭 | 小舌 | 喉 |
|---|---|---|---|---|---|---|---|---|
| 塞音 | p b |  | t d | ʈ ɖ | c ɟ | k ɡ | q ɢ | ʔ |

上述塞音分布在 7 个调音部位，除喉塞音之外，其余 6 个调音部位的 12 个塞音都是清浊对立。同一调音部位的塞音，在音标表中表现为一个单元格，其中清音在前，浊音在后。喉清塞音在世界语言中分布广泛，而喉浊塞音从语音学的角度而言，不可能出现，故反黑表示。咽清塞音从语音学的角度而言，是有可能出现的，但在语言学家所了解的世界语言中，尚没有发现，故白格表示；而咽浊塞音同样是基于语音学的考虑，不可能出现，故反黑表示。在汉藏语言中，除去上述 7 个调音部位的 13 个塞音之外，还有 1 个调音部位的 2 个塞音经常出现，即龈腭部位的清塞音[ȶ]和浊塞音[ȡ]，在汉藏语言音系中曾经发挥过重要的音系调整功能。除清浊特征之外，送气特征在汉藏语言音系中也是一个极为普遍的现象，尤其是在单音节词根型语言中的区别作用更为显著。综合上述汉藏语言音系的塞音特征，在选取塞音调查项目时，一方面要考虑到世界语言音系的共性，另一方面也要兼顾到汉藏语言音系的个性。为此，本项研究共设立了 29 个调查项目，即把上述不同调音部位的 15 个清塞音（8 个不送气清塞音以及与之相匹配的 7 个送气清塞音）以及

14个浊塞音（7个不送气浊塞音以及与之相匹配的7个送气浊塞音）作为汉藏语言的调查项目总表。

**表 2.2 汉藏语言塞音调查项目表**

| 发声类型 | 双唇 | 齿龈 | 卷舌 | 龈腭 | 硬腭 | 软腭 | 小舌 | 咽 | 喉 |
|---|---|---|---|---|---|---|---|---|---|
| 不送气清塞音 | p | t | ʈ | ȶ | c | k | q | — | ʔ |
| 送气清塞音 | pʰ | tʰ | ɖʰ | ȡʰ | cʰ | kʰ | ɢʰ | — | — |
| 不送气浊塞音 | b | d | ɖ | ȡ | ɟ | g | ɢ | — | — |
| 送气浊塞音 | bʰ | dʰ | ɖʰ | ȡʰ | ɟʰ | gʰ | ɢʰ | — | — |

除去常见塞音外，汉藏语言还有很多复杂塞音。复杂塞音是相对于常见塞音而言的。顾名思义，常见塞音就是经常出现的并在音系中具有重要区别意义的塞音音段；而复杂塞音是指那些不经常出现的或者历史上经常出现而现在却退出历史舞台的塞音音段。这些音段常常具备另外一些语音特征，即伴随复杂的发声类型，一般情况下作为塞音的羡余特征，个别情况下也可作为区别特征而进入语音系统中来。本项研究之所以关注汉藏语言复杂塞音的原因就在于这些复杂塞音潜在的羡余特征有可能制约着塞音的音变行为。而实际情况是，复杂塞音的音变方向常常是区别特征与羡余特征之间的换位、融合、转移等，从而使得音变行为得以实现。

## 2.1 塞音的共时类型

从共时的分布来看，塞音是最为常见的音类之一。从不同的语言系属来看，塞音在藏缅语（9.3）中最多，侗台语（8.8）和苗瑶语（8.3）中次之，汉语方言（6.7）中最少。

表 2.3 汉藏语言中的塞音数据及系属分布

| 语言系属 | 语言数量 | 塞音数量 | 平均 |
|---|---|---|---|
| 汉　语 | 20 | 133 | 6.7 |
| 藏缅语 | 46 | 426 | 9.3 |
| 侗台语 | 22 | 193 | 8.8 |
| 苗瑶语 | 7 | 58 | 8.3 |

在现代汉藏语言中，六个塞音的语言（30/95）最为常见，九个塞音的语言（24/95）较为常见，八个和十个塞音的语言（8/95）较为少见，没有塞音的语言未见。

表 2.4 塞音的共时类型及语言数量

| 塞音类型 | 四 | 五 | 六 | 七 | 八 | 九 |
|---|---|---|---|---|---|---|
| 语言数量 | 1 | 1 | 30 | 4 | 8 | 24 |
| 塞音类型 | 十 | 十一 | 十二 | 十三 | 十五 | |
| 语言数量 | 8 | 6 | 6 | 5 | 2 | |

表 2.5 塞音的共时类型及语言实例

| 塞音类型 | 语言实例 |
|---|---|
| 四 | 布依语 |
| 五 | 临高语 |
| 六 | 基诺语、卡卓语、土家语、白语、景颇语、崩尼-博嘎尔语、阿昌语、载瓦语、浪速语、波拉语、勒期语、壮语、傣语、炯奈语、畲语、北京话、济南话、西安话、太原话、武汉话、成都话、合肥话、扬州话、长沙话、南昌话、梅县话、广州话、阳江话、福州话、建瓯话 |
| 七 | 柔若语、标话、拉珈语、村语 |

续表

| 塞音类型 | 语言实例 |
|---|---|
| 八 | 独龙语、仙岛语、黎语、仡佬语、木佬语、布努语、厦门话、潮州话 |
| 九 | 藏语、白马语、彝语、傈僳语、哈尼语、纳西语、桑孔语、毕苏语、格曼语、达让语、苏龙语、嘉戎语、尔苏语、扎坝语、侗语、仫佬语、佯僙语、茶洞语、拉基语、巴哼语、勉语、苏州话、温州话、双峰话 |
| 十 | 仓洛语、怒苏语、义都语、崩如语、莫语、蔡家话、苗语、巴那语 |
| 十一 | 拉祜语、尔龚语、贵琼语、却域语、毛南语、布干语 |
| 十二 | 羌语、普米语、纳木依语、史兴语、拉坞戎语、普标语 |
| 十三 | 门巴语、末昴语、阿侬语、木雅语、水语 |
| 十五 | 堂郎语、布央语 |

从不同的发声类型来看，塞音在现代汉藏语言中主要表现为清浊特征与送气特征之间的对立，其中不送气清塞音（324/810）最为常见，送气清塞音（302/810）与不送气浊塞音（148/810）较为常见，而送气浊塞音（3/810）极为罕见。

**表 2.6 基于发声类型的塞音类型及音段数量**

| 发声类型 | 不送气清 | 送气清 | 不送气浊 | 送气浊 | 合计 |
|---|---|---|---|---|---|
| 分布数量 | 357 | 302 | 148 | 3 | 810 |

从语言的角度看，送气浊塞音仅存在于布央语音系中。查看布央语音系："送气音声母的送气音流不强。清化音声母略带送气，送气音流也不强。bh、dh 等浊送气声母送气音流为清音，气流也

不强。”[1]

从不同的调音部位来看，双唇塞音（95/95）、齿龈塞音（95/95）以及软腭塞音（95/95）最为常见，喉塞音（36/95）和小舌塞音（22/95）较为常见，硬腭塞音（10/95）、龈腭塞音（4/95）以及卷舌塞音（3/95）较为少见。

**表 2.7 基于调音部位的塞音类型及语言数量**

| 调音部位 | 双唇 | 齿龈 | 软腭 | 喉 | 小舌 | 硬腭 | 龈腭 | 卷舌 |
|---|---|---|---|---|---|---|---|---|
| 语言数量 | 95 | 95 | 95 | 36 | 22 | 10 | 4 | 3 |

**表 2.8 基于调音部位的塞音类型及语言实例**

| 调音部位 | 语言实例 |
|---|---|
| 卷舌 | 阿侬语、苗语、布努语 |
| 龈腭 | 侗语、水语、莫语、佯僙语 |
| 硬腭 | 藏语、门巴语、堂郎语、毕苏语、独龙语、苏龙语、仙岛语、仫佬语、毛南语、茶洞语 |
| 小舌 | 拉祜语、堂郎语、末昂语、桑孔语、羌语、普米语、木雅语、尔龚语、纳木依语、史兴语、贵琼语、拉坞戎语、却域语、水语、仡佬语、布央语、普标语、拉基语、布干语、木佬语、苗语、巴哼语 |
| 喉 | 藏语、门巴语、仓洛语、堂郎语、末昂语、桑孔语、毕苏语、柔若语、怒苏语、阿侬语、义都语、苏龙语、崩如语、木雅语、拉坞戎语、壮语、布依语、傣语、临高语、标话、侗语、水语、仫佬语、毛南语、莫语、佯僙语、茶洞语、黎语、村语、布央语、普标语、拉基语、布干语、蔡家话、巴哼语、巴那语 |

① 孙宏开、胡增益、黄行主编：《中国的语言》，1395 页，北京，商务印书馆，2007。

从调音部位的组合类型来看，三套塞音的语言（46/95）最为常见，四套塞音的语言（25/95）和五套塞音的语言（21/95）较为常见，其他组合较为少见。如果一个语言有三套塞音，则倾向于[双唇塞音，齿龈塞音，软腭塞音]（46/46）；如果有四套塞音，最为常见的类型有两种：第一种类型（T7）是在三套塞音的基础上选择喉塞音（12/25），第二种类型（T5）是在三套塞音的基础上选择小舌塞音（10/25）。如果一个语言有五套塞音，最为常见的类型有两种：第一种类型（T10）是在三套塞音的基础上选择喉塞音和小舌塞音（9/21），第二种类型（T11）是在三套塞音的基础选择选喉塞音和硬腭塞音（7/21）。

**表 2.9 基于调音部位的塞音组合类型及语言数量**

| 塞音类型 | | 双唇 | 齿龈 | 龈腭 | 卷舌 | 硬腭 | 软腭 | 小舌 | 喉 | 语言数量 |
|---|---|---|---|---|---|---|---|---|---|---|
| 两 | T1 | 0 | 0 | 0 | 0 | 0 | 1 | 0 | 1 | 1 |
| 三 | T2 | 0 | 1 | 0 | 0 | 0 | 1 | 0 | 1 | 1 |
| | T3 | 1 | 1 | 0 | 0 | 0 | 1 | 0 | 0 | 45 |
| 四 | T4 | 1 | 1 | 0 | 1 | 0 | 1 | 0 | 0 | 1 |
| | T5 | 1 | 1 | 0 | 0 | 0 | 1 | 1 | 0 | 10 |
| | T6 | 1 | 1 | 0 | 0 | 1 | 1 | 0 | 0 | 2 |
| | T7 | 1 | 1 | 0 | 0 | 0 | 1 | 0 | 1 | 12 |
| 五 | T8 | 1 | 1 | 0 | 1 | 0 | 1 | 1 | 0 | 1 |
| | T9 | 1 | 1 | 0 | 1 | 0 | 1 | 0 | 1 | 4 |
| | T10 | 1 | 1 | 0 | 0 | 0 | 1 | 1 | 1 | 9 |
| | T11 | 1 | 1 | 0 | 0 | 1 | 1 | 0 | 1 | 7 |
| 六 | T12 | 1 | 1 | 1 | 0 | 0 | 1 | 1 | 1 | 1 |
| | T13 | 1 | 1 | 0 | 0 | 1 | 1 | 1 | 1 | 1 |

表 2.10 基于调音部位的塞音组合类型及语言实例

| 类型 | 语言实例 |
| --- | --- |
| T1 | 村语 |
| T2 | 临高语 |
| T3 | 白马语、彝语、傈僳语、哈尼语、基诺语、纳西语、卡卓语、土家语、白语、景颇语、格曼语、达让语、崩尼-博嘎尔语、阿昌语、载瓦语、浪速语、波拉语、勒期语、嘉戎语、尔苏语、扎坝语、拉珈语、炯奈语、勉语、畲语、北京话、济南话、西安话、太原话、武汉话、成都话、合肥话、扬州话、苏州话、温州话、长沙话、双峰话、南昌话、梅县话、广州话、阳江话、厦门话、潮州话、福州话、建瓯话 |
| T4 | 布努语 |
| T5 | 拉祜语、羌语、普米语、尔龚语、纳木依语、史兴语、贵琼语、却域语、仡佬语、木佬语 |
| T6 | 独龙语、仙岛语 |
| T7 | 仓洛语、柔若语、怒苏语、义都语、崩如语、壮语、布依语、傣语、标话、黎语、蔡家话、巴那语 |
| T8 | 苗语 |
| T9 | 阿侬语、侗语、莫语、佯僙语 |
| T10 | 末昂语、桑孔语、木雅语、拉坞戎语、布央语、普标语、拉基语、布干语、巴哼语 |
| T11 | 藏语、门巴语、毕苏语、苏龙语、仫佬语、毛南语、茶洞语 |
| T12 | 水语 |
| T13 | 堂郎语 |

## 2.2 塞音的音变共性

从历时的演变来看，塞音是最为稳定的音类之一。从调音部位来看，汉藏语言在选取语音材料时，体现出以下倾向性：在调音部位层面，塞音系统的出现频率可以粗略地分为三类：（1）双唇塞音、齿龈塞音以及软腭塞音最为常见，几近于 100%（这里存在技术上处理，即汉语海口话音系中没有双唇和齿龈部位的塞音，而只有相应部位的内爆音，本项研究将相应调音部位的内爆音计算在塞音数据之内；另外临高话音系中没有双唇塞音，而有双唇内爆音，本项研究也将其计算在塞音数据之内），可将以上三个调音部位上的塞音视为高频塞音。小舌塞音以及硬腭塞音较为常见，可将以上这两个调音部位上的塞音视为中频塞音；而龈腭塞音与卷舌塞音最为少见，可将以上这两个调音部位上的塞音视为低频塞音。这样的话，根据出现频率对塞音进行分类，其结果见下表。

表 2.11 塞音系统在调音部位上的频级分类

| 频级分类 | 调音部位 |
|---|---|
| 高频 | 双唇塞音、齿龈塞音、软腭塞音 |
| 中频 | 小舌塞音、硬腭塞音 |
| 低频 | 龈腭塞音、卷舌塞音 |

调音部位的不同出现频率不仅体现出不同的语音材料在现代汉藏语言音系格局中的数据性倾向，更加体现出不同的语音材料在历时音系格局中的功能性倾向。审视世界历史语言学家所构拟的不同类型与系属的原始共同语音系，高频塞音几乎是“天然”的音系材料，中频塞音则根据不同语言群体的时间深度与语言类型，或有或无，而低频塞音就很难进入到原始共同语音系中去了。这就说明，高频塞音具有原生性质，而中频塞音却由于语音的变化，在不同的

语言中可能存在不同的情况。例如原始印欧语大都构拟出小舌塞音，这就说明，小舌塞音曾在原始印欧语中发生过重要的区别功能，但在部分现代印欧语系语言中，由于语言结构的重新调整与音系格局的变迁，小舌塞音已经不具有音位功能了。在汉藏语言中，小舌塞音的问题还有争论，但一个不争的事实是，小舌塞音在现代汉藏语言音系中已经“褪去了昔日的光环”。低频塞音很难被构拟到原始共同语中去，大多仅作为音位变体或音位创新的形式存在。[①]

小舌塞音在现代汉藏语言中主要分布在侗台语、苗瑶语以及部分藏缅语中。参考孙宏开（2001）构拟的原始汉藏语音系、梁敏和张均如（1996）构拟的原始侗台语音系、王辅世和毛宗武（1995）构拟的原始苗瑶语音系、本尼迪克特（1972）构拟的原始藏缅语音系以及潘悟云（1997）构拟的上古汉语音系，学界逐渐认识到小舌塞音在古代汉藏语言音系中起到了重要的音系区别功能，随着音系的发展和音类的分合，小舌塞音逐渐淡出现代汉藏语言音系，仅仅保留在个别语言音系中。[②]燕海雄（2011、2015、2016、2022）认为，小舌塞音的软腭音化、喉塞音化以及擦音化在汉藏语言音系演化的过程中起到了重要的维系功能。从调音部位上看，小舌塞音在汉藏语言中主要变化为软腭塞音与喉塞音；从调音方法上看，小舌塞音在汉藏语言中主要变化为小舌擦音、软腭擦音与喉擦音。基于

① 燕海雄：《论东亚语言塞音的音变规则》，89~107 页，上海，中西书局，2011；燕海雄：《论汉藏语言塞音的类型与共性》，载《云南师范大学学报》，2015（2）；燕海雄：《论汉藏语言小舌塞音的音变共性》，载《中央民族大学学报》，2016（6）。

② 孙宏开：《原始汉藏语中的介音问题——关于原始汉藏语音节结构构拟的理论思考之三》，载《民族语文》，2001（6）；梁敏、张均如：《侗台语族概论》，70~110 页，北京，中国社会科学出版社，1996；王辅世、毛宗武：《苗瑶语古音构拟》，41~54 页，北京，中国社会科学出版社，1995；Benedict, Paul K. 1972. *Sino-Tibetan: A Conspectus*. Cambridge: Cambridge University Press；潘悟云：《喉音考》，载《民族语文》，1997（5）。

这样的认识，组合类型[双唇塞音，齿龈塞音，软腭塞音，小舌塞音]是古音遗留，而其他组合类型都是在这个基础上发展来的。[①]

喉塞音是一个过渡的音类，既有调音的性质，也有发声的性质。侗台语中的喉塞音最为常见，藏缅语中比较常见，而苗瑶语与汉语方言中比较少见。位于基本辅音位置上的喉塞音主要来源于古代汉藏语言中的小舌塞音，而位于辅音韵尾位置上的喉塞音则主要来源于古代汉藏语言中的双唇塞音、齿龈塞音以及软腭塞音。[②]喉塞音是塞音韵尾简化过程中最为理想的“中转站”或“暂居所”，随着不断的弱化，喉塞音最终会脱落。[③]硬腭塞音在现代汉藏语言音系中较为少见，属于语音创新现象。从历时的角度看，硬腭塞音主要来源于早期语言中的软腭塞音，即软腭塞音的硬腭音化。[④]龈腭塞

① 燕海雄：《论东亚语言塞音的音变规则》，128~140 页，上海，中西书局，2011；燕海雄：《论汉藏语言塞音的类型与共性》，载《云南师范大学学报》，2015（2）；燕海雄：《论汉藏语言小舌塞音的音变共性》，载《中央民族大学学报》，2016（6）；燕海雄：《论我国境内汉藏语言的语音类型与音变共性》，载《语言研究》，2022（2）。

② 孙宏开（1999）讨论了原始汉藏语前缀和复辅音的区别，认为原始汉藏语既可能有复辅音的前置辅音，又可能有前缀，反对把复辅音的前置辅音与前缀混为一谈，并认为前置辅音“从一开始就是词根的一部分，因此在构拟原始汉藏语或原始藏缅语的音节结构时，一定要把它作为词根的一部分构拟出来”。他在藏缅语复辅音分析的基础上，结合诸家关于音节结构的构拟模式，提出了关于原始汉藏语言复辅音声母的构拟模式：[前置辅音 2+前置辅音 1+基本辅音+后置辅音]。

③ 燕海雄：《论东亚语言塞音的音变规则》，108~110 页，上海，中西书局，2011；燕海雄：《论汉藏语言小舌塞音的音变共性》，载《中央民族大学学报》，2016（6）；燕海雄：《论我国境内汉藏语言的语音类型与音变共性》，载《语言研究》，2022（2）。

④ 燕海雄：《论东亚语言塞音的音变规则》，118~128 页，上海，中西书局，2011；燕海雄：《论汉藏语言硬腭塞音的来源》，载《民族语文》，2011（5）；燕海雄：《论我国境内汉藏语言的语音类型与音变共性》，载《语言研究》，2022（2）；燕海雄：《论我国境内汉藏语言的语音类型与音变共性》，载《语言研究》，2022（2）。

音在现代汉藏语言音系中并不罕见，但作为音位意义上的龈腭塞音却不多见，很多时候作为齿龈塞音或硬腭塞音的音位变体。在现代汉藏语言音系中，龈腭塞音主要分布在侗台语与苗瑶语中。从历时的角度看，龈腭塞音主要来源于古代汉藏语言音系中的齿龈塞音与软腭塞音，前者属于齿龈塞音的龈腭音化，后者属于软腭塞音的龈腭音化。①

从发声类型的组合方式来看，常见组合类型[不送气清塞音，不送气浊塞音]具有相对的原生性质，可以看作古音遗留；而常见组合类型[不送气清塞音，送气清塞音]和[不送气清塞音，送气清塞音，不送气浊塞音]具有相对的创新性质，可以看作较为后起的类型。

## 2.3 小舌塞音的发展

小舌塞音在现代汉藏语言中主要分布在侗台语、苗瑶语以及部分藏缅语中。参考原始汉藏语（孙宏开，2001）、原始侗台语（梁敏、张均如，1996）、原始苗瑶语（王辅世、毛宗武，1995）、原始藏缅语（本尼迪克特，1972）以及上古汉语的构拟音系，学界逐渐认识到了小舌塞音的重要性，认为汉藏语言音系中的小舌塞音具有较早的时间深度和较大的音类组合功能。②基于诸家的构拟音系来

① 燕海雄：《论东亚语言塞音的音变规则》，140~148 页，上海，中西书局，2011；燕海雄：《论汉藏语言龈腭塞音的来源》，见《汉藏语学报》（第 5 期），北京，商务印书馆，2011；燕海雄：《论我国境内汉藏语言的语音类型与音变共性》，载《语言研究》，2022（2）。

② 孙宏开：《原始汉藏语中的介音问题——关于原始汉藏语音节结构构拟的理论思考之三》，载《民族语文》，2001（6）；梁敏、张均如：《侗台语族概论》，70~110 页，北京，中国社会科学出版社，1996；王辅世、毛宗武：《苗瑶语古音构拟》，41~54 页，北京，中国社会科学出版社，1995；Benedict, Paul K. 1972. *Sino-Tibetan: A Conspectus*. Cambridge: Cambridge University Press；潘悟云：《喉音考》，载《民族语文》，1997（5）。

看，小舌塞音在古代汉藏语言中具有较强的音系区别功能；基于其现代分布来看，小舌塞音在现代汉藏语言中的音系区别功能则相对较弱；上述两种不同的功能表现说明了小舌塞音已经发生了变化。本项研究试图探索小舌塞音在汉藏语言中的变化类型，用来解释现代汉藏语言中的软腭音、喉音以及零声母等音类的性质及可能性的历史来源。

### 2.3.1 小舌塞音在侗台语言中的变化

小舌塞音在现代侗台语言中的分布较广。参考前贤构拟的原始侗台语言音系，现代侗台语言中的小舌塞音应该是语音遗留。比较词条“旧”“田鸡”以及“乌鸦”在现代侗台语言中的读音。

表 2.12 小舌塞音在在侗台语言例词“旧”中的对应①

| 水语 | 泰语 | 老挝 | 版纳 | 德宏 | 傣拉 | 龙州 | 邕宁 |
|---|---|---|---|---|---|---|---|
| qa:u$^5$ | kau$^5$ | kau$^5$ | kau$^5$ | kau$^5$ | kau$^5$ | kau$^5$ | kau$^5$ |
| 琼山 | 仫佬 | 毛南 | 临高 | 佯僙 | 武鸣 | 拉珈 | 标语 |
| kau$^3$ | kɔ$^5$ | ka:u$^5$ | kau$^3$ | ka:u$^5$ | kau$^5$ | ka:u$^5$ | kɔ$^5$ |
| 锦语 | 莫语 | 柳江 | 布依 | 侗南 | 侗北 | | |
| ka:u$^5$ | ka:u$^5$ | kau$^5$ | kau$^5$ | a:u$^5$ | au$^5$ | | |

表 2.13 小舌塞音在侗台语言例词“田鸡”中的对应②

| 水语 | 泰语 | 老挝 | 版纳 | 德宏 | 傣拉 | 龙州 | 邕宁 |
|---|---|---|---|---|---|---|---|
| qup$^7$ | kop$^7$ | kop$^7$ | kop$^7$ | kop$^9$ | kɔp$^7$ | kap$^7$ | kap$^7$ |

① 梁敏、张均如：《侗台语族概论》，175 页，北京，中国社会科学出版社，1996。

② 梁敏、张均如：《侗台语族概论》，176 页，北京，中国社会科学出版社，1996。

续表

| 琼山 | 仫佬 | 毛南 | 临高 | 佯僙 | 武鸣 | 拉珈 | 标语 |
|---|---|---|---|---|---|---|---|
| kap$^{8'}$ | kəp$^{7}$ | kəp$^{7}$ | op$^{8}$ | — | kop$^{7}$ | kop$^{7}$ | kap$^{7}$ |
| 锦语 | 莫语 | 柳江 | 布依 | 侗南 | 侗北 | | |
| — | kwap$^{7}$ | kop$^{7}$ | kɔp$^{7}$ | əp$^{7}$ | — | | |

**表 2.14 小舌塞音在侗台语言例词“乌鸦”中的对应**[①]

| 水语 | 泰语 | 老挝 | 版纳 | 德宏 | 傣拉 | 龙州 | 邕宁 |
|---|---|---|---|---|---|---|---|
| qa$^{1}$ | ka$^{2}$ | ka$^{1'}$ | ka$^{1}$ | ka$^{6}$ | ka$^{1}$ | ka$^{1}$ | ka$^{1}$ |
| 琼山 | 仫佬 | 毛南 | 临高 | 佯僙 | 武鸣 | 拉珈 | 标语 |
| — | ka$^{1}$ | ka$^{1}$ | — | a$^{1}$ | ka$^{1}$ | ka$^{1}$ | kɔ$^{1}$ |
| 锦语 | 莫语 | 柳江 | 布依 | 侗南 | 侗北 | | |
| a$^{1}$ | a$^{6}$ | a$^{1}$ | a$^{1}$ | a$^{1}$ | a$^{1}$ | | |

比较上述词条的读音，小舌塞音从古代到现代发生了变化，有的保留古代侗台语言的读音（例如水语），有的变化为软腭塞音（例如泰语、老挝、版纳、德宏等），有的变化为零声母（例如侗南、侗北等），有的变化为软腭塞音和零声母（例如临高、佯僙、锦语、莫语等）。

**表 2.15 小舌塞音在现代侗台语言中的语音对应规则 1**

| 水语 | 泰语 | 老挝 | 版纳 | 德宏 | 傣拉 | 龙州 | 邕宁 |
|---|---|---|---|---|---|---|---|
| q | k | k | k | k | k | k | k |
| 武鸣 | 拉珈 | 标语 | 琼山 | 仫佬 | 毛南 | 临高 | 佯僙 |
| k | k | k | k | k | k | k/θ | k/θ |

① 梁敏、张均如：《侗台语族概论》，176 页，北京，中国社会科学出版社，1996。

续表

| 锦语 | 莫语 | 柳江 | 布依 | 侗南 | 侗北 | | |
|---|---|---|---|---|---|---|---|
| k/θ | k/θ | k/θ | k/θ | θ | θ | | |

在上述语音对应中，小舌塞音在侗南和侗北音系中变化为零声母，有的学者把这些零声母处理为喉塞音。零声母和喉塞音之间没有本质的区别，关键在于如何处理“喉闭”的问题。“喉闭”可以处理为发声类型，也可以处理为调音问题，前者即为零声母，后者即为喉塞音。这就是说，零声母和喉塞音之间具有内在的关联。我们也可以将二者分开来处理，即零声母可以认为是喉塞音变化的结果。这样的话，我们可以把上述小舌塞音的变化联系起来，即古代侗台语言中的小舌塞音在现代语言中发生了不同的变化。调音部位前移，变化为软腭塞音；调音部位后移，变化为喉塞音；零声母则是在喉塞音的基础上进一步变化的结果，而现代水语中的小舌塞音则是语音的遗留。

除此之外，小舌塞音还可以变化为软腭擦音和喉擦音。比较词条“苦”和“屎”在现代侗台语言中的读音：

**表 2.16 小舌塞音在侗台语言例词“苦”中的对应①**

| 水语 | 临高 | 琼山 | 仫佬 | 毛南 | 佯僙 | 锦语 | 莫语 |
|---|---|---|---|---|---|---|---|
| qam¹ | kam² | kam² | kam¹ | kam¹ | kam¹ | kam¹ | kam⁶ |
| 拉珈 | 泰语 | 老挝 | 傣拉 | 龙州 | 侗南 | 侗北 | 版纳 |
| kom² | khom¹ | khom¹ | kham¹ | kham¹ | am² | əm² | xum¹ |
| 德宏 | 邕宁 | 武鸣 | 柳江 | 黎语 | 布依 | | |
| xom¹ | ham² | ham² | ham² | ho:m¹ | ɦam² | | |

① 梁敏、张均如：《侗台语族概论》，240 页，北京，中国社会科学出版社，1996。

**表 2.17 小舌塞音在侗台语言例词“屎”中的对应**[①]

| 水语 | 临高 | 琼山 | 仫佬 | 毛南 | 佯僙 | 锦语 | 莫语 |
|---|---|---|---|---|---|---|---|
| $qe^4$ | $kai^4$ | $kai^4$ | $c\varepsilon^3$ | $ce^4$ | $e^4$ | ȶ$i^4$ | ȶ$e^3$ |
| 拉珈 | 泰语 | 老挝 | 傣拉 | 龙州 | 侗南 | 侗北 | 版纳 |
| $kwei^4$ | $khi^3$ | $khi^3$ | $tshi^3$ | $khi^3$ | $e^4$ | $e^4$ | $xi^3$ |
| 德宏 | 邕宁 | 武鸣 | 柳江 | 黎语 | 布依 | | |
| $xi^3$ | $hai^4$ | $hai^4$ | $hai^4$ | $ha{:}i^3$ | $\varepsilon^4$ | | |

比较上述词条的读音，其早期的读音主要变化为不送气软腭塞音（例如临高、琼山等）、送气软腭塞音（例如泰语、老挝等）、喉塞音（例如侗南、侗北等）、软腭擦音（例如版纳、德宏等）以及喉擦音（例如邕宁、武鸣以及布依等）。具体的语音对应规则见下表。

**表 2.18 小舌塞音在现代侗台语言中的语音对应规则 2**

| 水语 | 临高 | 琼山 | 仫佬 | 毛南 | 佯僙 | 锦语 | 莫语 |
|---|---|---|---|---|---|---|---|
| q | k | k | k | k | k | k | k |
| 拉珈 | 泰语 | 老挝 | 傣拉 | 龙州 | 侗南 | 侗北 | 版纳 |
| k | kh | kh | kh | kh | ʔ | ʔ | x |
| 德宏 | 邕宁 | 武鸣 | 柳江 | 黎语 | 布依 | | |
| x | h | h | h | h | ɦ | | |

语音对应规则 2 在语音对应规则 1 的基础上发生了新的变化，即多出了送气清塞音、软腭擦音以及喉擦音等音类。这些音类在梁敏、张均如的构拟音系中是浊塞音，应该是有道理的。送气特征较

① 梁敏、张均如：《侗台语族概论》，240 页，北京，中国社会科学出版社，1996。

之不送气特征，是有标记形式，从历史语言学的角度看，送气特征是一种相对后起的音系特征。因此，梁敏、张均如将该类声母的原始形式构拟为送气的浊塞音有必要进一步深入讨论。另外，考虑到不送气浊声存在变化为送气清声的可能性，且这种可能性在汉藏语的演化过程中曾经起到了重要的维系功能。因此，将上述声母的古代形式构拟为小舌不送气塞音较为合理一些。这样的话，就可以看到小舌塞音在侗台语言中的擦音化现象。

### 2.3.2 小舌塞音在藏缅语言中的变化

在现代藏缅语言中，小舌塞音主要分布在羌语支与彝语支内部，彼此之间具有较为明显的对应关系。比较词条“弯”“啃”以及 “针”在现代藏缅语中的读音。

表 2.19 小舌塞音在藏缅语言例词“弯”中的对应[①]

| 羌语 | 纳木义语 | 藏文 | 普米语 | 彝语（大方） | 纳西语 |
|---|---|---|---|---|---|
| qo$^{33}$ | qho$^{55}$ qho$^{55}$ | gug gug | gõ | gɔ$^{13}$ | gv$^{55}$ |
| 白语 | 缅文 | 载瓦语 | 基诺语 | 景颇语 | 独龙语 |
| khv$^{44}$ | kɔk | koi$^{55}$ | a$^{33}$ kho$^{44}$ | mã$^{31}$ koʔ$^{31}$ | dɯ$^{31}$ guŋ$^{55}$ |

表 2.20 小舌塞音在藏缅语言例词“啃”中的对应[②]

| 羌语 | 木雅语 | 彝语（南涧） | 彝语（南华） | 傈僳语 |
|---|---|---|---|---|
| χɢɑ$^{241}$ ɕe$^{33}$ | gø$^{55}$ lɛ$^{33}$ | kho$^{21}$ | khɯ$^{55}$ | gi$^{31}$ |
| 纳西语 | 哈尼语 | 缅文 | 载瓦语 | 浪速语 |
| kha$^{33}$ | kho$^{31}$ | kok | khe$^{21}$ | khai$^{35}$ |

① 《藏缅语语音和词汇》编写组编：《藏缅语语音和词汇》，1194 页，北京，中国社会科学出版社，1991。

② 《藏缅语语音和词汇》编写组编：《藏缅语语音和词汇》，910 页，北京，中国社会科学出版社，1991。

**表 2.21 小舌塞音在藏缅语言例词“针”中的对应情况**[①]

| 普米语 | 扎巴语 | 藏文 | 门巴语 | 彝语（南华） |
|---|---|---|---|---|
| $qho^{55}$ | $qho^{53}$ | khab | kham | $ɣɯ̠^{21}$ |
| 纳西语 | 哈尼语 | 嘉绒语 | 普米语 | 门巴语 |
| $ko^{31}$ | $kɤ^{31}$ $je̠^{31}$ | ta kap | $kho^{35}$ | $khɔp^{53}$ |

比较上述词条，尽管对应不够严整，但大体的脉络还是清楚的，即羌语支语言中的小舌塞音对应于其他藏缅语中软腭塞音。另据王双成（2011）的研究，安多藏语中存在小舌塞音，与软腭塞音具有严整的对应关系。比较藏语方言中的词条“苦”和“乌”：[②]

**表 2.22 小舌塞音在藏语方言例词“苦”中的对应**

| 藏文 | 拉萨 | 巴塘 | 泽库 | 天峻 | 同德 | 共和 |
|---|---|---|---|---|---|---|
| kha mo | $khə^{55}$ $ti^{52}$ | $kha^{55}$ $mʊ^{53}$ | kha | kha | kha | kha |
| 刚察 | 阿柔 | 天祝 | 玛曲 | 红原 | 阿坝 | 久治 |
| kha | kha | kha | kha | qhæ | qhæ | qhæ |
| 班玛 | 炉霍 | 夏河 | 同仁 | 贵德 | 化隆 | |
| qha | qha | kha | kha | kha | kha | |

**表 2.23 小舌塞音在藏语方言例词“乌”中的对应**

| 藏文 | 拉萨 | 德格 | 泽库 | 天峻 | 同德 | 兴海 |
|---|---|---|---|---|---|---|
| khwa ta | $kha^{55}$ $ta^{55}$ | $kha^{53}$ $da^{53}$ | kha ta | kha ta | kha tha | kha ta |
| 共和 | 刚察 | 阿柔 | 玛曲 | 红原 | 阿坝 | 久治 |
| kha ta | kha ta | khæ tæ | kha tha | qhæ tæ | qhæ tæ | qhæ tæ |

① 《藏缅语语音和词汇》编写组编：《藏缅语语音和词汇》，790 页，北京，中国社会科学出版社，1991。

② 王双成：《安多藏语的小舌音》，载《语言科学》，2011（5）。

续表

| 班玛 | 炉霍 | 夏河 | 同仁 | 循化 | 化隆 | |
|---|---|---|---|---|---|---|
| qhæ tæ | kha ta | kha ta | kha ta | kha ta | kha ta | |

结合小舌塞音在侗台语言和其他藏缅语中的表现，我们有理由认为词条“苦”和“乌”的小舌塞音是语音遗留，而非创新。在一千多年以前的藏文音系中，小舌塞音已经变化为软腭塞音，但在现代安多藏语中依然保留着更早期的小舌塞音。这就说明，保留在现代藏语方言中的语音特征并不一定是在藏文的基础上发展来的，相反其特征可能还要早于藏文音系。小舌塞音应该就属于这种情况。词条“苦”和“乌”的读音说明，小舌塞音在安多藏语中依然保留着其早期的读音，但是在其他藏语方言中已经变化为软腭塞音。

小舌塞音在词条“苦”和“乌”中位于基本辅音位置，随着小舌塞音在藏语中的功能弱化，倾向于发生调音部位的变化，即软腭音化。当小舌塞音位于前置辅音位置或者辅音韵尾位置，则发生了基于调音方法上的变化。

**表 2.24 小舌塞音在藏语方言例词“天”“二”“肺”中的对应**

| 词义 | 藏文 | 泽库 | 天峻 | 同德 | 阿坝 |
|---|---|---|---|---|---|
| 天 | gnam | ɦnam | ʁnam | ɦnam | ɦnam |
| 二 | gȵis | ɦȵi | ʁȵi | ɦȵi | ɦȵi |
| 肺 | glo | ɦlo | ʁlo | ɦlo | ɦlo |
| 词义 | 炉霍 | 夏河 | 同仁 | 循化 | 化隆 |
| 天 | ɦnam | ɦnam | ɦnam | ɦnam | ɦnam |
| 二 | ɦȵi | ɦȵi | ɦȵi | ɦȵi | ɦȵi |
| 肺 | ɦlo | ɦlo | ɦlo | ɦlo | ɦlo |

比较表 2.24 中的词条在藏语方言中的对应形式。[①]词条“天”“二”以及“肺”的读音在藏语方言中对应整齐，前置辅音主要表现为软腭塞音（例如藏文等）、喉擦音（例如泽库、同德等）以及小舌擦音（例如天峻等）。结合小舌塞音的音变规则，我们有理由将这些词条早期的前置辅音构拟为小舌塞音。这样的话，安多藏语中位于前置辅音位置上的小舌塞音可能是语音遗留，而其他藏缅语言中的则可能是语音创新。再比较词条“虎”“触”以及“电”在藏语方言中的对应形式。

**表 2.25　小舌塞音在藏语方言例词“虎”“触”“电”中的对应**[②]

| 词义 | 藏文 | 泽库 | 天峻 | 同德 | 玛曲 | 红原 |
|---|---|---|---|---|---|---|
| 虎 | stag | ʂtaχ | ʂtaχ | ʂtaχ | ʂtaχ | ʂtaq |
| 触 | reg | raχ | raχ | raχ | —— | raq |
| 电 | glog | ɦloχ | ʁloχ | ɦloχ | ɦloχ | ɦloq |
| 词义 | 炉霍 | 夏河 | 同仁 | 循化 | 化隆 | |
| 虎 | ʂtaq | ʂtaχ | ʂtaχ | ʂta | ʂtaχ | |
| 触 | raq | raχ | raχ | ʐaχ | raχ | |
| 电 | ɦloq | ɦloχ | ɦloχ | ɦloχ | ɦloχ | |

词条“虎”“触”以及“电”的读音在藏语方言中对应整齐，辅音韵尾主要表现为软腭塞音（例如藏文等）、小舌塞音（例如红原、炉霍等）以及小舌擦音（例如泽库、天峻等）。结合小舌塞音的音变规则，我们有理由将这些词条早期的辅音韵尾构拟为小舌塞音。[③]这样的话，安多藏语中位于辅音韵尾位置上的小舌塞音是语

① 王双成：《安多藏语的小舌音》，载《语言科学》，2011（5）。

② 王双成：《安多藏语的小舌音》，载《语言科学》，2011（5）。

③ 燕海雄：《论东亚语言塞音的音变规则》，128~129、234~240 页，上海，中西书局，2011。

音遗留，而其他藏缅语言中的则是语音创新。

通过上述论述，小舌塞音在藏缅语言中主要变化为软腭塞音、小舌擦音和喉擦音，其中位于基本辅音位置上的小舌塞音倾向于软腭音化，位于前置辅音位置和辅音韵尾位置上的小舌塞音则倾向于擦音化。

### 2.3.3 小舌塞音在苗瑶语言中的变化

小舌塞音在苗瑶语中也倾向于变化为软腭塞音。比较词条“鸡”和“屎”在现代苗瑶语言中的读音：

表 2.26 小舌塞音在苗瑶语言例词“屎”中的对应①

| 养嵩 | 吉卫 | 先进 | 石门 | 青岩 | 高坡 |
|---|---|---|---|---|---|
| qa³⁵ (3) | qa⁴⁴ (3) | qua⁵⁵ (3) | qa⁵⁵ (3) | qo¹³ (3) | qu¹³ (3) |
| 枫香 | 七百弄 | 瑶里 | 文界 | 宗地 | 复员 |
| qa⁵³ (3) | kɔ⁴³ (3) | kuɔ³³ (3) | qa³¹ (3) | ha⁴²(3a) | qa⁵⁵ (B) |
| 罗香 | 长坪 | 长垌 | 多祝 | 江底 | 湘江 |
| —— | —— | ka⁵³ (3) | ka³³ (3) | gai⁵² (3) | gai⁵³ (3) |
| 梁子 | 览金 | 东山 | 三江 | 大坪 | |
| —— | —— | kai³⁵ (3) | kai³⁵ (3) | kai²⁴ (3) | |

表 2.27 小舌塞音在苗瑶语言例词“鸡”中的对应②

| 养嵩 | 吉卫 | 先进 | 石门 | 青岩 | 高坡 |
|---|---|---|---|---|---|
| qei³³ (1) | qa³⁵ (1) | qai⁴³ (1) | qai⁵⁵ (1) | qai⁵⁵ (1) | qe²⁴ (1) |

① 王辅世、毛宗武：《苗瑶语古音构拟》，326 页，北京，中国社会科学出版社，1995。

② 王辅世、毛宗武：《苗瑶语古音构拟》，325 页，北京，中国社会科学出版社，1995。

续表

| 枫香 | 七百弄 | 瑶里 | 文界 | 宗地 | 复员 |
|---|---|---|---|---|---|
| qɛ$^{33}$ (1) | ka$^{33}$ (1) | kja$^{42}$ (1) | qɛ$^{35}$ (1) | he$^{32}$(1a) | qe$^{31}$(A) |
| 罗香 | 长坪 | 长垌 | 多祝 | 江底 | 湘江 |
| tɕai$^{33}$ (1) | kai$^{35}$ (1) | kai$^{44}$ (1) | kwei$^{22}$ (1) | tɕai$^{33}$ (1) | tɕai$^{33}$ (1) |
| 樑子 | 览金 | 东山 | 三江 | 大坪 | |
| ȶai$^{35}$ (1) | ȶai$^{35}$ (1) | —— | kai$^{33}$ (1) | kui$^{44}$ (1) | |

词条“屎”的读音在现代苗瑶语言中对应严整，词条“鸡”的读音在现代苗瑶语言中的分布情况需要稍作解释。在江底、湘江、罗香等音系中，词条“鸡”的声母是塞擦音。参考瑶里音系，词条“鸡”的声母后接介音；参考高坡、复员等音系，词条“鸡”的声母后接次高元音。根据软腭塞音的音变规则，当软腭塞音后接介音或者高元音时，倾向于变化为塞擦音。[①]因此，江底、湘江、罗香等音系中词的塞擦音得到了解释。在樑子、览金等音系中，词条“鸡”的声母是龈腭塞音。软腭塞音后接介音或者前高元音时，可能会发生龈腭音化。[②]这样的话，樑子、览金等音系中的龈腭塞音声母也得到了解释。为此，我们可以根据词条“鸡”和“屎”的读音建立语音对应规则。

**表 2.28 小舌塞音在苗瑶语言中的语音对应规则 1**

| 养嵩 | 先进 | 吉卫 | 青岩 | 石门 | 高坡 |
|---|---|---|---|---|---|
| q | q | q | q | q | q |

① 燕海雄：《论东亚语言塞音的音变规则》，172~178 页，上海，中西书局，2011。

② 燕海雄：《论东亚语言塞音的音变规则》，140~148 页，上海，中西书局，2011。

续表

| 枫香 | 七百弄 | 瑶里 | 文界 | 宗地 | 复员 |
|---|---|---|---|---|---|
| q | k | k | q | h | q |
| 罗香 | 长坪 | 长垌 | 多祝 | 江底 | 湘江 |
| k | k | k | k | g | g |
| 樑子 | 览金 | 东山 | 三江 | 大坪 | |
| k | k | k | k | k | |

根据上述语音对应规则，可以看出小舌塞音的软腭音化。此外，小舌塞音在苗瑶语言中也发生过擦音化音变。比较词条“叫”和“矮”在现代苗瑶语言中的读音。

**表 2.29 小舌塞音在苗瑶语言例词“叫鸟叫”中的对应①**

| 养嵩 | 吉卫 | 先进 | 石门 | 青岩 | 高坡 |
|---|---|---|---|---|---|
| ken$^{55}$ (2) | —— | qua$^{31}$ (2) | ɢɦa$^{35}$ (2) | qo$^{54}$ (2) | qɑ$^{55}$ (2) |
| 枫香 | 七百弄 | 瑶里 | 文界 | 宗地 | 复员 |
| qa$^{24}$ (2) | —— | kai$^{24}$ (2) | —— | ha$^{53}$ (2) | ʁi$^{31}$ (2) |
| 罗香 | 长坪 | 长垌 | 多祝 | 江底 | 湘江 |
| ha:u$^{31}$ (2) | ha:u$^{31}$ (2) | —— | —— | —— | —— |
| 樑子 | 览金 | 东山 | 三江 | 大坪 | |
| hau$^{33}$ (2) | ha:u$^{22}$ (2) | hjau$^{35}$ (3) | hjau$^{12}$ (6) | —— | |

① 王辅世、毛宗武：《苗瑶语古音构拟》，330 页，北京，中国社会科学出版社，1995。

**表 2.30 小舌塞音在苗瑶语言例词"矮"中的对应**[①]

| 养嵩 | 吉卫 | 先进 | 石门 | 青岩 | 高坡 |
|---|---|---|---|---|---|
| ka$^{11}$ (4) | —— | qe$^{21}$ (4) | ɢɦɯ$^{11}$ (4) | qe$^{32}$ (4) | qɑ$^{31}$ (4) |
| 枫香 | 七百弄 | 瑶里 | 文界 | 宗地 | 复员 |
| qa$^{12}$ (4) | ko$^{232}$ (4) | ku$^{44}$ (4) | —— | hɪ$^{11}$ (4) | ʁa$^{55}$ (B) |
| 罗香 | 长坪 | 长垌 | 多祝 | 江底 | 湘江 |
| ha$^{213}$ (4) | ha$^{121}$ (4) | tʃe$^{31}$ (4) | khje$^{42}$ (4) | —— | —— |
| 樑子 | 览金 | 东山 | 三江 | 大坪 | |
| ha$^{32}$ (4) | ha$^{21}$ (4) | hɔ$^{42}$ (4) | —— | —— | |

根据词条"叫$_{鸟叫}$"和"矮"的读音，建立如下语音对应规则。

**表 2.31 小舌塞音在苗瑶语言中的语音对应规则 2**

| 养嵩 | 先进 | 吉卫 | 青岩 | 石门 | 高坡 |
|---|---|---|---|---|---|
| k | q | q | ɢɦ | q | q |
| 枫香 | 七百弄 | 瑶里 | 文界 | 宗地 | 复员 |
| q | k | k | —— | h | ʁ |
| 罗香 | 长坪 | 长垌 | 多祝 | 江底 | 湘江 |
| —— | h | k | k | k | —— |
| 樑子 | 览金 | 东山 | 三江 | 大坪 | |
| h | h | h | h | —— | |

在上述苗瑶语各代表点中"叫$_{鸟叫}$"和"矮"的读音，可以分为四类，即第一类以吉卫、先进、青岩等地为代表，保留了古声母特

① 王辅世、毛宗武：《苗瑶语古音构拟》，330 页，北京，中国社会科学出版社，1995。

征，主要表现为小舌塞音；第二类以七百弄、瑶里、长垌等地为代表，变化为软腭塞音；第三类以宗地、长坪、樑子为代表，变化为喉擦音；第四类以复员为代表，变化为小舌擦音。小舌塞音的擦音化在苗瑶语言中主要表现为两个音变方向，一种变化为小舌擦音，一种变化为喉擦音。与侗台语言和藏缅语言比较，苗瑶语中的小舌塞音很少变化为软腭擦音。

### 2.3.4 小舌塞音在汉语方言中的变化

关于小舌塞音在汉语方言中的变化问题，潘悟云（1997）已经做过系统的研究。该文充分应用了民族语的比较材料、古代的译音材料、古代文献以及汉语的谐声系统和假借关系，认为上古汉语音系中存在小舌塞音，到了中古变化为影母 ɸ-、晓母 h-、匣母 ɦ-以及云母 ɡ-（具体论述过程参见潘文）。[①]这样的话，小舌塞音在汉语中也经历了类似的音变共性，即第一类变化为喉塞音或者零声母，第二类变化为喉擦音，第三类变化为软腭浊塞音。可见汉语从上古到中古的演化过程中，小舌塞音的音变共性起到了重要的音系维系功能。

## 2.4 龈腭塞音的来源

龈腭塞音在现代汉藏语言音系中并不罕见，但作为音位意义上的龈腭塞音并不多见，很多时候作为齿龈塞音或硬腭塞音的音位变体。在现代汉藏语言音系中，龈腭塞音主要分布在侗台语与苗瑶语中。从历史语言学的角度看，龈腭塞音的来源具有多种可能性，有的可能来自齿龈塞音（调音部位的后移），有的可能来自软腭塞音（调音部位的前移）。不管是作为音位变体，还是作为独立音位，

① 潘悟云：《喉音考》，载《民族语文》，1997（5）。

现代汉藏语言音系中的龈腭塞音主要是从齿龈塞音与软腭塞音变化而来的。

### 2.4.1 龈腭塞音在汉语方言中的来源

中古汉语音系中的端母、透母与定母在现代汉语方言中的语音表现见下表。

**表 2.32 端组字在现代汉语方言中的对应**[①]

| 方言点 | 端 | 透 | 定 |
|---|---|---|---|
| 官　话 | $t$ | $t^h$ | $t^h$（平）$t$（仄） |
| 粤方言 | $t$ | $t^h$ | $t^h$（平）$t$（仄） |
| 客方言 | $t$ | $t^h$ | $t^h$ |
| 闽方言 | $t$ | $t^h$ | $t$ |
| 吴方言 | $t$ | $t^h$ | $d^h$ |

根据上述语音对应形式，董同龢把中古汉语的舌头音（端母、透母与定母）分别构拟为 $t$-、$t^h$-以及 $d^h$-。关于中古汉语音系中的舌上音（知母、彻母与澄母）的构拟问题，董同龢根据五音与字母的排列规则，把舌上音构拟为龈腭塞音 ȶ-、$ȶ^h$-以及 $ȡ^h$-。由于舌头音在韵图中只见于中古一等韵与四等韵，而舌上音则只见于二等韵与三等韵，相互之间呈现出严整的互补关系。古音学家钱大昕曾因这种互补关系而得出“古无舌上音”的著名论断，董同龢也因这种关系提出中古汉语中的这两套塞音是上古汉语音系中齿龈塞音的分化结果。

① 董同龢：《汉语音韵学》，144 页，北京，中华书局，2001。

**表 2.33 齿龈塞音在上古汉语中的变化①**

| 上古构拟 | 语音条件 | 中古构拟 |
|---|---|---|
| *t-, *th-, *dh- | 一四等韵 | t-, th-, dh- |
| | 二三等韵 | ȶ-, ȶh-, ȡ- |

根据董同龢的构拟来看，汉语中古音系中的龈腭塞音来自上古音系中的齿龈塞音。随着现代汉语方言调查的深入，在现代汉语方言音系中，具有龈腭塞音音位的方言音系主要有湖南省耒阳方言、湖南衡山方言、湖南桂阳县敖泉土话以及湘乡翻江镇方言等。②下面以湖南衡山方言音系中的龈腭塞音为例，来讨论其来源及音变过程。

衡山方言音系共有 4 套塞音，分别为双唇、齿龈、软腭以及龈腭塞音，其中龈腭塞音来自中古见组开口二、三、四等和知章二组三等，例如：骄[ȶiɔu$^{44}$]，庆[ȶhiəŋ$^{35}$]；朝[ȶiɔu$^{44}$]，超[ȶhiɔu$^{44}$]，周[ȶiəu$^{44}$]，臭[ȶhiəu$^{35}$]。关于见组在中古音系中的拟音问题，在汉语音韵学界没有争议，都构拟为软腭塞音；而知章二组的拟音问题，在汉语音韵学界却争论很大，不同的音韵学家构拟的音值存在较大的差异，但有一点是一致的，所构拟音值都不出舌面前音（下摄舌叶音、舌尖音以及舌尖后音）的范围。李方桂把知组构拟为卷舌塞音，把章组构拟为龈腭塞擦音；董同龢把知组构拟为龈腭塞音，把章组构拟为龈腭塞擦音。关于知章二组的上古来源问题，在汉语音韵学界没有太大的争论，认为全部来自端组，即齿龈塞音。如果放弃中古音系这个环节，直接上溯到上古音系，那么现代衡山方言音系中的龈

① 董同龢：《汉语音韵学》，289 页，北京，中华书局，2001。

② 钟隆林：《湖南省耒阳方言记略》，载《方言》，1987（3）；毛秉生：《湖南衡山方言音系》，载《方言》，1995（2）；范峻军：《湖南桂阳县敖泉土话同音字汇》，载《方言》，2000（1）；蒋军凤：《湘乡翻江镇方言奉母字今读[kh]声母》，载《方言》，2007（3）。

腭塞音则来自上古的见组与上古的端组。尽管汉语音韵学假设现代汉语方言来自以《切韵》音系为代表的中古音系，但随着方言学研究的逐渐深入，相关专家越来越认识到上述认识的片面性，尤其以闽方言研究具有典型性。这种观点认为，现代汉语方言音系并非是中古音系的直接后裔，表现出非常复杂的前后关系，一个直接的证据就是现代汉语方言中保留着相当丰富的上古汉语音系特征，对此就不能将这种新特征解释为汉语方言音系经历了一个由上古语音特征到中古语音特征、再到上古语音特征的音变过程，最好是将这些特征解释为语音遗留现象。如果将这种观点应用到衡山方言音系中，齿龈塞音直接来自上古的端组与见组，并非一定要经过中古音系的阶段，这样的话就成功地避免了知章二组的构拟问题，也更加符合衡山方言的音系现状和语音学层面上的音变可能性。衡山方言音系中的齿龈塞音来自上古的端组与见组，说明了龈腭塞音的两类来源，一类来自齿龈塞音的龈腭音化，另一类来自软腭塞音的龈腭音化。这样的话就解释了汉语方言音系中龈腭塞音来源的两种可能性，即齿龈塞音的龈腭音化与软腭塞音的龈腭音化。

### 2.4.2 龈腭塞音在藏缅语中的来源

在藏缅语音系中，作为音位层面上的龈腭塞音较为少见，但作为音位变体的龈腭塞音却较为多见。这里分别以门巴语与崩如语为例来说明藏缅语龈腭塞音的来源问题。门巴语属于藏语支语言，该语言音系中存在 1 套硬腭塞音，即[c，ch，ɟ]。当硬腭塞音与[i，y，e，ø]等前元音相拼时，发音部位稍微靠前，实际读音近似龈腭塞音[ȶ，ȶh，ȡ]；当与[u，o，ɔ]等后元音相拼时，发音部位较为靠后，实际读音近似硬腭塞音[c，ch，ɟ]。[①]前文在讨论门巴语硬腭塞音的来源时，已经指出门巴语的硬腭塞音来自早期的软腭塞音。在这

① 陆绍尊：《门巴语方言研究》，38 页，北京，民族出版社，2002。

样的认识下，门巴语中作为音位变体的龈腭塞音来自早期的软腭塞音。这一点与上文讨论的汉语方言音系中的龈腭塞音的来源颇为相似，即软腭塞音在龈腭音化的作用下，生成龈腭塞音，而推动龈腭音化的力量则来自后接音段的语音特征。一般情况下，前元音致使软腭塞音的调音部位向前移动，或者生成硬腭塞音，或者生成龈腭塞音。崩如语属于景颇语支，其音系中的齿龈塞音声母与元音[i]或以[i]为韵头的韵母相拼时，其音值近似为龈腭塞音。①这就是说，崩如语音系中的齿龈塞音已经具有分化的音变倾向，即在元音[i]或以[i]为韵头的韵母的作用下，齿龈塞音有变化为龈腭塞音的倾向；在其他情况下，则仍然保持其齿龈塞音的原初形式。至于这种音变倾向能否最终转化为现实，则取决于该音系中多种音变规则之间的相互竞争。总体来看，现代藏缅语音系中的龈腭塞音大都以音位变体的身份存在着，其来源有可能来自齿龈塞音的龈腭音化，也有可能来自软腭塞音的龈腭音化（或者说硬腭塞音的龈腭音化）。

### 2.4.3 龈腭塞音在侗台语中的来源

现代侗台语音系中存在龈腭塞音，有的来自古代的齿龈塞音，有的来自古代的软腭塞音，但来自软腭塞音的龈腭塞音是主要的。来自齿龈塞音的例子如下。

“乌龟”：泰语[tau$^{5}$]，老挝[tau$^{5}$]，版纳[tau$^{5}$]，德宏[tau$^{5}$]，侗南[ȶa:u$^{5}$]，水语[tja:u$^{5}$]，黎语[thau$^{2}$]

“点灯”：侗南[ȶa:ŋ$^{3}$]，水语[tja:ŋ$^{3}$]，佯僙[tjɛ:ŋ$^{3}$]

“抬”：侗南[ȶuŋ$^{1}$]，侗北[ȶuŋ$^{1}$]，仫佬语[cyŋ$^{1}$]，水语[tjuŋ$^{1}$]，毛南[tjuŋ$^{1}$]，佯僙[tuŋ$^{1}$]，锦语[tjuŋ$^{1}$]

---

① 孙宏开、胡增益、黄行主编：《中国的语言》，708 页，北京，商务印书馆，2007。

在上述语音对应关系中，龈腭塞音对应于齿龈塞音。根据诸家的构拟音系，龈腭塞音在侗台语中属于后起音系现象，上述对应关系的形成是早期齿龈塞音在部分侗台语（尤其是侗水语支）中变化为龈腭塞音，从而与那些没有发生变化的音系之间形成语音对应关系。另外，在侗台语中，还有相当部分的龈腭塞音与软腭塞音之间具有语音对应规则，比较以下例词的读音。

“凝结”：邕宁[ki:t$^{9}$]，武鸣[kiət$^{7}$]，柳江[ki:t$^{7}$]，布依[tɕi:t$^{7}$]，临高[kiat$^{7}$]，侗南[ȶit$^{9}$]，仫佬[ce:t$^{7}$]，水语[ȶet$^{7}$]，毛南[ce:t$^{7}$]，佯僙[ȶe:t$^{9}$]，锦语[ȶi:t$^{7}$]，莫语[ȶi:t$^{9}$]，拉珈[tsi:t$^{9}$]

“老”：泰语[kɛ$^{5}$]，老挝[kɛ$^{5}$]，版纳[kɛ$^{5}$]，德宏[kɛ$^{5}$]，傣拉[kɛ$^{5}$]，龙州[kɛ$^{5}$]，邕宁[kɛ$^{5}$]，武鸣话[kɛ$^{5}$]，柳江[kɛ$^{5}$]，布依[tɕe$^{5}$]，仫佬[ce$^{5}$]，毛南[cɛ$^{5}$]，佯僙[ȶe$^{3}$]，锦语[ȶe$^{5}$]，莫语[ȶe$^{5}$]

“玉米轴”：版纳[kɛn$^{1}$]，布依[tɕen$^{5}$]，佯僙[ȶe:n$^{3}$]，锦语[ȶen$^{5}$]，莫语[ȶen$^{5}$]

在上述例词中，除个别语言的读音属于例外情况（有的语言变化为塞擦音化，有的语言变化为龈腭塞音），其余语言的读音呈现出严整的语音对应关系，即龈腭塞音对应于软腭塞音。与齿龈塞音的龈腭音化同理，上述对应关系的形成是早期软腭塞音分化的结果。综合上面的讨论，现代侗台语音系中的龈腭塞音来自早期的齿龈塞音与软腭塞音，变化的动力来自后接音段的介音性质或前高元音性质。二者之间的差别是音变方向上的不同，齿龈塞音的龈腭音化是保持其调音方法，后移其调音部位；而软腭塞音的龈腭音化是保持其调音方法，前移其调音部位。

### 2.4.4 龈腭塞音在苗瑶语中的来源

龈腭塞音在现代苗瑶语音系中也有体现，下文以勉语为例来说明现代苗瑶语音系中龈腭塞音的主要来源。龈腭塞音的在勉语方言或土语中的分布情况见下表。

表 2.34 龈腭塞音在勉语方言中的分布情况①

| 代表点 | 江底 | 大小河 | 六定 | 盘石 | 公坑 | 两岔河 | 十里香 |
|---|---|---|---|---|---|---|---|
| ʈ | - | - | - | - | - | - | - |
| ʈh | - | - | - | - | - | - | - |
| ɖ | - | - | - | - | - | - | - |
| 代表点 | 庙子源 | 棉花坪 | 罗香 | 长坪 | 梁子 | 都龙 | 梭山脚 |
| ʈ | - | - | - | - | + | + | - |
| ʈh | - | - | - | - | - | + | - |
| ɖ | - | - | - | - | + | + | - |
| 代表点 | 览金 | 甲江 | 滩散 | 新安 | 东山 | 石山 | 大坪 |
| ʈ | + | - | + | + | + | - | - |
| ʈh | - | - | + | + | + | - | - |
| ɖ | + | - | + | + | + | - | - |

基于上表，龈腭塞音主要分布在梁子、都龙、览金、滩散、新安以及东山等方言点中。这些方言点或土语中的龈腭塞音主要有两种来源，一种来自齿龈塞音，一种来自软腭塞音。比较下表中例词的读音。

① 毛宗武：《瑶族勉语方言研究》，137 页，北京，民族出版社，2004。

**表 2.35 龈腭塞音与齿龈塞音在瑶族勉语方言中的对应[①]**

| 代表点 | 吐（痰） | 娶（媳妇） | 撑（船） | 遮（太阳） |
|---|---|---|---|---|
| 江　底 | thu:i$^{52}$ | ko:ŋ$^{52}$ | dzɛ:ŋ$^{33}$ | taŋ$^{52}$ |
| 梁　子 | ȡu$^{21}$ | ȶɔ$^{35}$ | ȡɛŋ$^{22}$ | taŋ$^{545}$ |
| 东　山 | du$^{24}$ | thu$^{35}$ | djɛ$^{33}$ | ȡa$^{33}$ |
| 大　坪 | dɛu$^{42}$ | nuŋ$^{22}$ | haŋ$^{42}$ | dzjɛ$^{44}$ |
| 庙子源 | thui$^{53}$ | thu$^{53}$ | dzəŋ$^{11}$ | taŋ$^{53}$ |
| 长　坪 | dui$^{55}$ | tso$^{54}$ | dzjeŋ$^{33}$ | taŋ$^{53}$ |
| 罗　香 | do$^{55}$ | tɕo$^{43}$ | dʑɛŋ$^{33}$ | taŋ$^{53}$ |
| 滩　散 | ȡu$^{331}$ | ȶɔ$^{35}$ | ȶhɛ:ŋ$^{32}$ | kha$^{13}$ |
| 石　口 | thu$^{44}$ | thu$^{35}$ | thaŋ$^{44}$ | tɕau$^{33}$ |
| 牛尾寨 | thu$^{44}$ | thu$^{35}$ | thaŋ$^{435}$ | tɕa$^{33}$ |

**表 2.36 龈腭塞音与软腭塞音在瑶族勉语方言中的对应[②]**

| 代表点 | 解（开） | 隔（山） | 嫌 | 骑（马） |
|---|---|---|---|---|
| 江　底 | tɕai$^{52}$ | dʑɛ$^{55}$ | dʑi:m$^{31}$ | tɕei$^{31}$ |
| 梁　子 | ȶaɪ$^{545}$ | ȡe$^{35}$ | ȡe:m$^{33}$ | ȶeɪ$^{33}$ |
| 东　山 | tɕi$^{35}$ | gjɛ$^{53}$ | gjɛn$^{31}$ | tɕi$^{31}$ |
| 大　坪 | hit$^{44}$ | gɛn$^{42}$ | hin$^{53}$ | ki$^{53}$ |
| 庙子源 | tɕai$^{53}$ | gɛ$^{54}$ | gəŋ$^{31}$ | tɕei$^{31}$ |
| 长　坪 | kai$^{53}$ | gje$^{54}$ | gjəm$^{31}$ | kjei$^{31}$ |
| 罗　香 | tɕai$^{53}$ | jɛ$^{43}$ | jem$^{31}$ | tɕei$^{31}$ |
| 滩　散 | ȶai$^{55}$ | ȡɛ$^{35}$ | ȡi:m$^{33}$ | ȶɛi$^{33}$ |

① 毛宗武：《瑶族勉语方言研究》，354 ~663 页，北京，民族出版社，2004。

② 毛宗武：《瑶族勉语方言研究》，354 ~663 页，北京，民族出版社，2004。

续表

| 代表点 | 解（开） | 隔（山） | 嫌 | 骑（马） |
| --- | --- | --- | --- | --- |
| 石　口 | $kai^{35}$ | $kjeŋ^{44}$ | $kleŋ^{55}$ | $ki^{13}$ |
| 牛尾寨 | $kjai^{35}$ | —— | $kjəŋ^{53}$ | $ki^{53}$ |

在上述读音中，部分语言经历过塞擦化音变，变化为塞擦音。除去塞擦音之外，绝大部分读音呈现出较为严整的语音对应规则，即在表 2.35 中，龈腭塞音对应于齿龈塞音；在表 2.36 中，龈腭塞音对应于软腭塞音。这与其他汉藏语言的对应规则极为相似，都可以解释为龈腭音化的结果。表 2.35 属于齿龈塞音的龈腭音化，而表 2.36 属于软腭塞音的龈腭音化。这样的话，关于现代苗瑶语中龈腭塞音的来源问题也得到了较为圆满的解释。

## 2.5 硬腭塞音的来源

在现代汉藏语言音系中，双唇塞音、齿龈塞音以及软腭塞音最为常见，小舌塞音与硬腭塞音较为少见。基于原始藏缅语、原始侗台语、原始苗瑶语、上古汉语以及原始汉藏语的构拟音系来看，小舌塞音越来越受到学界的关注与认可，并且逐渐进入到各家的构拟系统中来，被认为是一套具有较早时间深度的、较大组合功能的音类；而硬腭塞音却很难进入到诸家的构拟体系中来，可以看出硬腭塞音是一种后起的音系现象。在现代汉藏语言音系中，硬腭塞音与软腭塞音之间具有较为规整的对应关系。一般认为，软腭塞音在龈腭介音-j-的作用下，调音部位向着龈腭介音-j-的调音部位前移靠近，但又要顾及到软腭塞音的调音部位，从而生成硬腭塞音。软腭塞音的硬腭音化（palatalization）是汉藏语言音系中硬腭塞音得以实现的音变机制。

### 2.5.1 硬腭塞音在藏缅语中的来源

硬腭塞音在现代汉藏语言音系中较为少见。与其他汉藏语言比较，藏缅语言音系中的硬腭塞音却相对多见，如藏语拉萨话、错那门巴语、仙岛语、毕苏语、拉坞戎语、堂郎语、苏龙语以及独龙语等音系中都存在硬腭塞音。这里以藏语支语言为例来说明硬腭塞音在藏缅语言音系中的来源。在现代藏语拉萨话与错那门巴语的塞音格局中，存在 4 个调音部位的对立，即双唇、齿龈、软腭以及硬腭。与其他藏语支语言比较，藏语拉萨话与错那门巴语多出了一套硬腭塞音，并且与书面藏语中的复辅音声母[软腭塞音＋龈腭介音]对应。

表 2.37 硬腭塞音在藏语支语言中的对应

| 语言名称 | 狗 | 八 | 肠 | 救 | 搀扶 |
|---|---|---|---|---|---|
| 书面藏语 | khji | brgjad | rgju ma | skjob | skjor |
| 藏语拉萨话 | $chi^{55}$ | $cɛ^{132}$ | $cu^{13}$ $ma^{52}$ | $cap^{52}$ | $co:^{55}$ |
| 藏语巴塘话 | $tɕhi^{53}$ | $dʑɛʔ^{53}$ | $dʑʊ^{55}$ $ma^{53}$ | $ɕɑuʔ^{53}$ | $ɕo^{55}$ |
| 藏语夏河话 | tɕhə ɣə | dʑal | dʑə ma | htɕop | htɕor |
| 藏语阿力克话 | tɕhə ɣə | wdʑat | rɟjə mæ | wcçop | —— |
| 错那门巴语 | $chi^{53}$ | $cen^{35}$ | $cu^{35}$ $mo^{53}$ | $cɔp^{53}$ | $coʔ^{55}$ $la^{31}$ |

比较上述几个词条在藏语支语言中的读音，整体上表现出比较严整的对应规则。

表 2.38 硬腭塞音在藏语支语言中的语音对应规则

| 语言名称 | 书面藏语 | 拉萨话 | 巴塘话 |
|---|---|---|---|
| 语音形式 | 复辅音 | 硬腭塞音 | 龈腭塞擦音 |

续表

| 语言名称 | 夏河话 | 阿力克话 | 错那门巴语 |
| --- | --- | --- | --- |
| 语音形式 | 龈腭塞擦音 | 龈腭塞擦音 | 硬腭塞音 |

复辅音声母[软腭塞音＋龈腭介音]在藏语支语言中主要对应两种读音，即巴塘话、夏河话、阿力克话中的龈腭塞擦音与拉萨话、错那门巴话中的硬腭塞音。塞擦音在汉藏语言音系特征中具有重要的区别性意义，因此受到了学界的普遍关注。

关于塞擦音的发生学问题，学界一般认为这是一种后起的音系现象，其中塞擦音在汉藏语、苗瑶语、侗台语中的发生学问题都得到了较为全面的解释。[①]孙宏开不仅给出了塞擦音作为后起音系现象的结论，而且提出了塞擦音化得以实现的两个条件：第一，变化项应当是复辅音；第二，这个复辅音的后置辅音应当是介音。这就是说，书面藏语中的复辅音较之其他藏语支语言或方言中塞擦音而言是存古形式，而非创新形式。

关于硬腭塞音的性质，一般认为是语音创新，这有三个方面的证据：第一，硬腭塞音并未进入到各家的构拟音系中去；第二，在现代汉藏语言音系中，硬腭塞音较之双唇、齿龈、软腭、小舌等调音部位而言，出现频率低，是有标记的；第三，软腭塞音在龈腭介音-j-的扰动下变化为硬腭塞音，这种解释不仅符合我们的经验知识，更为重要的是能够找到音变条件；反之则不然。

这就是说，在上述三种读音中，复辅音声母是存古形式，塞擦音与硬腭塞音是创新形式。复辅音声母[软腭塞音＋龈腭介音]在藏

① 张均如：《壮侗语族塞擦音的产生和发展》，载《民族语文》，1983（1）；徐世璇：《缅彝语言塞擦音声母初探》，载《民族语文》，1995（3）；孙宏开：《原始汉藏语辅音系统中的一些问题——关于原始汉藏语音节结构构拟的理论思考之二》，载《民族语文》，2001（1）；江荻：《汉藏语言演化的历史音变模型》，461~508页，北京，民族出版社，2002。

语拉萨话与错那门巴语音系中硬腭音化，而在其他藏语支语言音系中发生了塞擦音化。

书面藏语音系中的[软腭塞音+龈腭介音]在巴塘话、夏河话、藏语阿力克话以及墨脱门巴语音系中变化为龈腭塞擦音，但词条“救”与“搀扶”在巴塘话音系中变化为龈腭擦音，这与其他词条的读音是不同的。这种不同的变化道路是音变初始状态的不同造成的。在书面语音系统中，这些词条的书写形式是相同的，软腭塞音处在基本辅音位置，而介音处在后置辅音位置，它们的组合关系以软腭塞音的调音动作为主。但是个别词条在后期的发展过程中，软腭塞音与介音的组合关系发生了变化，即前者变化为前置辅音，而后者变化为基本辅音，它们的组合关系以“介音”（准确地说是基本辅音）的调音动作为主。这就是说，例外音变的初始状态是[前置辅音+基本辅音]，这与主流音变的[基本辅音+介音]的组合方式是不同的，从而导致例外音变走上了擦音化的道路，而主流音变却走上了塞擦音化的道路。这种初始状态的不同可以用来解释巴塘话音系中的例外音变。

以上论述了复辅音声母[软腭塞音+龈腭介音]的音变可能性，从正面论证了硬腭塞音来源于软腭塞音的可能性，并且进一步指出硬腭音化的音变驱动力，即龈腭介音-j-的扰动。如果在没有龈腭介音-j-的情况下，软腭塞音的硬腭音化能否进行？下文从光杆软腭塞音在藏语支语言中的变化情况来反面论证硬腭塞音得以实现的语音条件。光杆软腭塞音在藏语支语言或方言中表现一致，都保持其原有的读音。

**表 2.39 软腭塞音在藏语支语言中的对应**

| 语言名称 | 柱子 | 针 | 嘴，口 | 雪，霜 | 穿衣服 |
|---|---|---|---|---|---|
| 书面藏语 | ka ba | khab | kha | gaŋs | gon |

续表

| 语言名称 | 柱子 | 针 | 嘴，口 | 雪，霜 | 穿衣服 |
|---|---|---|---|---|---|
| 藏语拉萨话 | ka:$^{55}$ | khəp$^{52}$ | kha$^{55}$ | khaŋ$^{132}$ | khø̃$^{13}$ |
| 藏语巴塘话 | kɑ$^{55}$ | khɑuʔ$^{53}$ | kha$^{53}$ | khɑ$^{55}$ | kø̃$^{13}$ |
| 藏语夏河话 | ka | khap | kha | khaŋ | kon |
| 藏语阿力克话 | cçen rtsaŋ | khap | khæ | kaŋ | kon |
| 错那门巴语 | kɔ:$^{55}$ | khɔm$^{53}$ | kha$^{53}$ | kha$^{55}$ ru$^{53}$ | cen$^{35}$ |

通过上面的对应规则可以看出，光杆软腭塞音在拉萨话音系与错那门巴语音系中仍然保持其原有读音，其中错那门巴语中的词条“穿衣服”是例外。比较错那门巴语中“穿衣服”的韵母与其他藏语支语言或方言的韵母之间的差别，门巴语的韵母是前半高元音，而其他语言的韵母都是后元音。这种差别是造成门巴语音系发生例外音变的主要原因。根据音理知识与音变经验，前半高元音在音变过程中往往具有龈腭介音-j-的性质，这就是说，前半高元音在与软腭塞音的组合过程中很容易衍生出来具有龈腭介音性质的过渡音段。这样的话，该软腭塞音就随着[软腭塞音＋龈腭介音]发生变化。因此，“穿衣服”的声母在错那门巴语音系中的读音表现为硬腭塞音。当藏语拉萨话与错那门巴语音系中的软腭塞音后接龈腭介音-j-时，发生硬腭化音变；当属于光杆塞音时，则保持其原有的读音。通过上文分析，可以看出软腭塞音在藏语支语言中变化的规律性，其中硬腭音化在藏语拉萨话音系与错那门巴语音系中具有重要的音变维系功能。

除去上述这种具有音位价值的硬腭塞音之外，下面列举几个属于音位变体的例子。音位变体属于语音变异现象，是历时音变在共时层面上的具体表现。尽管所有的共时变异现象未必都能转化为现实，但是在一定程度上可以作为评估历史音变的证据。[①]堂郎语属于藏缅语彝语支，其音系中的软腭塞音声母与韵母[i]拼合时，音值近似硬腭塞音声母。[②]达让语属于藏缅语景颇语支，其音系中的软腭塞音声母与韵母[i]或介音[j]相拼时，音值与硬腭塞音相近似。[③]义都语也属于藏缅语景颇语支，其音系中的软腭塞音声母与高元音[i]相拼时，音值近似硬腭塞音声母。[④]尔苏语属于藏缅语羌语支语言，其音系中的软腭塞音声母与元音[i]相拼时，音值近似硬腭塞音声母。[⑤]

### 2.5.2 硬腭塞音在汉语方言中的来源

硬腭塞音在现代汉语方言中极其少见。在作者的音系库中，汉语方言音系共有 372 种，其中出现硬腭塞音的方言共 3 语次，即赣榆（刘沟）方言、牟平方言以及浙江临海方言。[⑥]这里仅以牟平话中的硬腭塞音为例。牟平话属于汉语官话大区胶辽官话区登连片，内部略有差异。查看牟平话单音字表，牟平话音系中存在四套塞音，即双唇塞音、齿龈塞音、硬腭塞音以及软腭塞音。分析其音系格局，可知其音系格局存在尖团对立的语音现象，其中全县绝大多数村庄

① 燕海雄：《建立语言历史音变规则的基本方法》，见《东方语言学》（第六辑），96~108 页，上海，上海教育出版社，2009。

② 孙宏开、胡增益、黄行主编：《中国的语言》，366~378 页，北京，商务印书馆，2007。

③ 孙宏开、胡增益、黄行主编：《中国的语言》，603~624 页，北京，商务印书馆，2007。

④ 孙宏开、胡增益、黄行主编：《中国的语言》，647~665 页，北京，商务印书馆，2007。

⑤ 孙宏开、胡增益、黄行主编：《中国的语言》，950~968 页，北京，商务印书馆，2007。

⑥刘斌：《赣榆（刘沟）方言同音字汇》，载《方言》，1990（1）；罗福滕：《<牟平方言词典>引论》，载《方言》，1995（1）；黄晓东：《浙江临海方言音系》，载《方言》，2007（1）。

的尖音读龈腭塞擦音[tɕ，tɕh，ɕ]，团音读硬腭塞音[c，ch，ç]。

表 2.40 硬腭塞音在汉语方言中的对应

| | |
|---|---|
| 精[꜀ tɕiŋ]≠经[꜀ ciŋ] | 尖[꜀ tɕian]≠肩[꜀ cian] |
| 秦[꜁ tɕhyn]≠群[꜁ chyn] | 清[꜁ tɕhiŋ]≠轻[꜁ chiŋ] |
| 西[꜀ ɕi]≠溪[꜀ çi] | 需[꜀ ɕy]≠虚[꜀ çy] |

结合各家关于上古汉语与中古汉语的构拟音系，尽管存在或多或少的差异，但一个共同的地方是硬腭塞音并未进入到各家的构拟系统中去。这就说明，硬腭塞音是一种后起的语音现象。追查牟平话音系中硬腭塞音的历史来源，全部来自古见溪群晓匣五母字，即来自中古时期的软腭音。这里就存在一个硬腭音化的过程。在牟平话音系中，一个有趣的现象是生于 20 世纪 60 年代中期以前的中老年人尚能区分尖团音，而生于 60 年代之后的年轻人已经不能区分尖团音，并且将老派读音中的硬腭塞音读作塞擦音。结合尖团音在其他汉语方言音系中的表现，可以看出牟平话音系中尖团分立是塞擦音化尚未完成的体现，硬腭音化是塞擦音化的一个中间过程。

除去上述已具有音位价值的硬腭塞音之外，作为音位变体的硬腭塞音在汉语方言音系中也有体现。以汉语晋方言上党片的语音现象为例，晋方言上党片的黎城、潞城、平顺、壶关、陵川、阳城、高平七县精组和见晓组在今齐、撮两呼前读音有分别。高平在今齐齿呼（高平无撮口呼）精组读[ts，tsh，s]，见晓组读[c，ch，ç]。黎城、潞城、平顺、壶关、陵川、阳城六县在今齐、撮呼前精组读[tɕ，tɕh，ɕ]，见晓组读[c，ch，ç]。

**表 2.41 硬腭塞音在汉语晋方言上党片中的对应**[①]

| 方言点 | 精精≠经见 | 趣清≠去溪 | 修心≠休晓 |
|---|---|---|---|
| 高平 | ꜀tsiəŋ≠꜀ciəŋ | tshiᵓ ≠chiᵓ | ꜀siəɤ≠꜀çiəɤ |
| 阳城 | ꜀tsiən≠꜀ciən | tɕhyᵓ ≠chyᵓ | ꜀ɕiɐu≠꜀çɐu |
| 平顺 | ꜀tɕiŋ≠꜀ciŋ | tɕhyᵓ ≠chyᵓ | ꜀ɕiəu≠꜀çiəu |

晋方言中的例证与牟平话音系颇为相似，应该属于同一现象，唯一不同的是牟平话中的硬腭塞音已经从软腭塞音的音位变体升格为独立的音位，而晋方言上党片中的硬腭塞音尚不足以从软腭塞音的音位变体中独立出去。在汉语方言音系中，类似上述音位变体的现象不在少数。硬腭音化极有可能是软腭塞音在塞擦音化过程中的中间表现形式，在现有音系格局中，复辅音声母[软腭塞音＋龈腭介音]呈现出三个音变阶段，要么尚未开启塞擦音化音变，要么塞擦音化已经结束，要么正处在塞擦音化的过程当中。只有当复辅音声母[软腭塞音＋龈腭介音]正处在塞擦音化的过程之中，硬腭塞音要么体现为独立的音位，要么体现为音位变体，这与塞擦音化的程度密切相关，当然也与归纳音位的方法有关。

### 2.5.3 硬腭塞音在侗台语与苗瑶语中的来源

硬腭塞音在现代侗台语与苗瑶语中较为少见。在现代侗台语中，硬腭塞音在仫佬语、毛南语与拉珈语中有所体现。比较以下三个词条的读音。

① 侯精一：《现代晋语的研究》，82 页，北京，商务印书馆，1999。

**表 2.42 硬腭塞音在侗台语言例词“凝结”的对应**[①]

| 语言点 | 仫佬 | 毛南 | 柳江 | 布依 | 临高 | 侗南 | 武鸣 |
|---|---|---|---|---|---|---|---|
| 读　音 | ce:t$^{7}$ | ce:t$^{7}$ | ki:t$^{7}$ | tɕi:t$^{7}$ | kiat$^{7}$ | ȶit$^{9}$ | kiət$^{7}$ |
| 语言点 | 水语 | 邕宁 | 佯僙 | 锦语 | 莫语 | 拉珈 | |
| 读　音 | tet$^{7}$ | ki:t$^{9}$ | ȶe:t$^{9}$ | ȶi:t$^{7}$ | ȶi:t$^{9}$ | tsi:t$^{9}$ | |

**表 2.43 硬腭塞音在侗台语言例词“缠绕”中的对应**[②]

| 语言点 | 毛南 | 拉珈 | 德宏 | 龙州 | 邕宁 | 武鸣 |
|---|---|---|---|---|---|---|
| 读　音 | ceu$^{3}$ | cɛ:u$^{3}$ | keu$^{3}$ | ki:u$^{3}$ | ke:u$^{3}$ | ke:u$^{3}$ |
| 语言点 | 柳江 | 布依 | 仫佬 | 版纳 | 老挝 | 标语 |
| 读　音 | kju$^{3}$ | tɕiu$^{3}$ | kɣəu$^{3}$ | keu$^{5}$ | kiəu$^{4}$ | kɛ:u$^{1}$ |

**表 2.44 硬腭塞音在侗台语言例词“老”中的对应**[③]

| 语言点 | 仫佬 | 毛南 | 版纳 | 德宏 | 傣拉 | 龙州 | 邕宁 |
|---|---|---|---|---|---|---|---|
| 读　音 | ce$^{5}$ | cɛ$^{5}$ | kɛ$^{5}$ | ke$^{5}$ | ke$^{5}$ | ke$^{5}$ | ke$^{5}$ |
| 语言点 | 武鸣 | 柳江 | 布依 | 泰语 | 老挝 | 佯僙 | 莫语 |
| 读　音 | ke$^{5}$ | ke$^{5}$ | tɕe$^{5}$ | kɛ$^{5}$ | kɛ$^{5}$ | ȶe$^{5}$ | ȶe$^{5}$ |

比较上述词条，基本上表现为以下四种读音，即软腭塞音、塞擦音（例如布依语的龈腭塞擦音和拉珈语的齿龈塞擦音）、龈腭塞音以及硬腭塞音。在上述四种读音中，软腭塞音是存古现象，其余三种读音是创新现象。塞擦音是一种后起的音系现象，本章 2.5.1

① 梁敏、张均如：《侗台语族概论》，159 页，北京，中国社会科学出版社，1996。

② 梁敏、张均如：《侗台语族概论》，159 页，北京，中国社会科学出版社，1996。

③ 梁敏、张均如：《侗台语族概论》，160 页，北京，中国社会科学出版社，1996。

节已有引述，第 3 章会有系统讨论。龈腭塞音也是一种后起的音系现象，本章 2.4 节已有系统讨论。

梁敏、张均如（1996）在《侗台语族概论》中将上述词条的原始声母形式构拟为软腭塞音，即仫佬语与毛南语音系中的硬腭塞音主要来自早期的*kl，拉珈语音系中的硬腭塞音则主要来自早期的*k（-i、-e 前）。①上述构拟形式可以解释现代侗台语音系中的 4 种读音的来源与发展。原始侗台语中的软腭塞音在龈腭介音-j-或与龈腭介音-j-具有相似调音空间的音段之前时，可能保留古声母特征，也有可能变化为塞擦音、龈腭塞音以及硬腭塞音等。

在现代苗瑶语音系中，硬腭塞音主要分布在苗语吉卫话、布努语荔波洞塘冬孟话、南丹里湖包瑙话、富宁龙绍东努话、都安梅珠东努话以及勉语甲江话等音系中。根据诸家的构拟音系，原始苗瑶语的语音系统中并没有硬腭塞音，这就说明，硬腭塞音在现代苗瑶语音系中也是一种后起的音系现象。②这里以布努语瑙格劳方言包诺土语瑶里话为例来说明现代苗瑶语音系中硬腭塞音的来源。比较现代苗瑶语音系中各代表点之间的对应关系。

**表 2.45 硬腭塞音在苗瑶语言例词“斗笠₋”中的对应**③

| 语言点 | 吉卫 | 先进 | 石门 | 青岩 | 高坡 |
|---|---|---|---|---|---|
| 读　音 | ku⁴⁴ (7) | kou³³ (7) | kau¹¹ (7) | ku⁴³ (7) | kə⁴³ (7) |
| 语言点 | 宗地 | 复员 | 七百弄 | 瑶里 | 文界 |
| 读　音 | ku⁴⁴ (7) | ko⁴⁴ (D) | kju³² (7) | cau³² (7) | kʉ⁵³ (7) |

① 梁敏、张均如：《侗台语族概论》，159、160 页，北京，中国社会科学出版社，1996。

② 王辅世、毛宗武：《苗瑶语古音构拟》，41~54 页，北京，中国社会科学出版社，1995。

③ 王辅世、毛宗武：《苗瑶语古音构拟》，299 页，北京，中国社会科学出版社，1995。

表 2.46 硬腭塞音在苗瑶语言例词“热$_{二\ 热水}$”中的对应[①]

| 语言点 | 枫香 | 七百弄 | 瑶里 | 长垌 | 多祝 |
|---|---|---|---|---|---|
| 读　音 | khoŋ$^{33}$ (1) | khjuŋ$^{33}$ (1) | chɔ$^{42}$ (1) | khjaŋ$^{44}$ (1) | khaŋ$^{22}$ (1) |

表 2.47 硬腭塞音在苗瑶语言例词“蚱蜢$_{一}$”中的对应[②]

| 语言点 | 养嵩 | 先进 | 石门 | 高坡 | 宗地 |
|---|---|---|---|---|---|
| 读　音 | ku$^{55}$ (2) | koŋ$^{31}$ (2) | gɦau$^{35}$ (2) | koŋ$^{55}$ (2) | kaŋ$^{53}$ (2) |
| 语言点 | 复员 | 枫香 | 七百弄 | 瑶里 | |
| 读　音 | ɣoŋ$^{31}$ (2) | koŋ$^{24}$ (2) | kjaŋ$^{13}$ (2) | cɔŋ$^{24}$ (2) | |

上述词条的读音有一个共性，硬腭塞音与软腭音有着密切的关系，要么表现为软腭塞音，要么表现为软腭擦音，其中绝大多数表现为软腭塞音。软腭擦音是通过软腭塞音的弱化（擦音化）而来的。王辅世、毛宗武（1995）将上述词条的原始形式也构拟为软腭塞音。这样的话，瑶里话中的硬腭塞音就可以认为是从原始苗瑶语中的软腭塞音中发展出来的。

硬腭塞音在现代汉藏语言音系中较为少见，属于语音创新现象。从历时的角度看，现代汉藏语言音系中的硬腭塞音都来自早期语言音系中的软腭塞音，即软腭塞音的硬腭音化。至于硬腭音化的音变条件问题，这与具体语言的音系特征以及音节结构具有密切的关系。在不同的语言中，其音变条件是不同的。这些不同的音变条件却有着内在的一致性，即当软腭塞音的后接音段具有龈腭介音-j-的性质时，尤其是龈腭浊近音[j]或前高元音[i]时，软腭塞音就具有了硬腭音化的驱动力。至于这种驱动力能否进一步推动软腭塞音变

① 王辅世、毛宗武：《苗瑶语古音构拟》，300 页，北京，中国社会科学出版社，1995。

② 王辅世、毛宗武：《苗瑶语古音构拟》，302 页，北京，中国社会科学出版社，1995。

化为硬腭塞音，这就要综合考量不同音系音变竞争的情况了。

## 2.6 小结

塞音是世界语言音系中最为重要的音类之一。从调音部位来看，塞音可以分为高频、中频和低频三类，其中双唇塞音、齿龈塞音以及软腭塞音是高频塞音，小舌塞音和硬腭塞音是中频塞音，龈腭塞音和卷舌塞音是低频塞音。高频塞音最为常见，中频塞音较为常见，低频塞音最为少见。高频塞音具有原生性质，中频塞音却由于语音的变化，在不同的语言中可能存在不同的情况，而低频塞音则大多具有创新性质。从组合方式来看，组合类型 2[双唇塞音，齿龈塞音，软腭塞音，小舌塞音]是典型的存古类型，而组合类型 1[双唇塞音，齿龈塞音，软腭塞音]和组合类型 3[双唇塞音，齿龈塞音，软腭塞音，硬腭塞音]都是在组合类型 2 的基础上发展来的。类型 2 中的小舌塞音大都缘着塞音调音通道向前或向后移动，最终合并到软腭塞音和喉塞音之中；而类型 3 中的硬腭塞音是在软腭塞音的基础上腭音化的结果。

从发声类型来看，清浊特征与送气特征在汉藏语言中起到极其重要的区别功能。上述两对对立特征所构成的四种组合类型中，其中不送气清塞音最为常见，送气清塞音与不送气浊塞音次之，而送气浊塞音只在个别语言中有所体现。从组合方式来看，常见组合类型 1[不送气清塞音，不送气浊塞音]是一种较早时期的类型，在汉藏语言音系中具有相对的原生性质；而常见组合类型 2[不送气清塞音，送气清塞音]和常见组合类型 3[不送气清塞音，送气清塞音，不送气浊塞音]则是一种较为后起的类型，具有相对的创新性质。

喉塞音在汉藏语言中具有重要的音系价值，分布很不平衡。喉塞音在侗台语中最为常见，在藏缅语中较为常见，在苗瑶语与汉语方言极为少见。喉塞音在不同系属语言中的分布特征不仅与不同学界的不同的归纳习惯有关，更与塞音（尤其与小舌塞音）的演化有着密切的关系。这是演化方向的重要窗口，更是演化结果的重要显示，值得进一步深入探讨。

# 第3章 塞擦音

塞擦音在汉藏语言音系特征中具有重要的区别性意义，因此受到了学界的普遍关注。关于塞擦音的发生学问题，学界一般认为是一种后起的音系现象，其中汉藏语（徐世璇，1995；孙宏开，2001）、苗瑶语（张琨，1976）、侗台语（张均如，1983）中塞擦音的发生学问题都得到了较为全面的解释。[①]关于塞擦音的发音方法问题，学界一般认为塞擦音既与常见塞音不同，也与同部位的塞音和擦音组合而成的复辅音声母不同。在通常情况下，塞音在除阻的同时，如果其收紧点处足够狭窄的话，气流从该处通过时会形成湍流。这个瞬间的摩擦一般被认为是塞音除阻时破裂的一部分。因此，在这个意义上说，塞擦音的性质更加接近于常态塞音，只是由于其收缩除阻的方式从而导致除阻之后的摩擦阶段延长。关于塞擦音的次类发音方法问题，主要存在清与浊、送气与不送气之间的对立，即存在不送气清塞擦音、送气清塞擦音、不送气浊塞擦音以及送气浊塞擦音。至于塞擦音的调音部位问题，相关的研究大都是基于经验的。由于国际音标表中没有为塞擦音设立专栏，只是在“其他辅音符号”中稍有提及，所以对哪些调音部位不可能存在塞擦音还不甚了解。为此，本项研究假设以下12个调音部位都有可能存在塞擦音，即双唇、唇齿、齿间、齿龈、龈后、卷舌、前硬腭、后硬腭、软腭、小舌、咽以及喉。除去上述常态塞擦音之外，塞擦音还存在其他复

① 徐世璇：《缅彝语言塞擦音声母初探》，载《民族语文》，1995（3）；孙宏开：《原始汉藏语辅音系统中的一些问题——关于原始汉藏语音节结构构拟的理论思考之二》，载《民族语文》，2001（1）；张琨：《原始苗语的声母》，见《民族语文研究情报资料集》，1976（2）；张均如：《壮侗语族塞擦音的产生和发展》，载《民族语文》，1983（1）。

杂态类型，如弛声态浊塞擦音（slack voiced affricative）、气声态浊塞擦音（breathy voiced affricative）、内爆塞擦音（implosive affricative）、边塞擦音（lateral affricative）以及外挤气塞擦音（ejective affricative）等。[①]

## 3.1 塞擦音的共时类型

塞擦音在现代汉藏语言音系中极为常见，但在世界其他区域的语言中较为少见。从塞擦音的数量来看，四个塞擦音（24/95）和两个塞擦音（21/95）的语言最为常见，六个塞擦音（15/95）和九个塞擦音（14/95）的语言较为常见，十二个塞擦音（8/95）的语言较为少见。

**表 3.1 塞擦音的共时类型及语言数量**

| 共时类型 | 零 | 一 | 二 | 三 | 四 | 五 | 六 | 八 | 九 | 十二 | 十五 |
|---|---|---|---|---|---|---|---|---|---|---|---|
| 语言数量 | 1 | 4 | 21 | 2 | 24 | 2 | 15 | 3 | 14 | 8 | 1 |

**表 3.2 塞擦音的共时类型及语言实例**

| 共时类型 | 语言实例 |
|---|---|
| 零 | 壮语 |
| 一 | 布依语、傣语、临高语、莫语 |
| 二 | 标话、侗语、水语、仫佬语、毛南语、佯僙语、拉珈语、茶洞语、黎语、布央语、布干语、布努语、炯奈语、畲语、梅县话、广州话、阳江话、厦门话、潮州话、福州话、建瓯话 |
| 三 | 崩尼-博嘎尔语、村语 |

① Ladefoged, Peter & Maddieson, Ian 1996. *The Sounds of the World's Languages*. Oxford: Blackwell.

续表

| 共时类型 | 语言实例 |
| --- | --- |
| 四 | 桑孔语、毕苏语、卡卓语、柔若语、土家语、白语、景颇语、独龙语、苏龙语、载瓦语、浪速语、仙岛语、波拉语、勒期语、仡佬语、拉基语、木佬语、巴哼语、太原话、武汉话、成都话、扬州话、长沙话、南昌话 |
| 五 | 普标语、苏州话 |
| 六 | 藏语、傈僳语、哈尼语、基诺语、末昂语、崩如语、阿昌语、蔡家话、苗语、勉语、巴那语、北京话、济南话、合肥话、温州话 |
| 八 | 格曼语、达让语、西安话 |
| 九 | 门巴语、仓洛语、彝语、拉祜语、纳西语、堂郎语、怒苏语、阿侬语、义都语、木雅语、尔龚语、纳木依语、却域语、双峰话 |
| 十二 | 白马语、羌语、普米语、嘉戎语、尔苏语、史兴语、贵琼语、拉坞戎语 |
| 十五 | 扎坝语 |

从不同的系属看，藏缅语（7.5）的塞擦音最多，汉语（4.2）和苗瑶语（4.0）次之，侗台语（2.4）最少。

**表 3.3 汉藏语言中的塞擦音数据及系属分布**

| 语言系属 | 语言数量 | 塞擦音数量 | 平均 |
| --- | --- | --- | --- |
| 汉 语 | 20 | 84 | 4.2 |
| 藏缅语 | 46 | 345 | 7.5 |
| 侗台语 | 22 | 52 | 2.4 |
| 苗瑶语 | 7 | 28 | 4.0 |

藏缅语大多有三套塞擦音，有两种类型：第一种类型是齿龈、前硬腭以及卷舌部位，第二种类型是齿龈、前硬腭以及龈后部位；部分语言有四套，集中分布在齿龈、前硬腭、卷舌以及后硬腭部位。苗瑶语大多有两套塞擦音，集中分布在齿龈与前硬腭部位；少数语言有三套塞擦音，分布在齿龈、前硬腭以及卷舌部位。南亚语大多有一套，其分布状况看不出什么规律；少数语言有两套塞擦音。侗台语大多有一套塞擦音，集中分布在齿龈部位。南岛语大多只有一套，集中分布在齿龈部位；部分语言没有塞擦音。

由于中国南方民族语言之间的复杂性关系，上述系属分布特征只能是倾向性的，但仍然可以看出不同系属语言之间在塞擦音类型上的区别性。从历史语言学的角度出发，结合塞擦音作为一种后起的音系现象，可以看出藏缅语、苗瑶语、南亚语、侗台语以及南岛语在塞擦音类型层面上正处在不同的发展阶段。南岛语处在塞擦音类型的一个极端，即大多数语言已经具有一套塞音，部分语言还处在由没有塞擦音向有塞擦音转变的阶段；侗台语较之南岛语似乎进了一步，其一套塞擦音已经稳定了下来，几乎全部集中在齿龈部位；南亚语较之侗台语则更进了一步，基本上产生了一套塞擦音，少数语言又进了一步，逐渐形成了两套塞擦音；苗瑶语较之南亚语又进了一步，大部分语言有两套塞擦音，少数语言逐渐发展出三套塞擦音；藏缅语处在塞擦音类型的另一个极端，大部分语言已经发展出三套稳定的塞擦音，部分语言进一步塞擦化，已经发展出四套塞擦音，个别语言已经有了五套塞擦音。从上述的描述看，上述5个语群存在一个总的发展趋势，即其音系随着语言的演化走上了逐渐塞擦化的进程：（无塞擦音阶段）→南岛语→侗台语→南亚语→苗瑶语→藏缅语→……

从地域分布来看，塞擦音的多寡从东至西，自南往北逐渐增多。台湾省的部分南岛语（如布农语、赛夏语、巴则海语、邵语等）完全没有塞擦音，部分南岛语（如泰耶尔语、鲁凯语、邹语、噶玛兰语、赛德克语、卑南语、沙阿鲁阿语、卡那卡那富语等）只有一套塞擦音，只有极个别语言（仅如排湾语）发展出三套塞擦音。中国大陆东南部区域的侗台语的塞擦音也不丰富，以湘桂线划分的西部壮语，例如武鸣话等多数方言都没有塞擦音，东部也只有一套齿龈塞擦音。侗台语的这种现象分布相当广泛，南至海南岛，例如临高语与黎语等；西至贵州省和云南省，例如侗语、拉珈语、仫佬语、佯僙语、水语、傣语等。云南省的南亚语大多也只有一套塞擦音，例如布朗语、莽语、克木语、德昂语、布兴语等；少数语言产生了两套塞擦音，例如克蔑语、倈语、佤语等，但似乎与语言的频繁接触有关。苗瑶语的塞擦音比较起来要多一些，我们的数据中有两套塞擦音的语言或方言多一些，例如，苗语养蒿话、苗语吉卫话、苗语青岩话、苗语宗地话、苗语枫香话、巴哼语、瑶语金秀话等。但也有只有一套塞擦音的，例如炯奈语龙华话与畲语陈湖话等。苗语的方言里，三套或四套的语言也有，例如苗语先进话、苗语石门坎话、苗语复员话、苗语高坡话等。最后要说到这一大地理区域中的藏缅语区域，塞擦音最少的是靠南面的彝语、景颇语等，一般有两套塞擦音，越往北塞擦音越多，例如尔龚语、却域语、木雅语、阿侬语以及彝语喜德话都是三套塞擦音，羌语亚都话、普米语九龙话、嘉戎语、贵琼语、史兴语以及尔苏语等都有四套塞擦音，最多的扎坝语有五套塞擦音。

从发声类型看，塞擦音在汉藏语言音系中有不送气清塞擦音、送气清塞擦音、不送气浊塞擦音以及送气浊塞擦音，主要表现为清浊特征和送气特征之间的对立（燕海雄、孙宏开、江荻，2010；燕海雄，2011）。其中不送气清塞擦音（207/509）最为常见，送气清塞擦音（195/509）较为常见，不送气浊塞擦音（107/509）较为少见，送气浊塞擦音未见。

从调音部位来看，齿龈塞擦音（198/509）和龈腭塞擦音（157/509）最为常见，卷舌塞擦音（94/509）和龈后塞擦音（48/509）较为常见，其他塞擦音较为少见。

**表 3.4 基于调音部位的塞擦音类型及语言数量**

| 塞擦音类型 | 零 | 一 | 二 | 三 | 四 | 五 |
|---|---|---|---|---|---|---|
| 语言数量 | 1 | 25 | 36 | 23 | 9 | 1 |

**表 3.5 基于调音部位的塞擦音类型及语言实例**

| 塞擦音类型 | 语言实例 |
|---|---|
| 零 | 壮语 |
| 一 | 炯奈语、广州话、阳江话、侗语、佯僙语、布依语、布央语、布努语、傣语、临高语、莫语、标话、水语、仫佬语、毛南语、拉珈语、茶洞语、黎语、布干语、畲语、梅县话、厦门话、潮州话、福州话、建瓯话 |
| 二 | 崩尼-博嘎尔语、普标语、村语、景颇语、载瓦语、浪速语、波拉语、勒期语、傈僳语、仙岛语、桑孔语、毕苏语、卡卓语、柔若语、土家语、白语、独龙语、苏龙语、仡佬语、拉基语、木佬语、巴哼语、太原话、武汉话、成都话、扬州话、长沙话、南昌话、苏州话、哈尼语、末昂语、崩如语、蔡家话、勉语、巴那语、温州话 |
| 三 | 基诺语、拉祜语、藏语、阿昌语、苗语、北京话、济南话、合肥话、格曼语、达让语、门巴语、仓洛语、彝语、纳西语、堂郎语、怒苏语、阿侬语、义都语、木雅语、尔龚语、纳木依语、却域语、双峰话 |
| 四 | 嘉戎语、西安话、拉坞戎语、白马语、羌语、普米语、尔苏语、史兴语、贵琼语 |

续表

| 塞擦音类型 | 语言实例 |
| --- | --- |
| 五 | 扎坝语 |

从调音部位的组合类型看，两个调音部位（36/95）的语言最为常见，一个调音部位（25/95）和三个调音部位（23/95）的语言较为常见，四个调音部位（9/95）和五个调音部位（1/95）的语言较为少见。

**表 3.6 基于调音部位的塞擦音组合类型及语言数量**

| 组合类型 | | 唇齿 | 齿间 | 齿龈 | 龈后 | 卷舌 | 龈腭 | 硬腭 | 语言数量 |
| --- | --- | --- | --- | --- | --- | --- | --- | --- | --- |
| 零 | T1 | 0 | 0 | 0 | 0 | 0 | 0 | 0 | 1 |
| 一 | T2 | 0 | 0 | 0 | 1 | 0 | 0 | 0 | 3 |
| | T3 | 0 | 0 | 0 | 0 | 1 | 0 | 0 | 2 |
| | T4 | 0 | 0 | 0 | 0 | 0 | 1 | 0 | 3 |
| | T5 | 0 | 0 | 1 | 0 | 0 | 0 | 0 | 17 |
| 二 | T6 | 0 | 0 | 0 | 0 | 1 | 1 | 0 | 2 |
| | T7 | 0 | 1 | 1 | 0 | 0 | 0 | 0 | 1 |
| | T8 | 0 | 0 | 1 | 1 | 0 | 0 | 0 | 6 |
| | T9 | 0 | 0 | 1 | 0 | 1 | 0 | 0 | 1 |
| | T10 | 0 | 0 | 1 | 0 | 0 | 1 | 0 | 26 |
| 三 | T11 | 0 | 0 | 1 | 1 | 0 | 1 | 0 | 2 |
| | T12 | 0 | 0 | 1 | 0 | 1 | 1 | 0 | 21 |
| 四 | T13 | 0 | 0 | 1 | 1 | 1 | 0 | 1 | 1 |
| | T14 | 1 | 0 | 1 | 0 | 1 | 1 | 0 | 1 |
| | T15 | 0 | 0 | 1 | 0 | 1 | 1 | 1 | 1 |

续表

| 组合类型 | | 唇齿 | 齿间 | 齿龈 | 龈后 | 卷舌 | 龈腭 | 硬腭 | 语言数量 |
|---|---|---|---|---|---|---|---|---|---|
| | T16 | 0 | 0 | 1 | 1 | 1 | 1 | 0 | 6 |
| 五 | T17 | 0 | 0 | 1 | 1 | 1 | 1 | 1 | 1 |

**表 3.7 基于调音部位的塞擦音组合类型及语言实例**

| 组合类型 | 语言实例 |
|---|---|
| T1 | 壮语 |
| T2 | 炯奈语、广州话、阳江话 |
| T3 | 侗语、佯僙语 |
| T4 | 布依语、布央语、布努语 |
| T5 | 傣语、临高语、莫语、标话、水语、仫佬语、毛南语、拉珈语、茶洞语、黎语、布干语、畲语、梅县话、厦门话、潮州话、福州话、建瓯话 |
| T6 | 崩尼-博嘎尔语、普标语 |
| T7 | 村语 |
| T8 | 景颇语、载瓦语、浪速语、波拉语、勒期语、傈僳语 |
| T9 | 仙岛语 |
| T10 | 桑孔语、毕苏语、卡卓语、柔若语、土家语、白语、独龙语、苏龙语、仡佬语、拉基语、木佬语、巴哼语、太原话、武汉话、成都话、扬州话、长沙话、南昌话、苏州话、哈尼语、末昂语、崩如语、蔡家话、勉语、巴那语、温州话 |
| T11 | 基诺语、拉祜语 |

续表

| 组合类型 | 语言实例 |
| --- | --- |
| T12 | 藏语、阿昌语、苗语、北京话、济南话、合肥话、格曼语、达让语、门巴语、仓洛语、彝语、纳西语、堂郎语、怒苏语、阿侬语、义都语、木雅语、尔龚语、纳木依语、却域语、双峰话 |
| T13 | 嘉戎语 |
| T14 | 西安话 |
| T15 | 拉坞戎语 |
| T16 | 白马语、羌语、普米语、尔苏语、史兴语、贵琼语 |
| T17 | 扎坝语 |

如果一个语言仅有一套塞擦音，则倾向于选择齿龈部位；如果有两套塞擦音，则倾向于选择齿龈和龈腭部位，如果有三套塞擦音，则倾向于选择齿龈、龈腭以及卷舌部位；如果有四套塞擦音，则倾向于选择齿龈、龈腭、卷舌以及龈后部位。

## 3.2 塞擦音的音变共性

从历时的角度看，塞擦音是一个后起的语音现象。徐世璇（1995）论证了缅彝语中塞擦音的来源，孙宏开（2001）论证了汉藏语言中塞擦音的来源，张琨（1976）论证了苗瑶语中塞擦音的来源，张均如（1983）论证了侗台语中塞擦音的来源。[①]塞擦音从无到有，从少到多，是一个逐渐塞擦音化的过程。从不同的系属来看，南岛语处在一个极端，藏缅语则处在另外一个极端。这个塞擦音化的进程可以描述为：（无塞擦音阶段）>（南岛语）>侗台语>苗瑶语>汉语>藏缅语>……从地理分布上看，塞擦音的多寡从东至西，自南往北逐渐增多。[②]

龈腭塞擦音和卷舌塞擦音在汉藏语言音系中最为常见。龈腭塞擦音主要来源于古代汉藏语言音系中的复辅音声母[塞音+龈腭介音]，即位于龈腭介音-j-之前的塞音，如果要塞擦音化，那么将塞擦音化为龈腭塞擦音。龈腭介音-j-应当是与近音[j]具有类似调音空间的音段集合体，其最典型表征是硬腭浊近音[j]。卷舌塞擦音主要来源于古代汉藏语言音系中的复辅音声母[塞音+卷舌介音]，即位于卷舌介音-r-之前的塞音，如果要塞擦音化，那么将塞擦音化为卷舌塞擦音。卷舌介音-r-应当是与近音[ɻ]具有类似调音空间的音段集合体，其最典型表征是近音[ɻ]。[塞音+卷舌介音]的卷舌塞擦音化与[塞音+龈腭介音]的龈腭塞擦音化相比，较为少见。这主要是由于有些语言中的[塞音+卷舌介音]首先发生了 r>j，然后再与塞音组成复辅音声母[塞音+龈腭介音]进行龈腭塞擦音化或者别的音变行为，从而导致前者在音变现象中较为少见。[③]

---

① 徐世璇：《缅彝语言塞擦音声母初探》，载《民族语文》，1995（3）；孙宏开：《原始汉藏语辅音系统中的一些问题——关于原始汉藏语音节结构构拟的理论思考之二》，载《民族语文》，2001（1）；张琨：《原始苗语的声母》，载《民族语文研究情报资料集》，1976（2）；张均如：《壮侗语族塞擦音的产生和发展》，载《民族语文》，1983（1）。

② 燕海雄、孙宏开、江荻：《中国南方民族语言塞擦音的类型与系属特征》，载《语言研究》，2010（4）；燕海雄：《论我国境内汉藏语言的语音类型与音变共性》，载《语言研究》，2022（2）。

③ 燕海雄：《论东亚语言塞音的音变规则》，163~178、178~186 页，上海，中西书局，2011。

唇齿塞擦音、龈后塞擦音以及硬腭塞擦音在现代汉藏语言音系中较为少见。唇齿塞擦音主要来源于齿龈塞音的唇齿塞擦音化，即齿龈塞音在唇腭介音-w-的作用下，可能变化为唇齿塞擦音。唇腭介音-w-应当是与唇-腭浊近音[w]具有类似调音空间的音段集合体，唇-腭浊近音[w]是唇腭介音-w-的典型表征。龈后塞擦音与硬腭塞擦音也是一种后起的音系现象。至于这两类音到底是直接来自塞音（调音方法的塞擦音化），还是来自塞擦音（调音部位的自身调整），目前的论证尚显不足，暂无定论。①

## 3.3 龈腭塞擦音的来源

龈腭塞擦音在汉藏语言音系中极其多见，从历时的角度看，龈腭塞擦音的来源是多元的。通过汉藏语言比较来看，龈腭塞擦音主要来自复辅音声母[塞音＋龈腭介音]。音段[j]是一个近音，即approximant，又称“通音”或“无擦通音”。近音在持阻阶段口腔的通道接近于开放，气流通过时只产生极轻微的摩擦，甚至可以没有摩擦。它的声学特征既不像塞音那么具有辅音性，也不像元音那么具有元音性，而是介于辅音与元音之间的一组音类，所以又称“半元音”或“半辅音”。在国际音标表中，该音段被排列在肺部气流辅音表中，被动调音部位为硬腭，发声态是普通浊声。综合龈腭介音-j-在汉藏语言音系中的表现，本项研究中所谓的“龈腭介音-j-”的大致内涵应当是与近音[j]具有类似调音空间的音段集合体，其最典型表征是硬腭浊近音[j]。

关于塞擦音以及塞擦音化的音变机制的认识问题，以孙宏开与江荻的研究成果为代表。孙宏开认为，介音影响了塞音的语音性质，从而导致塞音演化为塞擦音；江荻认为，塞音与后置塞音之间发生

① 燕海雄：《论东亚语言塞音的音变规则》，186~188、193~194 页，上海，中西书局，2011。

了非线性相干作用，从而导致塞音与介音的语音性质融合为塞擦音。二者的结论相同，但关于音变机制的认识有所不同。前者将塞音看作塞擦音化的主体，介音只是塞擦音化的条件；后者将塞音与介音都看作塞擦音化的主体，开放的语言系统状态才是塞擦音化得以实现的条件。

### 3.3.1 [双唇塞音+龈腭介音]的龈腭塞擦音化

关于[塞音＋龈腭介音]的龈腭塞擦音化问题，前人多有研究，但不均衡，主要集中在[双唇塞音＋龈腭介音]和[软腭塞音＋龈腭介音]的塞擦音化，而较少关注[齿龈塞音＋龈腭介音]的塞擦音化。比较[双唇塞音＋龈腭介音]在藏语方言例词中的读音。

表 3.8 [双唇塞音+龈腭介音]在藏语方言中的对应①

| 方言点 | 母鸡 | 北方 | 富 |
|---|---|---|---|
| 古藏语 | bja mo | bjaŋ | phjug po |
| 拉萨话 | tɕha$^{13}$mo$^{55}$ | tɕha$^{13}$tɕho$^{52}$ | tɕhu$^{55}$ku$^{55}$ |
| 宗卡话 | bdʑʱam | dʑʱã: | ptɕhup |
| 夏尔巴话 | tɕha$^{331}$mo$^{53}$ | tɕha:ŋ$^{331}$ | tɕhuʔ$^{51}$po$^{53}$ |
| 桑噶尔话 | tɕa pho | tɕaŋ | tɕhuk po |
| 方言点 | 磕头 | 方向 | 狼 |
| 古藏语 | phjag ɦtshal | phjogs | spjaŋ khu |
| 拉萨话 | tɕhaŋ$^{55}$tshɛ$^{55}$ca$^{132}$ | khap$^{55}$tɕho$^{52}$ | tɕəŋ$^{55}$ku$^{55}$ |
| 宗卡话 | —— | tɕho: | pha:u |
| 夏尔巴话 | tɕhaʔ$^{53}$tsa:l$^{51}$ | —— | tɕa:ŋ$^{51}$ku$^{53}$ |
| 桑噶尔话 | —— | tɕhok | —— |

① 江荻：《藏语语音史研究》，235 页，北京，民族出版社，2002。为了排版的方便，引用时作了调整。

上述词条的读音在古藏语音系中都符合[双唇塞音＋龈腭介音]，除去宗卡话音系中“狼”的读音与其他读音存在本质上的不同，即其余词条的读音都是龈腭塞擦音，而“狼”的读音却丢失了龈腭介音-j-，依然保持其双唇塞音的本色。“狼”作为特例可以看出龈腭介音-j-之于塞擦音化的重要性。排除特例之后即可得出如下语音对应规则。

**表 3.9 [双唇塞音+龈腭介音]在藏语方言中的语音对应规则**

| 古藏语 | 拉萨话 | 宗卡话 | 夏尔巴话 | 桑噶尔话 |
|---|---|---|---|---|
| bj- | tɕh- | dʑʱ- | tɕh- | tɕ- |
| phj- | tɕh- | tɕh- | tɕh- | tɕh- |
| pj- | tɕ- | （tɕ-） | tɕ- | （tɕ-） |

通过上述语音对应规则，可以很好地描绘出[双唇塞音＋龈腭介音]在藏语方言中的变化过程。

（1）[pj-]变化为[tɕ-]；
（2）[phj-]变化为[tɕh-]；
（3）[bj-]变化为[tɕh-]、[dʑʱ-]或[tɕ-]；

（1）与（2）的音变过程较为清楚，而（3）的音变过程尚需讨论。[bj-]在不同藏语方言音系中的表现不同，在宗卡话音系中表现为龈腭浊塞擦音，而在拉萨话、夏尔巴话以及桑噶尔话音系中却表现为龈腭清塞擦音。显然拉萨话、夏尔巴话以及桑噶尔话音系中的读音经历过浊音清化的过程，但是这里存在一个音变次序的问题，即到底是先发生了塞擦音化，还是浊音清化？从逻辑性上讲，两种演变次序都是有可能的。如果先塞擦音化，那么应该是这样的一个音变过程：[bj-]＞[dʑ-]＞[tɕ-]或[tɕh-]；如果先浊音清化，那么应该是这样的一个音变过程：[bj-]>[pj-]或[phj-]>[tɕ-]或[tɕh-]。宗卡话音系中的语音表现形式说明尚未发生浊音清化，但是已经发生塞擦音化。宗卡话的音变现象也许可以为拉萨话、夏尔巴话以及桑噶尔话音系中的音变次序提供一定的依据。

[双唇塞音＋龈腭介音]的龈腭塞擦音化不仅在藏语支语言中有所体现，在羌语支语言中也有所体现。普米语分为南北两个方言，相互差别较大，即使在同一方言内部，词汇和语音上也存在差别。南部方言箐花、鲁甸以及新营盘三个土语之间在某些音位对应上就存在着较大的距离，如箐花土语中的[pʒ，phʒ，bʒ]、鲁甸土语中的[p，ph，b]以及新营盘土语中的[tɕ，tɕh，dʑ]存在语音对应关系。

**表 3.10 [双唇塞音+龈腭介音]在普米语方言中的对应**[①]

| 词义 | 箐花 | 鲁甸 | 新营盘 |
|---|---|---|---|
| 肠子 | $pʒi^{55}$ | $py^{55}$ | $tɕyi^{55}$ |
| 好 | $phʒi^{55}$ | $phy^{55}$ | $tɕhyi^{55}$ |
| 腐烂 | $bʒi^{55}$ | $by^{55}$ | $dʑyi^{55}$ |

上述三种土语中的语音差别是很大的，尤其是新营盘土语中的龈腭塞擦音最为特别。箐花土语与鲁甸土语之间的差别较小，前者是复辅音，由[双唇塞音＋龈后擦音]组成；后者是单辅音，且与前者的主要辅音同。复辅音声母[双唇塞音＋龈后擦音]中的后置擦音脱落丢失，复辅音声母就可以变化成单辅音声母。这种音变现象是极为普遍的。那么如何由箐花土语与鲁甸土语中的读音变化为新营盘土语中的读音呢？这是一个较为少见的音变现象。前文已经对龈腭介音-j-作了一个较为清晰的界定，即与龈腭近音[j]具有类似调音空间的音段集合体，其最典型表征是硬腭浊近音[j]。这就是说，龈

① 陆绍尊：《普米语方言研究》，114 页，北京，民族出版社，2001。

腭介音-j-的典型调音部位是硬腭部位，其辅助调音部位可以在前后维度上小范围地移动；同理，龈腭介音-j-的典型调音方法是浊近音，其辅助调音方法也可以在气流强度上小范围地变化。这就是说，龈腭介音-j-在调音部位上与调音方法上具有相对的自由性。[ʒ]的主要调音部位是龈后，调音方法为擦音，在国际音标表中的节点与龈腭介音-j-极其近似。r>j 在音变现象中并不难实现，在汉藏语言音系中极为多见（后文有专门论述）。若与 r>j 比较的话，ʒ>j 从语音学角度出发应当更容易实现，因为[ʒ]与[j]的语音空间较之[r]与[j]的语音空间更为接近。从历史语言学的角度看，新营盘土语中的[tɕ，tɕh，dʑ]，是在箐花土语的复辅音基础上，发生了以下音变过程：

[pʒ，phʒ，bʒ]>[pj，phj，bj]>[tɕ，tɕh，dʑ]

上述音变过程中的第二步正是[双唇塞音＋龈腭介音]的龈腭塞擦音化。另外，徐世璇在研究缅彝语言塞擦音声母时，也发现了[双唇塞音＋介音]与龈腭塞擦音之间的对应关系。结合古藏文的书写形式与古代缅彝语的构拟形式，不难发现上述对应关系的形成过程，即由[双唇塞音＋介音]变化为齿龈塞擦音的过程。[①]除去语音对应材料，藏缅语中还存在相当多的语音变异材料。彝语支柔若语中存在一种变读现象，即[p，ph]与高元音[i]相拼时，部分可以自由变读为[tɕ，tɕh]。从共时变异来推理塞擦音化的历史音变，应该具有很强的解释力。

龈腭塞擦音化在侗台语音系中也有体现，如壮语右江方言（以田东、田阳以及百色为代表）的 pj-都读作[tɕ]。梁敏将该表中词条的古声母构拟为*pl-。通过比较这些词条的读音发现，武鸣与邕南土语保留古声母的读音，丘北与砚山土语中的介音-l-或-j-脱落消

① 徐世璇：《缅彝语言塞擦音声母初探》，载《民族语文》，1995（3）。

失，凌乐与大新土语中的介音-l-变化为-j-，而田东土语在凌乐与大新土语的基础上，进一步龈腭塞擦音化。田东土语经历了 pl->pj->tɕ-音变过程。

**表 3.11 [双唇塞音+龈腭介音]在壮语方言中的对应**[①]

| 词义 | 武鸣 | 田东 | 凌乐 | 丘北 | 邕南 | 砚山 | 大新 |
|---|---|---|---|---|---|---|---|
| 鱼 | pla¹ | tɕa¹ | pja¹ | pa¹ | pla¹ | pa¹ | pja¹' tsa¹' |
| 走 | pla:i³ | tɕa:i³ | pja:i³ | pa:i³ | phla:i⁵ | —— | sa:i³ |
| 石山 | pla¹ | tɕa¹ | pja¹ | pa¹ | phla¹ | pha¹ | phja¹, sa¹ |
| 蔬菜 | plak⁷ | tɕak⁷ | pjak⁷ | pak⁷ | phlak⁷ | phak⁷ | sak⁷ |

上述音变过程的第二个步骤也是[双唇塞音＋龈腭介音]的龈腭塞擦音化。可见，龈腭塞擦音化在侗台语中也有所体现，但总体上并没有藏缅语音系中表现得那么成系统性。这种差别主要源于以下两个方面：第一是双唇塞音的塞擦音化在调节与重组藏语支语言或方言的音系格局中曾经发挥出重要的作用；第二是大量古藏文资料的保存为藏语支语言或方言的研究提供了方便。塞擦音化不仅在藏缅语与侗台语音系中有所体现，在其余汉藏语言中也或有体现，但系统性并不高，可能的原因是多方面的，例如文献资料的缺失、音变的多种可能性以及音系描写的多功能性等。

### 3.3.2 [齿龈塞音+龈腭介音]的龈腭塞擦音化

关于[齿龈塞音＋龈腭介音]的龈腭塞擦音化问题，研究相对薄弱。由于齿龈塞音的龈腭塞擦音化从音变次序的角度而言，通常先于双唇塞音与软腭塞音的龈腭塞擦音化，在现代音系格局中很难留

① 张均如、梁敏等：《壮语方言研究》，178、185 页，成都，四川民族出版社，1999。

下演变的痕迹。尽管如此，龚煌城根据藏文后置辅音-j-的分布特征，即龈腭介音-j-只能与软腭音和唇音相拼而不能与齿龈音相拼的现象，利用内部拟测原理推测出古藏语龈腭塞擦音[tɕ、tɕh、dʑ]是由齿龈塞擦音[t、th、d]受到龈腭介音-j-的影响后，经过塞擦音化后产生的。①除此之外，李方桂在研究上古汉语时，曾为上古汉语构拟了 1 套齿龈塞音。齿龈塞音在龈腭介音-j-的影响下，到了中古的时候，已经演化为照三（章）组，并构拟其音值为[tɕ，tɕh，dʑ]。②尽管在现实语料中很难发现[齿龈塞音＋龈腭介音]的龈腭塞擦音化痕迹，龈腭塞擦音化在部分语言音系中仍然有所体现。在藏语支语言中，白马语方言中的一些词汇在 t 与 tɕ 之间存在较为规整的语音对应关系。

**表 3.12 [齿龈塞音+龈腭介音]在白马语中的对应③**

| 词义 | 平武白马 | 文县铁楼 | 九寨沟勿角 |
| --- | --- | --- | --- |
| 烟 | $tu\varepsilon^{35}$ | $t\text{ɕ}hi^{35}$, $je^{53}$ | —— |
| 灰 | $thi\varepsilon^{35}$ | $t\text{ɕ}hi^{35}$ | $th\varepsilon^{35}$（$pa^{53}$） |
| （抽的）烟 | $tu\varepsilon^{13}dy^{341}$ | $je^{53}$，$t\text{ɕ}h\varepsilon^{35}$，$tu\varepsilon^{35}$ | $t\text{ɕ}h\varepsilon^{35}$（$th\varepsilon^{35}$） |

上述词条中，文县铁楼方言中的[$je^{53}$]是汉语借词，这是无疑的；平武白马方言中的[t]，在文县铁楼方言中塞擦音化为[tɕh]，九寨沟方言中的词条“灰”尚未塞擦音化，而词条“（抽的）烟”已经塞擦音化。

汉语方言音系中也存在类似情况，如中古定母字和透母字，如

① 龚煌城：《古藏文的 y 及其相关问题》，见《汉藏语研究论文集》，379 页，北京，北京大学出版社，2004。

② 李方桂：《上古音研究》，11 页，北京，商务印书馆，2003。

③ 孙宏开、齐卡佳、刘光坤：《白马语研究》，227、229 页，北京，民族出版社，2007。

果今韵母是齐齿呼的，今声母在晋方言五台片的五台、神池、宁武、朔县等地和云中片的山阴等地读[tɕh]。例如五台的“条定”读作“桥꜁ tɕhio”，五台的“铁透”读作“切 tɕhiɔʔ꜆”，其音变方向是清楚的，即齿龈塞音在齐齿呼的作用下，变化为硬腭塞擦音。[①]在桂北平话中，其中古知组字仍读齿龈塞音，而桂南平话的知组字一律读齿龈塞擦音或龈腭塞擦音。

**表 3.13 [齿龈塞音+龈腭介音]在汉语方言中的对应[②]**

| 方言点 | 猪 | 驻 | 厨 | 直 | 竹 | 迟 | 长 |
|---|---|---|---|---|---|---|---|
| 南宁 | tɕy41 | tɕy55 | tɕy21 | tɕʅk22 | tɕøk33 | tɕi21 | tɕᴇŋ21 |
| 玉林 | tɕy54 | tɕy52 | tɕy51 | tɕek22 | tɕok55 | tɕi31 | tɕa31 |
| 两江 | tiə35 | thiə31 | tshə35 | thiɔ12 | ti55 | tɕhi31 | thiɛn12 |
| 五通 | tiou35 | tiou13 | tiou21 | tia13 | tᴇʔ55 | tɕi21 | tiaŋ21 |
| 灵川 | ty13 | tɕy35 | tɕy533 | tsai21 | tiou54 | ti533 | tiaŋ533 |

在苗瑶语中，龈腭塞擦音化在优诺语方言音系中呈系统对应。

**表 3.14 [齿龈塞音+龈腭介音]在优诺语方言中的对应[③]**

| 语言点 | 蒸 | 酒 | 腹部 | 穿针 | 九 | 树根 |
|---|---|---|---|---|---|---|
| 小寨优诺语 | tjuŋ33 | tjou22 | thjo33 | thjaŋ33 | tjou13 | tjaŋ13 |
| 黄落优诺语 | tjou33 | tjou22 | thjo33 | thjaŋ33 | tjou13 | tjaŋ13 |
| 石门坎苗语 | tɕu55 | tɕey55 | tɕhau55 | tɕho55 | dʑɦa35 | dʑɦaɯ35 |
| 七百弄布努语 | tɕuŋ33 | tɕo43 | —— | —— | tɕo13 | tɕɔŋ13 |
| 滚董巴哼语 | tɕaŋ35 | tɕou22 | tɕhi35 | thjoŋ35 | ko33 | koŋ33 |

① 侯精一：《现代晋语的研究》，83 页，北京，商务印书馆，1999。

② 李连进：《平话音韵研究》，5 页，南宁，广西人民出版社，2000。

③ 毛宗武、李云兵：《优诺语研究》，182 页，北京，民族出版社，2007。

续表

| 语言点 | 蒸 | 酒 | 腹部 | 穿针 | 九 | 树根 |
| --- | --- | --- | --- | --- | --- | --- |
| 龙华炯奈语 | tʃeŋ$^{44}$ | tʃau$^{53}$ | —— | tʃhui$^{44}$ | tʃu$^{33}$ | —— |
| 陈湖畲语 | tjaŋ$^{22}$ | —— | —— | thjuŋ$^{22}$ | khju$^{53}$ | khjuŋ$^{53}$ |
| 大坪江勉语 | tsaŋ$^{33}$ | —— | —— | —— | dwo$^{31}$ | —— |

上述词条中的“酒”“九”应该是借词，但并不影响其语音对应关系，即[t]对应[tɕ]、[th]对应[tɕh]。结合塞擦音是后起的语音现象，有理由构拟其音变方向，即由[齿龈塞音＋龈腭介音]变化为硬腭塞擦音。另外，在瑶族勉语方言中，也存在[tj、tl、ȶ]与[tɕ]、[dj、dl、ȡ]与[tɕh]之间的对应关系，结合方言材料不难看出勉语方言的音变方向与优诺语方言的音变方向应当是一致的。①

[齿龈塞音＋龈腭介音]的龈腭塞擦音化在南亚语音系中也有体现。陈国庆在比较克木语与佤语的声母关系时，发现存在[t]与[tɕ]之间的系统对应，如词条“鹿”，克木语的读音为[tiak]，佤语的读音为[tɕa̱k]；词条“站”，克木语的读音为[dưn]，佤语的读音为[tɕuŋ]；词条“唱”，克木语的读音为[tɤm]，佤语的读音为[tɕhaŋ]等。无疑，这就是龈腭塞擦音化在佤语音系中的表现。

尽管[齿龈塞音＋龈腭介音]的龈腭塞擦音化没有[软腭塞音＋龈腭介音]的龈腭塞擦音化那么普遍，但遗留在亲属语言之间或方言之间的证据却极为丰富。

### 3.3.3 [软腭塞音+龈腭介音]的龈腭塞擦音化

江荻曾经系统研究了[软腭塞音＋龈腭介音]的龈腭塞擦音化问题。在具体研究过程中，江荻列出了[软腭塞音＋龈腭介音]在藏语方言中的语音对应规则。

---

① 毛宗武：《瑶族勉语方言研究》，318 页，北京，民族出版社，2004。

表 3.15 [软腭塞音+龈腭介音]在藏语方言中的语音对应规则[①]

| 古藏语 | kj | dkj | bkj | rkj | skj | brkj | bskj |
|---|---|---|---|---|---|---|---|
| 拉萨话 | c | c | c | c | c | c | c |
| 巴塘话 | tɕ | tɕ | tɕ | tɕ | ɕ | tɕ | ɕ |
| 夏河话 | tɕ | htɕ | tɕ | htɕ | htɕ | htɕ | htɕ |
| 古藏语 | khj | mkhj | ɦkhj | gj | dgj | bgj | mgj |
| 拉萨话 | ch | ch | ch | ch | c | c | （n）c |
| 巴塘话 | tɕh | tɕh | tɕh | tɕ | dʑ | dʑ | ndʑ |
| 夏河话 | tɕh | tɕ | tɕh | tɕ | dʑ | dʑ | ndʑ |
| 古藏语 | ɦgj | rgj | sgj | brgj | bsgj | —— | —— |
| 拉萨话 | （n）c | c | c | c | c | —— | —— |
| 巴塘话 | ndʑ | dʑ | ʑ/dʑ | dʑ | ʑ/dʑ | —— | —— |
| 夏河话 | ndʑ | dʑ | dʑ | dʑ | dʑ | —— | —— |

比较[软腭塞音＋龈腭介音]在藏语方言中的对应情况，可以将其分为两类：第一类以拉萨方言为代表的基于调音部位的硬腭音化，第二类以巴塘与夏河方言为代表的基于调音方法的塞擦音化。关于第一类的硬腭音化，第 1 章第 1.5 节已有专门讨论；而第二类的龈腭塞擦音化是本节研究的关键。在第二类音变中，巴塘话中的部分对应并未按照塞擦音化的方向发展，而是向擦音化的方向发展。结合其前置塞音，凡是塞音前面的前置辅音为擦音 s 的话，那么其后的[软腭塞音＋龈腭介音]就变化为擦音。而在复辅音 sgj-与 bsgj-中，相应的对应形式存在两读情况，即既可以是擦音，也可以是塞擦音。对于这种现象，可以这样来理解：巴塘话中的[齿龈擦

① 该表资料来自江荻：《汉藏语言演化的历史音变模型》，465 页，北京，民族出版社，2002。

音＋软腭塞音＋龈腭介音]的音变过程分下面两步进行，即首先龈腭塞擦音化，然后擦音化。这样即可解释巴塘话中的例外情况。关于[软腭塞音＋龈腭介音]的塞擦音化现象，材料极为丰富。这里选择具有代表性的音变现象作一介绍。[软腭塞音＋龈腭介音]在缅语中的音变过程非常规整，即大都变化为龈腭塞擦音。比较表 3.16 中几个词条的读音。

**表 3.16 [软腭塞音+龈腭介音]在缅语中的对应**[①]

| 碑文期 | 中古期 | 中古期拟音 | 四译馆汉字注音 | 汉义 | 现代仰光话 |
|---|---|---|---|---|---|
| kla | kja | tɕia | 贾 | 虎 | tɕa: |
| khliu | khjiu | tɕho | 丘 | 甜 | tɕho |
| kraa | kraa | kraa | 革剌 | 闻 | tɕa: |
| kre | kre | kre | 革类 | 铜 | tɕe: |
| kraj | kraj | krɛ | 革来 | 星 | tɕɛ |
| krɔ | krɔ | krɔ | 革老 | 筋 | ə tɕɔ: |
| khre | khre | khre | 克类 | 脚 | tɕhe |
| khrui | khrui | khrui | 克路 | 角 | dʑo |
| khrɔk | khrɔk | khrɔk | 克老 | 六 | tɕhauʔ |

比较上述词条在各个时期的读音，至少可以发现以下三个语音现象：（1）[软腭塞音＋龈腭介音]与[软腭塞音＋卷舌介音]在现代仰光话中都读为龈腭塞擦音；（2）[软腭塞音＋龈腭介音]与[软腭塞音＋卷舌介音]都曾经历过[软腭塞音＋龈腭介音]阶段；（3）[软腭塞音＋龈腭介音]塞擦音化的时间要早于[软腭塞音＋卷舌介音]

① 汪大年：《缅甸语与汉藏语系比较研究》，184 页，北京，昆仑出版社，2008。

的塞擦音化时间。尽管古代缅语的早期读音为[软腭塞音＋龈腭介音]或[软腭塞音＋卷舌介音]，但是由于现象（2）的存在，软腭塞音真正塞擦音化的音变条件或直接条件应该是龈腭介音-j-, 而非齿龈边音或卷舌介音。可以说，缅语音系中的[软腭塞音＋龈腭介音]的塞擦音化在藏缅语中极具代表性。

汉语从中古到现代的音系演化中，一个典型的音变现象就是软腭塞音声母的分化，即软腭塞音在细音前变化为龈腭塞擦音，在洪音前不变（见表 3.17）。表 3.17 中的音变方向是清楚的，即软腭塞音在细音的作用下变化为龈腭塞擦音。这一音变现象不仅体现在汉语普通话中，在绝大多数的汉语方言中，这一音变规则都起到了相当大的制约作用。

**表 3.17 [软腭塞音+龈腭介音]在汉语中的发展变化**[①]

| | 根 | 斤 | 匡 | 羌 | 柜 |
|---|---|---|---|---|---|
| 中古 | kən | kjən | khjuaŋ | khjaŋ | gjuei |
| 现代 | kən⁵⁵ | tɕin⁵⁵ | khjuaŋ⁵⁵ | tɕiaŋ⁵⁵ | kuei⁵¹ |

龈腭塞擦音化在苗瑶语音系中也有体现，瑶族勉语方言音系中存在[kj]与[tɕ]、[gj]与[dʑ]之间的对应情况。比较以下词条的读音。

**表 3.18 [软腭塞音+龈腭介音]在勉语方言中的对应**[②]

| 词义 | 勉方言 | 金门方言 | 标敏方言 | 藻敏方言 |
|---|---|---|---|---|
| 虫 | tɕɛːŋ³³ (1) | kjɛŋ³⁵ (1) | klɛ³³ (1) | tsaŋ⁴⁴ (1) |
| 路 | tɕau⁵² (3) | kjau⁵⁴⁵ (3) | kla³⁵ (3) | tsu²⁴ (3) |
| 角 | tɕoːŋ³³ (1) | kjɔŋ³⁵ (1) | klɔ³³ (1) | kɔu⁴⁴ (1) |

① 董同龢：《汉语音韵学》，214 页，北京，中华书局，2001。

② 毛宗武：《瑶族勉语方言研究》，318、319 页，北京，民族出版社，2004。

续表

| 词义 | 勉方言 | 金门方言 | 标敏方言 | 藻敏方言 |
|---|---|---|---|---|
| 剪纸 | tɕap$^{55}$ (7) | kjap$^{54}$(7b) | klan$^{53}$ (7) | kɛp$^{44}$ (7) |
| 金 | tɕom$^{33}$ (1) | sam$^{35}$ (1) | ȶan$^{33}$ (1) | kɛm$^{44}$ (1) |
| 记（住） | tɕaŋ$^{24}$ (5) | saŋ$^{44}$ (5) | ȶaŋ$^{24}$ (5) | kɛŋ$^{44}$ (5) |
| 门 | tɕɛ:ŋ$^{31}$ (2) | kjɛŋ$^{33}$ (2) | klɛ$^{31}$ (2) | —— |
| 肥 | tɕun$^{13}$ (6) | kun$^{22}$ (6) | klin$^{42}$ (6) | tin$^{22}$ (6) |
| 黑色 | tɕe$^{55}$ (7) | kja$^{24}$ (7a) | kja$^{53}$ (7) | kjɛ$^{44}$ (7) |
| 六 | tɕu$^{55}$ (7) | kjɔ$^{24}$ (7a) | klɔ$^{53}$ (7) | tɔu$^{44}$ (7) |
| 笑 | tɕat$^{55}$ (7) | kjet$^{54}$ (7b) | klan$^{53}$ (7) | tut$^{44}$ (7) |

上述词条的读音具有非常强的对应关系，将上述语音对应关系解释为龈腭塞擦音化是行之有效的，并且也符合音变事实。另外，毛宗武、李云兵在研究古苗瑶语声母在优诺语中的表现时，曾在下述几个苗瑶语内部做过一个简单的词条比较。

表 3.19 [软腭塞音+龈腭介音]在苗瑶语中的对应①

| 语言名称 | 虫 | 路 | 角 | 蛋 |
|---|---|---|---|---|
| 小寨优诺语 | kən$^{33}$ | kou$^{22}$ | koŋ$^{33}$ | kou$^{35}$ |
| 黄落优诺语 | kən$^{33}$ | kou$^{22}$ | ku$^{33}$ | kou$^{53}$ |
| 大南山苗语 | kaŋ$^{43}$ | ke$^{55}$ | ko$^{43}$ | qe$^{44}$ |
| 石门坎苗语 | kaɯ$^{55}$ | ki$^{55}$ | ku$^{55}$ | qə$^{33}$ |
| 野鸡坡苗语 | tɕen$^{31}$ | tɕi$^{55}$ | ka$^{31}$ | qwji$^{24}$ |
| 七百弄布努语 | kjəŋ$^{33}$ | kje$^{43}$ | kjuŋ$^{33}$ | kje$^{41}$ |
| 龙华炯奈语 | kjen$^{44}$ | kja$^{53}$ | kjaŋ$^{44}$ | kja$^{35}$ |

① 毛宗武、李云兵：《优诺语研究》，167 页，北京，民族出版社，2007。

续表

| 语言名称 | 虫 | 路 | 角 | 蛋 |
| --- | --- | --- | --- | --- |
| 双龙勉语 | klɛ³³ | kla³⁵ | klɔ³³ | klau²⁴ |

通过比较上述词条的读音，可看出野鸡坡苗语的塞擦音化。至于上述苗瑶语的音变方向，与前述语言大体一致，就不再重复论述了。

在侗台语中，[软腭塞音＋龈腭介音]的龈腭塞擦音化以壮语方言音系为例。

**表 3.20 [软腭塞音+龈腭介音]在壮语方言中的对应**[①]

| 词义 | 武鸣 | 田东 | 凌乐 | 丘北 |
| --- | --- | --- | --- | --- |
| 臂 | ke:n¹ | ke:n¹ | tɕe:n¹ | tɕian¹ |
| 隔开 | ke:k⁷ | ke:k⁹ | tɕe:k⁹ | —— |
| 桥 | kiəu² | kiau² | tɕiau² | tɕiu² |
| 捡（拾） | kip⁷ | kip⁷ | tɕip⁷ | tɕəp⁷ |
| 芭蕉 | kjo:i³ | tɕo:i³ | tɕuai³ | tɕuai³ |
| 鼓 | kjo:ŋ¹ | tɕo:ŋ¹ | tɕo:ŋ¹ | kuaŋ¹ |
| 远 | kjai¹ | tɕai¹ | tɕai¹ | kai¹ |
| 孤儿 | kja⁴ | tɕa⁴ | tɕa⁴ | tɕa⁴ |
| 词义 | 邕南 | 砚山 | 大新 | |
| 臂 | ke:n¹ | tɕhen¹ | khe:n¹ | |
| 隔开 | ke:k⁹ | tɕiak¹⁰ | ke:k¹⁰ | |
| 桥 | ki:u² | —— | khi:u² | |
| 捡（拾） | —— | tɕiap⁷ | ke:p⁷ | |

① 张均如、梁敏等：《壮语方言研究》，185 页，成都，四川民族出版社，1999。

续表

| 词义 | 邕南 | 砚山 | 大新 | |
|---|---|---|---|---|
| 芭蕉 | klo:i$^{3}$ | kui$^{3}$ | tsu:i$^{3}$ | |
| 鼓 | klo:ŋ$^{1}$ | tɕoŋ$^{1}$ | tso:ŋ$^{1}$ | |
| 远 | klai$^{1}$ | kai$^{1}$ | kwai$^{1}$ | |
| 孤儿 | tɕa$^{4}$ | pa$^{4}$ | —— | |

在表 3.20 中，有些例词（例如词条“臂”“隔开”等）从读音的表层看不到龈腭介音-j-的作用。龈腭介音-j-是指与近音[j]具有类似调音空间的音段集合体，其最典型表征是硬腭浊近音[j]。尽管词条“臂”与“隔开”并不具备典型硬腭浊近音[j]的特征，但软腭塞音之后的元音音段[e]较为接近前高元音[i]的性质，具有龈腭音段的性质，或者说，龈腭性质是从元音音段[e]中衍生出来的。因此，在讨论壮语方言音系的过程中，已经对龈腭介音-j-的界定作了进一步的扩展，既可以是典型特征的硬腭浊近音[j]，也可以是由较为边缘的介音音段（如前半高展唇元音[e]）衍生出来的龈腭音段性质（甚至可以利用这种衍生性来解释龈腭介音-j-形成的原因，即生成机制）。另外，据梁敏、张均如研究，西部壮语和布依语的两类原始声母变化为龈腭塞擦音，一类为*kl；另一类为位于 i 与 e 之前的*k 声母。①

综合上述语音对应规律，可以得出以下结论：位于龈腭介音-j-之前的软腭塞音，如果要塞擦音化，那么将塞擦音化为龈腭塞擦音。

① 梁敏、张均如、李云兵：《普标语研究》，98 页，北京，民族出版社，2007。

## 3.4 卷舌塞擦音的来源

卷舌塞擦音在汉藏语言音系中也极其多见，来源也是多元的。就其根本，主要来自复辅音声母[塞音+卷舌介音]。音段[r]是一个齿龈颤音，即 trill。在人类的发音器官中，双唇、舌尖与小舌都具有一定的弹性，当气流通过时这些部位受气流冲击产生颤动，发出来的声音就是语音学中的“颤音”。汉语方言中很少颤音，但是在其他语言中，颤音较为常见。在音系学界，卷舌介音-r-最典型的音值表现并不是齿龈颤音[r]，而是卷舌近音[ɻ]。卷舌近音[ɻ]的调音原理与声学特征与近音[j]相似，具有近音的一般特征。在国际音标表中，该音段被排列在肺部气流辅音表中，被动调音部位为卷舌，发声态是普通浊声。综合卷舌介音-r-在汉藏语言音系中的表现，本项研究中所谓的“卷舌介音-r-”的大致内涵应当是与近音[ɻ]具有类似调音空间的音段集合体，其最典型表征是近音[ɻ]。

[塞音+卷舌介音]的卷舌塞擦音化与[塞音+龈腭介音]的龈腭塞擦音化相比，较为少见。这主要是由于很多语言中的[塞音+卷舌介音]并没有卷舌塞擦音化，而是首先发生了 r>j 的音变，然后再与塞音组成复辅音进行龈腭塞擦音化或者别的音变行为。这样的话，其塞擦音化的变化项就不应该算作[塞音+卷舌介音]，而是[塞音+龈腭介音]，从而导致前者在音变现象中较为少见。正因为如此，[塞音+卷舌介音]的卷舌塞擦音化与[塞音+龈腭介音]的龈腭塞擦音化相比，普适性要弱了许多。

### 3.4.1 [双唇塞音+卷舌介音]的卷舌塞擦音化

关于[双唇塞音+卷舌介音]的卷舌塞擦音化问题，以江荻的研究成果为代表，其结论认为：双唇塞音、齿龈塞音以及软腭塞音与卷舌介音-r-融合为舌尖阻塞音。①在所举例证中，仍然以[双唇塞音＋卷舌介音]与[软腭塞音＋卷舌介音]为主，而[齿龈塞音＋卷舌介音]的例证较少。比较[双唇塞音＋卷舌介音]在藏语方言中的音值分布情况。

**表 3.21 [双唇塞音+卷舌介音]在藏语方言中的对应**

| 方言点 | 云彩 | 交付 | 岩石 |
|---|---|---|---|
| 古藏语 | sprin | sprod | brag |
| 拉萨话 | tʂĩ$^{55}$pə$^{55}$ | tʂɛ$^{52}$ | tʂha$^{132}$ |
| 宗卡话 | tʂĩ$^{55}$ | tʂɛʔ$^{53}$ | tʂɑʔ$^{231}$ |
| 夏尔巴话 | ʂən | htʂo | tʂaχ do |
| 桑噶尔话 | wtʂən | —— | —— |
| 方言点 | 笛子 | 山洞 | 写 |
| 古藏语 | phred gliŋ | brag phug | bri |
| 拉萨话 | tʂhi$^{55}$liŋ$^{55}$ | tʂhə：$^{13}$pu$^{52}$ | tʂhi$^{13}$ |
| 宗卡话 | kei$^{55}$lu$^{55}$ | tʂɑ$^{13}$phuʔ$^{53}$ | tʂi$^{31}$ |
| 夏尔巴话 | tʂhe laŋ | tʂaχ khoŋ | ndʐə |
| 桑噶尔话 | ptʂhe ɣlaŋ | ptʂak khoŋ | mdʐə |
| 方言点 | 肩膀 | 猪崽 | 细 |
| 古藏语 | phrag pa | phag phrug | phra bo |
| 拉萨话 | puŋ$^{55}$pə$^{55}$ | phək$^{55}$tʂhu$^{52}$ | pha$^{55}$po$^{55}$ |
| 宗卡话 | tʂhɑ$^{55}$pa$^{53}$ | pha$^{55}$tʂhuʔ$^{53}$ | tʂhɑu$^{13}$ |
| 夏尔巴话 | tʂhaχ ka | haχ tʂəχ | tʂha wo |
| 桑噶尔话 | mtʂhak khæ | —— | ntʂha wə |

① 江荻：《汉藏语言演化的历史音变模型》，486 页，北京，民族出版社，2002。

上述词条的读音具有非常齐整的对应关系。个别词条发生了浊音清化或不送气音送气化等音变，从而显示出一定的“凌乱”。稍加整理，即可得出古藏语中的复辅音声母[双唇塞音＋卷舌介音]对应于藏语方言中的卷舌塞擦音声母。上述语音对应规则说明，古藏语中的[双唇塞音＋卷舌介音]复辅音发展到现代藏语支语言或方言中都大体上发生了一致的变化，即位于卷舌介音-r-之前的双唇塞音，如果要塞擦音化，那么将塞擦音化为卷舌塞擦音。在上述音变中，[pr，br]是变化项，[tʂ，dʐ]是生成项。可以看出，生成项的调音部位（卷舌）与介音有关，生成项的发声类型（清浊特征、送气特征）与变化项相关。但是同时也要注意到，复辅音声母[双唇塞音＋卷舌介音]的塞擦音化的普适性并不像龈腭塞擦音化那样普遍，在本项研究的材料中，仅在藏语支语言或方言中找到了相关的证据，而在其余汉藏语言音系中相对少见。这种现象的产生可能与文献材料的稀少有着直接关系。

### 3.4.2 [齿龈塞音+卷舌介音]的卷舌塞擦音化

[齿龈塞音＋卷舌介音]在藏语（包括古藏语与藏语方言）音系格局中的分布体现出一定的不对称性。在古藏文的书写系统中，卷舌介音可以充当双唇塞音[p，ph，b]的后置辅音，也可以充当软腭塞音[k，kh，g]的后置辅音；对于齿龈塞音而言，只能充当齿龈不送气塞音[t，d]的后置辅音，不可以充当齿龈送气塞音[th]的后置辅音；在齿龈不送气塞音[t，d]内部，[齿龈浊塞音＋卷舌介音]的出现频率远高于[齿龈清塞音＋卷舌介音]的出现频率。从古藏文的书写系统可以看出，卷舌介音至少在古藏语时代就不可以充当齿龈送气清塞音[th]的后置辅音了。基于语音系统的对称性，这种不对称的组合形式应该是语音变化的结果。卷舌介音在更早时期可以充当齿龈送气塞音[th]的后置辅音，随着语音系统的发展，这种组合功能

逐渐失去了其音系功能。

另外，对于齿龈清塞音[t]与齿龈清塞音[d]而言，其组合能力也是有差别的，即齿龈清塞音[t]的组合能力也几近丧失，在《汉藏语大辞典》中，符合 tr-这种类型的词条仅有 10 多个，而 dr-类型的词条就很多了。这就说明，齿龈清塞音与卷舌介音的组合能力也在逐渐丧失，几近到了消失的边缘。这就是为什么以往研究所举例证，大都集中在齿龈浊塞音，而很少有齿龈清塞音例证的原因。比较[齿龈塞音＋卷舌介音]在藏语方言中的音值分布情况。

**表 3.22 [齿龈塞音+卷舌介音]在藏语方言中的对应**

| 方言点 | 暖和 | 温水 | 直的 |
|---|---|---|---|
| 古藏语 | dron po | drod ɦdzam | draŋ po |
| 拉萨话 | tʂho$^{13}$ po$^{55}$ | tʂhø$^{13}$ po$^{55}$ | tʂoŋ$^{13}$ ko$^{55}$ |
| 巴塘话 | tʂʊ$^{13}$ bʊ$^{53}$ | tʂʊ$^{13}$ ndz ɑ̃$^{55}$ | xẽ$^{55}$ mbʊ$^{53}$ |
| 夏河话 | tʂo mbo | tʂo ma ndʐam | tʂaŋ mo |
| 阿力克 | tʂo ɣə | tʂo ɣə | tʂaŋ mo |
| 方言点 | 六 | 污垢 | 骡子 |
| 古藏语 | drug | drag pa | drel |
| 拉萨话 | tʂhu$^{132}$ | tʂhak$^{13}$ pa$^{55}$ | tʂhe:$^{13}$ |
| 巴塘话 | tʂuʔ$^{231}$ | tʂi$^{13}$ mɑʔ$^{53}$ | tʂy$^{13}$ |
| 夏河话 | tʂəχ | tshə raχ | tʂi |
| 阿力克 | tʂuk | —— | ptʂi |
| 方言点 | 拖 | 裁剪 | 痊愈 |
| 古藏语 | drud | dra | drag |
| 拉萨话 | tʂhy$^{132}$ | tʂha$^{13}$ | tʂha$^{132}$ |
| 巴塘话 | tʂyʔ$^{231}$ | tʂa$^{231}$ | tʂɑʔ$^{231}$ |
| 夏河话 | ndʐə | ndʐa | tʂaχ |

续表

| 方言点 | 拖 | 裁剪 | 痊愈 |
|---|---|---|---|
| 阿力克 | nthen | ndʑæ | —— |

上述词条可以完好地解释齿龈浊塞音的卷舌塞擦音化。一些例外是因为发生了相应的清化或送气化等常见音变现象。尽管齿龈清塞音的例证很少，但考虑到双唇塞音与软腭塞音的音变现象，可以根据音变规则的对称性与系统性将上述残缺的音变现象进行扩充。江荻在比较义都语方言的语音情况时，认为义都语音系中的卷舌塞擦音可能来自复辅音声母[齿龈塞音+卷舌介音]。比较以下几个词条的读音：①

**表 3.23 [齿龈塞音+卷舌介音]在义都语方言中的对应**

| 方言点 | 蚊子 | 写 | 虱子 | 计算 | 跑 |
|---|---|---|---|---|---|
| 西巴话 | a⁵⁵loŋ⁵⁵ndʐu³⁵ | （a³¹tso⁵³）tʂu⁵³ | tʂhu³³ | tʂhu⁵⁵ | tʂhu⁵⁵ |
| 米丢话 | alondrõ | thraga | thru | thrũga | thruga |

西巴话音系中的卷舌塞擦音对应于米丢话音系中的复辅音声母[齿龈塞音+卷舌介音]。米丢话保留了义都语的早期读音，而西巴话是在早期读音的基础上发展而来的，这种观点应该是符合语音事实的。在其他的汉藏语言音系中，还能够看到该类音变的例证，最为典型的就是上古汉语向现代汉语转变的过程。麦耘在研究《切韵》知、庄、章组的拟音问题时，比较了各家的构拟过程，并综合各家的合理内核，勾画出知庄章三组字从上古到现代演化过程。

① 江荻：《义都语研究》，182 页，北京，民族出版社，2005。

**表 3.24 知庄章的发展示意图（麦耘）①**

| | 上古 | 《切韵》 | 《中原音韵》 | 现代 |
|---|---|---|---|---|
| 庄二 | tsr | tsr | tsr | tsr |
| 庄三 | tsrj | tsr（i） | tsr | tsr |
| 知二 | tr | tr | tsr | tsr |
| 知三 | trj | tr（i） | tsr（i） | tsr |
| 章组 | tj | tsj（i） | tsr（i） | tsr |

在表 3.24 中，上古的 r 和 j 分别表示声母的翘舌与软化色彩；其他时期的 r 表示声母为翘舌音，j 表示舌叶音，（i）表示带-i-介音。知庄章三组字在现代汉语方言音系中都读为卷舌塞擦音，用上表的术语而言，就是翘舌化的齿龈塞擦音 tsr，但是这些卷舌塞擦音在古代却表现为不同的读音。庄二在上古时期就是卷舌塞擦音，这种读音一致保持至今。庄三在上古时期是既带有卷舌色彩又带软化色彩的齿龈塞擦音，或者表述为带有软化色彩的卷舌塞擦音；在《切韵》时代，上古时期的软化色彩变化为介音-i-；在《中原音韵》时代，-i-介音脱落，合流于卷舌塞擦音。知二在上古时期是一个带有翘舌色彩的齿龈塞音，或者表述为卷舌塞音；在《中原音韵》时代合流于卷舌塞擦音。知三在上古时代是一个带有软化色彩的卷舌塞音，在《切韵》时代软化色彩变化为介音-i-，表现为带有介音-i-的卷舌塞音；在《中原音韵》时代，卷舌塞音进一步塞擦化，变化为带有-i-介音的卷舌塞擦音；在现代汉语音系中，-i-介音脱落，合流于卷舌塞擦音。章组在上古时期是个带有软化色彩的齿龈塞音；在《切韵》时代塞擦音化；在《中原音韵》时代翘舌化；在现代汉语音系中合流于卷舌塞擦音。这就说明，现代汉语方言音系中的卷

① 麦耘：《〈切韵〉知、庄、章组及相关诸声母的拟音》，见《音韵与方言研究》，119~133 页，广州，广东人民出版社，1995。

舌塞擦音有着不同的历史来源，这个变化的历史是一个典型的“合流”过程。麦耘（1995）认为，翘舌化只是音段的一种附加色彩，并不具有单独音段的功能，因此，上述带有翘舌色彩的音段都是单独音段，而不是复辅音。现在的问题是，上古时期带有翘舌色彩的音段是怎么来的？李方桂在构拟上古汉语音系时，就将这种翘舌色彩构拟为单独的卷舌介音。这样的话，知组（包括知二、知三）的发展历程就符合[齿龈塞音＋卷舌介音]的卷舌塞擦音化，而且相当的典型。[齿龈塞音＋卷舌介音]的卷舌塞擦音化不仅适用于汉语普通话音系，在众多的汉语方言音系中，也具有重要的音变解释力。

通过上述音变现象，即可总结出如下音变规则：位于卷舌介音之前的齿龈塞音，如果要塞擦音化，那么将塞擦音化为卷舌塞擦音。

### 3.4.3 [软腭塞音+卷舌介音]的卷舌塞擦音化

[软腭塞音＋卷舌介音]的卷舌塞音化现象在藏语方言音系中有所体现。比较[软腭塞音＋卷舌介音]在藏语方言中的读音。

**表 3.25 [软腭塞音+卷舌介音]在藏语方言中的对应**

| 方言点 | 散开 | 村寨 | 泻 |
|---|---|---|---|
| 古藏语 | grol | groŋ tsho | grod pa bɕal |
| 拉萨话 | tʂhø¹³ | tʂhoŋ¹³ tsho⁵⁵ | tʂho¹³ kho⁵³ ɕɛ⁵⁵ |
| 巴塘话 | tʂy¹³ | tʂũ¹³ mba⁵³ | tʂʊ¹³ pa⁵⁵ xe⁵⁵ |
| 夏河话 | tɕhu | de wa | ɕa |
| 阿力克 | wɕe | tʂoŋ rde | wɕa |
| 方言点 | 花的 | 方，矩 | 刀鞘 |
| 古藏语 | khra khra | gru bʑi | gri ɕubs |
| 拉萨话 | tʂha⁵⁵ tʂha⁵⁵ | tʂhup¹³ ɕi⁵⁵ | tʂhi¹³ ɕup⁵² |
| 巴塘话 | tʂha⁵⁵ tʂa⁵³ sĩ⁵⁵ sĩ | ɣi⁵⁵ tʂhi⁵³ | tʂi¹³ xhuʔ⁵³ |

续表

| 方言点 | 花的 | 方，矩 | 刀鞘 |
|---|---|---|---|
| 夏河话 | tɕha tɕha | tʂəp ʑə | tɕə χhəp |
| 阿力克 | —— | tʂə wʑə | —— |
| 方言点 | 锅 | 万 | 水井 |
| 古藏语 | khro | khri | khron pa |
| 拉萨话 | $tʂho^{55}$ | $tʂhi^{55}$ | $tʂhom^{55}$ $pa^{55}$ |
| 巴塘话 | $tʂhʊ^{53}$ | $tʂhi^{53}$ | $tʂhø̃^{55}$ $pa^{55}$ |
| 夏河话 | htɕaχ zaŋ | tʂhə | toŋ tɕə |
| 阿力克 | rtɕak zaŋ | tʂhə | toŋ tɕhə |

在上述词条中，[软腭塞音+卷舌介音]在拉萨话与巴塘话音系中绝大部分都变化为卷舌塞擦音，而在夏河话与阿力克话音系中则表现为例外，有的变化为龈腭塞擦音，有的变化为卷舌塞擦音，这些大都可以得到解释。古藏语词条[grod pa bɕal]“泻”，在夏河话中读作[ɕa]，在阿力克话中读作[wɕa]，稍加比较即可看出夏河话与阿力克话音系中的读音是古藏语的第三个音节[bɕal]的音变结果，而第一个和第二个音节[grod pa]脱落消失了。古藏语词条[grol]“散开”，夏河话的读音应该是古藏语的音变结果，可以认为是卷舌介音先行变化为龈腭介音，然后按照[软腭塞音+龈腭介音]的音变规则进行变化，而阿力克话的读音尚看不出是古藏语词条的音变结果，有待于进一步研究。古藏语词条[groŋ tsho]“村寨”，阿力克话的读音符合音变规律；夏河话的读音看不出其音变的任何迹象，极有可能是借词；古藏语的词条[gru bʑi]“方，矩”完全符合音变规律。以下例外均可以通过具体分析得到较为完满的解释，即龈腭塞擦音是在卷舌介音先行变化为龈腭介音后，再按照[软腭塞音+龈腭介音]的音变规则变化的结果；其他的例外可以通过音节的脱

落与消失进行解释。为此，即可建立以下音变规则，即位于卷舌介音之前的双唇塞音，如果要塞擦音化，那么将塞擦音化为卷舌塞擦音。

## 3.5 唇齿塞擦音的来源

唇齿塞擦音在汉藏语言音系中较为少见，但也有分布。通过历时的比较，唇齿塞擦音主要来自复辅音声母[塞音＋唇腭介音]。音段[w]是唇-腭浊近音，与唇腭介音-w-之间的概念也不对等。同龈腭介音-j-与-r-的概念类似，本项研究中所谓的“唇腭介音-w-”的大致内涵应当是与唇-腭浊近音[w]具有类似调音空间的音段集合体，唇-腭浊近音[w]是唇腭介音-w-的典型表征。

关于[双唇塞音＋唇腭介音]的唇齿塞擦音化问题，相关研究成果很少。在藏语支语言或方言音系中，双唇塞音后的唇腭介音-w-已经失去了圆唇作用，直接脱落消失。汉语方言音系中保留着唇齿塞擦音化的痕迹。白涤洲早在20世纪就报道过，关中地区的宝鸡、岐山、扶风、长武、武功、商县等地，“把部布卜”等字读成[pfu],“铺菩扑仆”等字读作[pfhu],“跛驳钵”等字读作[pfo],“波坡颇泼”等字读作[pfo]或[pfho]。[①]在上述材料中，并没有唇齿浊塞擦音，造成这种结果的可能性有二：第一，在双唇塞音的塞擦音化之前，已经发生了浊音清化，即双唇浊塞音转化为双唇清塞音，那么就不存在唇齿浊塞擦音了；第二，双唇塞音的塞擦音化之后，双唇浊塞擦音又发生了浊音清化，那么唇齿浊塞擦音也不存在了。上面的证据能够说明西安话中位于唇腭介音-w-之前的双唇塞音经历过塞擦音化的音变过程。这就是说，在部分汉语方言音系中，位于唇腭介音-w-之前的双唇塞音，如果要塞擦音化，那么将塞擦音

① 白涤洲：《关中方音调查报告》（喻世长整理），北京，中国科学院出版社，1954。

化为唇齿塞擦音。

关于[齿龈塞音＋唇腭介音]的唇齿塞擦音化问题，直到现在为止，很少有人提及。这主要是由于缺乏文献资料与方言材料的支持。随着汉语方言的深入调查，在河南、甘肃、山东、山西等地发现古知庄章组声母中的部分字有读唇齿塞擦音的现象。20 世纪初，高本汉在调查兰州话时，其知庄章组合口三等字声母的音值为齿龈塞音[t, th]。五十年之后，当高葆泰对兰州话再作调查时，知庄章组合口字的声母已经变读为[pf, pfh]了。这是一个典型的齿龈塞音塞擦音化的音变例证。这就是说，在部分汉语方言音系中，位于唇腭介音-w-之前的齿龈塞音，如果要塞擦音化，那么将塞擦音化为唇齿塞擦音。

关于软腭塞音的唇齿塞擦音化问题，现阶段能够支持的材料更少。从调音原理来看，软腭塞音的被动调音部位是软腭，主动调音部位是舌面后部，当发软腭塞音的时候，舌面后部上升，与软腭形成阻碍。而作为最典型表征的唇-腭浊近音[w]，从调音原理来看，应当是一个双重调音部位的音段，即双唇部位与软腭部位。较之双唇塞音与齿龈塞音而言，软腭塞音的调音空间与唇腭介音-w-的调音空间更加和谐。因此，前置软腭塞音与唇腭介音-w-之间的关系较为和谐，发生塞擦音化的可能性较低。

[双唇塞音＋唇腭介音]与[齿龈塞音＋唇腭介音]的唇齿塞擦音化现象在汉藏语言音系中的普适性并不强，仅仅在部分汉语方言音系中有所体现，但考虑到音变规则的系统性与对称性，本项研究对于这种音变现象加以讨论。一定要特别指出的是，音变规则的普适性是存在差别的，与其他音变规则相比，上述音变的适用性更小。考虑到其普适性问题，本项研究并不支持为这种音变现象建立音变规则，但是作为一种可能性的音变行为应当得到学界的关注。

## 3.6 塞擦音的实现机制

现代汉藏语言音系中的塞擦音音类是后起的音系现象，这一点已为历史语言学界认可，并取得了不错的研究成果。燕海雄（2011）在现有研究成果的基础上建立了龈腭塞擦音化与卷舌塞擦音化等共 6 条音变规则；除去龈腭塞擦音化与卷舌塞擦音化外，还讨论到唇齿塞擦音的来源问题，但并未建立唇齿塞擦音化音变规则：①

表 3.26 龈腭塞擦音化与卷舌塞擦音化

| 龈腭塞擦音化 | | | 卷舌塞擦音化 | | | 唇齿塞擦音化 | | |
|---|---|---|---|---|---|---|---|---|
| pj, bj | > | tɕ, dʑ | pr, br | > | tʂ, dʐ | pw, bw | > | pf, bv |
| tj, dj | > | tɕ, dʑ | tr, dr | > | tʂ, dʐ | tw, dw | > | pf, bv |
| kj, gj | > | tɕ, dʑ | kr, gr | > | tʂ, dʐ | | | |

龈腭塞擦音化与卷舌塞擦音化并不能彻底解释现代汉藏语言音系中的龈腭塞擦音与卷舌塞擦音的来源问题，这主要是由于现代汉藏语言音系中的龈腭塞擦音与卷舌塞擦音还有可能来源于其他的音类，如塞擦音音类的自身调整，即[非龈腭塞擦音＋龈腭介音]的龈腭塞擦音化与[非卷舌塞擦音＋卷舌介音]的卷舌擦音化；当然也有可能来自擦音的塞擦音化，但这种音变现象在历史演化过程中较之塞音的塞擦音化与塞擦音的自身调整而言，相对较为少见，在现有研究成果中尚不足以建立音变规则。至于唇齿塞擦音化的来源问题，除去上述音变可能性之外，也有可能来自塞擦音音类自身的调整，即[非唇齿塞擦音＋唇腭介音]等。上述 6 条音变规则（包括尚未建立音变规则的唇齿塞擦音化）大体上可以解决来自古代汉藏语言塞音音类的龈腭塞擦音、卷舌塞擦音以及唇齿塞擦音问题。

① 燕海雄：《论东亚语言塞音的音变规则》，160~196 页，上海，中西书局，2011。

塞音的塞擦音化较之其他音变规则而言，最大的特点在于其变化项是一个复辅音组合。复辅音组合[塞音＋介音]在古代汉藏语言音系中具有重要的音系功能，但随着历史的演化，在不同的语言中，具有三种可能性音变方向。

（A）[塞音＋介音] ＞ 塞擦音
（B）[塞音＋介音] ＞ 介　音
（C）[塞音＋介音] ＞ 塞　音

现在的问题是，为什么同样的音变初始条件却在不同的语言音系中走上了不同的音变道路？这就涉及音变的实现机制问题。这里试图从音节结构的角度对上述不同音变现象做出解释。在古代语音音系中，复辅音声母[塞音＋介音]的深层结构具有如下几种可能性。

**表 3.27 复辅音声母[塞音+介音]的表层结构和深层结构**

| 表层结构 | 深层结构 | 生成项 | 描述 |
|---|---|---|---|
| [塞音+介音] | (a) [塞音 ＋ 介音 ] | 塞擦音 | 结合较为紧密，轻重相当 |
| [塞音+介音] | (b) [塞音$_{轻}$＋ 介音$_{重}$] | 介　音 | 结合较为松散，前轻后重 |
| [塞音+介音] | (c) [塞音$_{重}$＋ 介音$_{轻}$] | 塞　音 | 结合较为松散，前重后轻 |

从上述音节的深层结构来看，尽管音变初始条件的表层形式相同，但其深层结构可能具有三种不同的可能性。这就是说，不同的深层结构可能决定着不同的音变趋向。[塞音＋介音]的深层结构（a）（b）以及（c）并不全部是原生性的，从历史语言学的角度看，（b）与（c）应该是新生的，即在（a）的基础上创新出来的。因此，从音节的角度看，古代汉藏语言[塞音＋介音]的深层结构曾经发生了如下演化：

（a）＞（b），（c）

正是音节结构的转变，从而导致不同的音节结构与音变趋向，相互对应关系可以总结如下。

**表 3.28 复辅音声母[塞音+介音]的音节结构及音变实现**

| 音节结构 | 音变实现 |
| --- | --- |
| （a）塞音 ＋ 介音 | （A）[塞音+介音] ＞ 塞擦音 |
| （b）塞音$_{轻}$＋ 介音$_{重}$ | （B）[塞音+介音] ＞ 介 音 |
| （c）塞音$_{重}$＋ 介音$_{轻}$ | （C）[塞音+介音] ＞ 塞 音 |

辅音从在简化的过程中较轻的音段容易在音节结构转变的过程中脱落，这一点在多音节语言向单音节语言演化的过程中或者在复辅音音节向单辅音音节演化的过程中曾系统地观察到，在音节结构（b）与（c）中，音变实现（B）与（C）走的就是这样的一条音变路子。至于音节结构（a）与实现形式（A），江荻在建立辅音演化的耦化模型时，曾经对耦化原理做出过深入的探讨："在开放的语言系统状态，由非线性相干作用导致复杂声母内辅音特征相互耦合的现象称之为耦化，耦化产生的新质因素称之为耦化音。"①生成项的读音取决于复辅音组合的音段特征，即调音部位取决于介音的音段特征，而发声类型则取决于基本塞音的音段特征。耦化是语音历史演化的重要音变模型，对历史音变具有较强的阐释力。

以上主要解释了现代汉藏语言音系中龈腭塞擦音、卷舌塞擦音以及唇齿塞擦音的来源问题。齿龈塞擦音化现象在汉藏语言音系中

① 江荻：《汉藏语言演化的历史音变模型》，473 页，北京，民族出版社，2002。

极为普遍，但由于其塞擦音化的时间较早，要获得系统的音变材料较为困难。另外，也是更重要的原因，由于传统历史语言学在研究齿龈塞擦音的过程中，并未关注齿龈塞擦音的历史层次问题，因此，在音变材料不太充分的情况下（尽管在经验认识中似乎是常识），[齿龈塞音＋龈腭介音]的齿龈塞擦音化尚不具备建立音变规则的基本条件。但是随着调查材料的逐渐深入，齿龈塞擦音化现象将会得到越来越多的认识。至于龈后塞擦音与硬腭塞擦音的来源问题，可以确定的是，都是后起的音系现象。但是，这两类塞擦音是直接由塞音音类变化而来，还是由塞擦音音类变化（调整）而来，或者由别的音类变化而来，在现阶段内还不可定论。从经验上看得出来，这两类塞擦音大体上来自塞擦音的自身调整，而不是直接来自塞音音类，这是个需要进一步讨论的问题。

## 3.7 小结

本章基本上解决了龈腭塞擦音与卷舌塞擦音的来源问题，还解决了汉语方言音系中的唇齿塞擦音的来源问题，但并未提及齿龈塞擦音、龈后塞擦音以及硬腭塞擦音的来源问题。关于齿龈塞擦音的性质问题，根据历史语言学的研究成果，结合不同的汉藏语言构拟音系，齿龈塞擦音具有相当古老的历史。这就是说，齿龈塞擦音具有原生性质。在这样的认识前提下，并不意味着齿龈塞擦音就不具有创新性质。就以软腭塞音为例，尽管其具有相当古老的历史，但是音系在后期的发展过程中，还可以产生新的软腭塞音。齿龈塞擦音与软腭塞音一样，不仅具有原生性质，而且具有创新性质。属于原生层次的齿龈塞擦音在历史语言学现阶段可利用的材料内尚不能做出进一步的研究，但是属于创新层次的齿龈塞擦音有进一步追查其历史来源的必要。在历史语言学的可操控范围之内，齿龈塞擦音中的原生层次属于语音遗留现象，而新生层次属于语音创新的现象。从来源上看，新生层次中的大部分来自[齿龈塞音＋龈腭介音]，还有小部分可能来自擦音的塞擦音化、边音的塞擦音化以及由类推或借用机制带来的齿龈塞擦音。需要说明的是，除去来自[齿龈塞音＋龈腭介音]的齿龈塞擦音之外，其余塞擦音不涉及塞音的变化问题。[齿龈塞音＋龈腭介音]的齿龈塞擦音化现象在汉藏语言音系中极为多见，但作为音变规则并不为研究者特别关注。下面仅以瑶族勉语为例来说明[齿龈塞音＋龈腭介音]的齿龈塞擦音化问题。比较以下苗族勉语词条的读音。

表 3.29 [齿龈塞音+龈腭介音]在勉语方言中的对应①

| 词义 | 勉方言 | 金门方言 | 标敏方言 | 藻敏方言 |
| --- | --- | --- | --- | --- |
| 小米 | tsai$^{33}$ (1) | ȶei$^{35}$ (1) | ȶai$^{33}$ (1) | tɛi$^{44}$ (1) |
| 梳子 | tsa$^{55}$ (7) | ȶa$^{24}$ (7a) | ȶa$^{53}$ (7) | ta$^{44}$ (7) |
| 迟 | tsai$^{31}$ (2) | ȶai$^{33}$ (2) | ȶai$^{31}$ (2) | —— |
| 大腿 | tsu:i$^{31}$ (2) | ȶui$^{33}$ (2) | —— | si$^{53}$ (2) |
| 是 | tsei$^{231}$ (4) | ȶei$^{32}$ (4) | ȶəi$^{42}$ (4) | sɛi$^{44}$ (4) |
| 柴 | tsa:ŋ$^{31}$ (2) | tθaŋ$^{33}$ (2) | tsaŋ$^{31}$ (2) | hɔŋ$^{53}$ (2) |
| 凿子 | tsu$^{12}$ ( 8 ) | tθu$^{22}$ (6) | tshu$^{42}$ ( 8 ) | hiu$^{22}$ ( 8 ) |
| 淡 | tsa:m$^{52}$ (3) | tθam$^{545}$ (3) | tsan$^{35}$ (3) | tɔm$^{24}$ (3) |
| 接受 | tsip$^{55}$ (7) | tθip$^{54}$ (7b) | tɕin$^{53}$ (7) | tɛp$^{44}$ (7) |
| 甑子 | tsaŋ$^{24}$ (5) | tθaŋ$^{44}$ (5) | tsaŋ$^{24}$ (5) | taŋ$^{42}$ (5) |
| 筷子 | tsou$^{13}$ (6) | ȶou$^{22}$ (6) | ȶəu$^{42}$ (6) | tau$^{22}$ (6) |

综合上面几种语音表现形式，可以获得以下语音对应规则。

① 毛宗武：《瑶族勉语方言研究》，317 页，北京，民族出版社，2004。

**表 3.30 [齿龈塞音+龈腭介音]在勉语方言中的语音对应规则**

| 勉方言 | 金门方言 | 标敏方言 | 藻敏方言 |
|---|---|---|---|
| ts | ʈ/tθ | ʈ/ts/tsh/tɕ | t/s/h |

根据上述语音对应规则，其早期最有可能的读音为齿龈塞音。上述读音中可以分为以下三类：第一类是塞擦音，即齿龈塞擦音、齿间塞擦音以及龈腭塞擦音；第二类是塞音，即齿龈塞音与龈腭塞音；第三类是擦音，即齿龈擦音与喉擦音。在塞擦音音类中，结合历史语言学与语言类型学的研究成果，齿龈塞擦音在汉藏语言音系中处于优势地位，与另外两种塞擦音比较，更加具有原生性质；在塞音音类中，与龈腭塞音比较，齿龈塞音肯定更为稳定，基于经验认识可以知道，龈腭塞音大抵上都是齿龈塞音在龈腭介音-j-的作用下，调音部位向后移动至龈腭部位；在擦音音类中，结合其余读音，喉擦音显然是在齿龈擦音的基础上变化而来的。如果早期的读音为齿龈塞音，那么就可以很好地解释龈腭塞音的来源、龈腭塞擦音的来源、齿龈擦音的来源以及喉擦音的来源。这样的话，勉语方言音系中的齿龈塞擦音就是齿龈塞音的齿龈塞擦音化的结果。除此之外，齿龈塞擦音化在汉藏语言音系中极为普遍，但由于其塞擦音化的时间较早，要获得系统的音变材料较为困难。另外，更重要的原因是由于传统历史语言学在研究齿龈塞擦音的过程中，并未关注齿龈塞擦音的历史层次问题，因此，在音变材料不太充分的情况下（尽管在经验认识中似乎是常识），[齿龈塞音＋龈腭介音]的齿龈塞擦音化尚不具备建立音变规则的基本条件。但是随着调查材料的逐渐

深入，齿龈塞擦音化现象将会得到越来越多的认识。[1]

至于龈后塞擦音与硬腭塞擦音的来源问题，可以确定的是，都是后起的音系现象。但是，这两类塞擦音是直接由塞音音类变化而来，还是由塞擦音音类变化（调整）而来，或者由别的音类变化而来，在现阶段内还不可定论。从经验上可以看出，这两类塞擦音大体上来自塞擦音的自身调整，而不是直接来自塞音音类，这是个需要进一步讨论的问题。如果这两类塞擦音是塞擦音自身体系调整的产物，那么就不属于塞音变化的范畴了，正是这个原因，本章并未讨论这两类塞擦音的来源问题。

本章第 5 节还讨论了部分汉藏语言音系中唇齿塞擦音的来源问题，即[塞音＋唇腭介音]的唇齿塞擦音化。但是考虑到该音变现象的普适性较差，仅在部分汉语方言音系中具有可解释性，因此，并未对这种音变现象建立音变规则。

关于龈腭塞擦音与卷舌塞擦音的来源问题，根据其在汉藏语言音系中的音变情况，共建立了以下 6 条音变规则：

**表 3.31 汉藏语言塞擦音的主要来源及音变规则**

| 龈腭塞擦音化 | 卷舌塞擦音化 |
| --- | --- |
| pj，bj ＞ tɕ，dʑ | pr，br ＞ tʂ，dʐ |
| tj ，dj ＞ tɕ，dʑ | tr，dr ＞ tʂ，dʐ |
| kj，gj ＞ tɕ，dʑ | kr，gr ＞ tʂ，dʐ |

从上述 6 条音变规则可以看出，塞音的塞擦音化是在介音的共同作用下实现的，其中介音决定生成项的调音部位，塞音决定生成

① 历史语言学的研究成果表明，s＞h 在音变材料中极为多见。《藏缅语语音和词汇》编写组主编：《藏缅语语音和词汇》，59 页，北京，中国社会科学出版社，1991；曾晓渝：《汉语水语关系论》，北京，商务印书馆，2004。

项的调音方法与发声类型。[①]这个相互影响的过程可以理解为前后音段共同融合的结果。从普适性的角度看，以上 6 条音变规则在解释汉藏语言从古代到现代演化的过程中的作用是有差别的，即龈腭塞擦音化的普适性大于卷舌塞擦音化的普适性。这个趋势可以通过建立音变规则的例证中看出，支持龈腭塞擦音化的材料遍及整个汉藏语言范围之内。支持卷舌塞擦音化的材料尽管在汉藏语言音系中时有体现，但并不系统；但在藏语支语言或方言与汉语方言音系（仅限于知庄章三组）中最为典型，显示出非常完备的系统性。造成上述差别的主要原因有以下两个方面，一个是源于语音学层面上的，另一个是历史年代的问题。复辅音在古代汉藏语言音系中的历史非常久远，其发生塞擦音化的时间也非常久远。由于介音语音性质的不同从而导致塞擦音化的顺序存在差别。这就说明，普适性的强弱仅是针对历史语言学的可考证范围之内，至于更早期的普适性就不好下判断了。可以在逻辑的层面上设想，某些音类在相当早的时间就已经发生过变化，但由于演化的方向性，即不可逆性，该类音变在后期的语音系统演化过程中不再起作用，或者说作用相对较弱。这就涉及音变的时间层次问题，而不仅仅是普适性的问题了。

另外，还要特别比较[齿龈塞音＋龈腭介音]的龈腭塞擦音化与齿龈塞擦音化之间的差别。从表面结构上看，二者的变化项相同；从深层结构上看，二者的变化项不同，即音变初始条件不同。这样的话，就可以在语音条件内解释不同的音变方向。不管是[塞音＋龈腭介音]的龈腭塞擦音化，还是[塞音＋卷舌介音]的卷舌塞擦音化，其生成项音段的语音性质似乎与介音有着非常密切的关系。这一点在前面已经做过说明，即生成项的调音部位（龈腭或卷舌）与介音有关，生成项的发声类型（清浊特征、送气特征）与变化项相

① 江荻将这种作用称之为“非线性相干作用”。江荻：《汉藏语言演化的历史音变模型》，462~472 页，北京，民族出版社，2002。

关。但是[齿龈塞音＋龈腭介音]的齿龈塞擦音化却与龈腭塞擦音化存在差别。在齿龈塞擦音化现象中，生成项的调音部位与发声类型（清浊特征、送气特征）都取决于变化项，与介音无关；而介音起到的作用是基于调音方法上的，即促使塞音的调音方法向自身调音方法靠近，而这一点也适用于龈腭塞擦音化。这就是说，与龈腭塞擦音化比较，介音在齿龈塞擦音化的过程中起到的作用在弱化。而这种功能的丧失源于其变化项不同的深层结构，即龈腭塞擦音化中的介音在复辅音音节结构中的地位要强于齿龈塞擦音化中的介音在复辅音音节结构中的地位。

# 第 4 章 擦音

擦音是世界语言中最为常见的音类之一。从共时的角度看，擦音在世界诸语言中并不少见，但分布并不均衡。比较擦音在 UPSID 数据库语言（317 个）[①]和我国境内汉藏语言（95 个）中的分布。

**表 4.1 擦音在 UPSID 数据库语言和汉藏语言中的比较**

| 擦音数量 | 语言数量（UPSID） | 占比（%） | 语言数量（汉藏语言） | 占比（%） |
|---|---|---|---|---|
| 零 | 21 | 6.6 | 0 | 0 |
| 一 | 37 | 11.7 | 0 | 0 |
| 二 | 62 | 19.6 | 5 | 5.3 |
| 三 | 47 | 14.8 | 3 | 3.2 |
| 四 | 37 | 11.7 | 12 | 12.6 |
| 五 | 26 | 8.2 | 18 | 19.0 |
| 六 | 28 | 8.8 | 13 | 13.7 |
| 七 | 19 | 6.0 | 10 | 10.5 |
| 八 | 20 | 6.3 | 11 | 11.6 |
| 九 | 5 | 1.6 | 3 | 3.2 |
| 十 | 4 | 1.3 | 3 | 3.2 |
| 十一 | 5 | 1.6 | 7 | 7.4 |
| 十二 | 2 | 0.6 | 3 | 3.2 |
| 超过十二 | 4 | 1.3 | 7 | 7.4 |

① Maddieson, Ian 1984. *Patterns of Sounds*. Cambridge: Cambridge University Press.

在317个UPSID数据库语言音系中，没有擦音的语言有21个，占比约6.6%，其中大部分为澳大利亚语言。[①]大部分语言有一至四个擦音（其中两个擦音的语言最多，占比19.6%），合计占比57.8%。只有一个擦音的语言有37个，占比约11.7%，*s最为常见；两个擦音的语言有62个，占比约19.6%，[*s，f]最为常见；三个擦音的语言有47个，占比约14.8%，[f，*s，ʃ]最为常见；四个擦音的语言有37个，占比约11.7%，[f，v，*s，*z]最为常见；五个擦音的语言有26个，占比约8.2%；六个擦音的语言有28个，占比约8.8%，[f，v，*s，*z，ʃ，ʒ]最为常见等。

在95个我国境内汉藏语言音系中，没有少于两个擦音的语言；两个擦音有5个，占比约5.3%，[s，z]最为常见；三个擦音的语言有3个，占比约3.2%，[f，s，h]最为常见；大部分语言有四到八个擦音（约占比67.4%），其中四个擦音的语言有12个（占比约12.6%），[f，s，ɕ，h]最为常见；五个擦音的语言有18个（占比约19.0%），[f，s，ɕ，x，h]最为常见；六个擦音的语言13个（占比约13.7%），[f，v，s，z，ɕ，x]最为常见；七个擦音的语言有10个（占比约10.5%），[f，v，s，z，ɕ，x，ɣ]最为常见；八个擦音的语言有11个（占比约11.6%），[f，v，s，z，ɕ，ʑ，x，h]最为常见。比较上述数据可以看出，擦音在我国境内汉藏语言音系中的分布远远多于世界其他地区的语言。

**表4.2 擦音在汉藏语言中的数据统计及系属分布**

| 语言系属 | 藏缅语 | 苗瑶语 | 侗台语 | 汉语 |
|---|---|---|---|---|
| 平均数量 | 8.6 | 6.7 | 5.9 | 4.7 |

① Dixon（1980）曾指出，为原始澳大利亚语言构拟擦音是没有理由的；Following Hale（1976）也指出，现代澳大利亚语言中的擦音是后来创新的。

从我国境内汉藏语言的分布来看，擦音的分布也不均衡，有的多一些，有的少一些，具有典型的区域特征。在 95 个汉藏语言中，共有 664 个擦音，平均每个语言有 7.0 个擦音。从不同的语言系属来看，汉语最少，平均每个语言有 4.7 个擦音；侗台语和苗瑶语次之，分别有 5.9 个和 6.7 个擦音；藏缅语最多，每个语言的擦音多达 8.6 个。从上述数据可以看出，擦音的数量与不同系属语言有些关系，相互之间的差别是显著的。

## 4.1 擦音的共时类型

擦音在国际音标（简）表中的 11 个调音部位都有分布，每个部位都有清浊对立。

**表 4.3 国际音标（简）表中擦音的调音部位和发声类型**

| | 双唇 | 唇齿 | 齿间 | 齿龈 | 龈后 | 卷舌 | 硬腭 | 软腭 | 小舌 | 咽 | 喉 |
|---|---|---|---|---|---|---|---|---|---|---|---|
| 擦音 | ɸ | f | θ | s | ʃ | ʂ | ç | x | χ | ħ | h |
| | β | v | ð | z | ʒ | ʐ | ʝ | ɣ | ʁ | ʕ | ɦ |

除此以外，国际音标（简）表中的“其他辅音符号”区域还有龈腭擦音[ɕ，ʑ]。国际音标表尚未把龈腭擦音纳入到肺部气流辅音表中，而是把它放在其他符号表中。对于为什么要把龈腭擦音列入其他符号表中，《国际语音学会手册》中有明确的解释：“为了描述方便，其他音标符号在国际音标里单列出来。这部分包括不适合放入主要辅音表发音部位和发音方法表格的几种符号。在某些情况下，例如会厌音（epiglottal）和龈腭音（alveolo-palatal），由于这些音较为少见，音类数量不多，国际音标表没有提供相应的发音部

位栏目。”[①]龈腭擦音在我国境内语言中具有非常重要的音系价值，在研究我国境内汉藏语言的擦音类型时，理应得到充分的考虑。[②]下文将根据不同的调音部位来观察我国境内汉藏语言擦音的类型和共性。

### 4.1.1 双唇擦音

双唇擦音在我国境内汉藏语言音系的描写习惯中存在不太统一的问题，尤其是与近音[w]等相关音类之间的关系比较复杂。因此，本项研究关于双唇擦音的统计只能参考，不具有类型学意义。整体上看，双唇擦音在汉藏语言中的分布较为罕见，平均每个语言大约有 0.03 个，具体的分布如下。

**表 4.4 双唇擦音在汉藏语言中的分布类型及语言数量**

| 双唇擦音类型 | 零 | 一 | 二 | 三 |
|---|---|---|---|---|
| 语言数量 | 93 | 1 | 1 | 0 |

就现有的描写来看，双唇擦音仅在羌语支的史兴语和木雅语中出现过。在史兴语中，“ɸ β 有其变体 f v，后者主要出现在汉语借词中，读音尚不稳定，故合并于 ɸ β。”[③]在木雅语中，“β 实为双唇、唇齿浊擦音 β͡v”，此外“f 仅在汉语借词中出现”。[④]这就是

① 国际语音学会：《国际语音学会手册》（中文版），江荻译，23~24 页，上海，上海教育出版社，2008。

② 燕海雄：《论汉藏语言龈腭塞音的来源》，见《汉藏语学报》（第 5 期），北京，商务印书馆，2011；燕海雄：《从我国语言看国际音标表的修订与完善》，载《民族语文》，2012（5）。

③ 孙宏开、胡增益、黄行主编：《中国的语言》，984 页，北京，商务印书馆，2007。

④ 孙宏开、胡增益、黄行主编：《中国的语言》，906 页，北京，商务印书馆，2007。

说，史兴语中的双唇擦音与唇齿擦音之间是互为变体的关系，木雅语中双唇和唇齿同时存在。因此，我国境内汉藏语言中的双唇擦音还需进一步讨论。

### 4.1.2 唇齿擦音

唇齿擦音在汉藏语言中极为常见，平均每个语言中大约有 1.38 个，具体的分布如下。

表 4.5 唇齿擦音在汉藏语言中的分布类型及语言数量

| 唇齿擦音类型 | 零 | 一 | 二 | 三 |
|---|---|---|---|---|
| 语言数量 | 16 | 29 | 49 | 1 |

没有唇齿擦音的语言有 16 个，例如藏语拉萨话、土家语、汉语厦门话、福州话等。

一个唇齿擦音的语言有 29 个，其中佯僙语的擦音是唇齿浊擦音[v]，其他 28 个语言的擦音都是唇齿清擦音[f]。佯僙语的唇齿浊擦音[v]是例外，仔细考察发现，“部分 v 声母的音节可以变读为同部位的清擦音 f。”[①]再参考《佯僙语研究》：“[v]和[w]是不同的音位，[v]和[f]是同一音位的自由变体。”[②]

两个唇齿擦音的语言有 49 个，全部为唇齿清擦音[f]和唇齿浊擦音[v]，例如彝语、壮语、苗语、西安话等。

三个唇齿擦音的语言有 1 个（即怒苏语），分别为唇齿不送气清擦音[f]、唇齿不送气浊擦音[v]以及唇齿送气清擦音[fh]。

从出现的频率来看，两个唇齿擦音的语言最为常见，一个唇齿擦音和没有唇齿擦音的语言较为常见，而三个唇齿擦音的语言少

① 孙宏开、胡增益、黄行主编：《中国的语言》，1292 页，北京，商务印书馆，2007。

② 薄文泽：《佯僙语研究》，20 页，上海，上海远东出版社，1997。

见。从擦音的特征来看，如果仅有一个唇齿擦音，即为唇齿清擦音[f]；如果有两个唇齿擦音，即为唇齿清擦音[f]和唇齿浊擦音[v]；如果有三个唇齿擦音，即为唇齿不送气清擦音[f]、唇齿不送气浊擦音[v]以及唇齿送气清擦音[fh]。

### 4.1.3 齿间擦音

齿间擦音在汉藏语言中的分布较为少见，平均每个语言中大约有 0.09 个，具体的分布如下。

表 4.6 齿间擦音在汉藏语言中的分布类型及语言数量

| 齿间擦音类型 | 零 | 一 | 二 | 三 |
|---|---|---|---|---|
| 语言数量 | 89 | 3 | 3 | 0 |

没有齿间擦音的语言有 89 个。

一个齿间擦音的语言有 3 个，分别为标话、茶洞语以及布干语，都是齿间不送气清擦音[θ]。

两个齿间擦音的语言有 3 个，其中布央语和炯奈语为齿间不送气清擦音[θ]和齿间不送气浊擦音[ð]，布努语为齿间不送气清擦音[θ]和齿间送气清擦音[θh]。参考布努语的音系说明："送气声母（包括清化的鼻音声母），只出现在单数调。"[①]这说明布努语中的齿间送气清擦音[θh]还可以另作处理。

三个齿间擦音的语言未见。

从出现的频率来看，没有齿间擦音的语言最为常见，一个齿间擦音的语言和两个齿间擦音的语言罕见，三个齿间擦音的语言未见。从擦音的特征来看，如果仅有一个齿间擦音，即为齿间不送气

① 孙宏开、胡增益、黄行主编：《中国的语言》，1509 页，北京，商务印书馆，2007。

清擦音[θ]；如果有两个齿间擦音，即为齿间不送气清擦音[θ]和齿间不送气浊擦音[ð]，或者齿间不送气清擦音[θ]和齿间送气清擦音[θh]。

### 4.1.4 齿龈擦音

齿龈擦音在汉藏语言中的分布最为常见，平均每个语言大约有 1.51 个擦音，具体的分布如下。

**表 4.7 齿龈擦音在汉藏语言中的分布类型及语言数量**

| 齿龈擦音类型 | 零 | 一 | 二 | 三 |
|---|---|---|---|---|
| 语言数量 | 5 | 40 | 46 | 4 |

没有齿龈擦音的语言有 5 个，分别为崩尼-博嘎尔语、布央语、炯奈语、汉语广州话以及阳江话。仔细查看相关研究成果发现，尽管上述语言没有把齿龈擦音作为独立音位归纳到音系中来，但是齿龈擦音要么作为齿间擦音的音位变体，要么作为其他音位（例如齿龈塞擦音、龈腭擦音、龈后擦音等）的变体。例如在崩尼-博嘎尔语音系中：“tɕ，ɕ 在 i 以外的元音之前，有些人读作 ts，s，但 dʑ 无论出现在哪一个元音之前，一律读舌面音。”[①]在炯奈语音系中：“θ，ð 的发音部位偏后，接近舌尖前的 s，z。”[②]根据《汉语方音字汇》的描写，汉语阳江话中没有齿龈擦音，与其调音部位靠近的擦音为龈后擦音 ʃ。根据其音系说明：“tʃ，tʃh，ʃ 发音部位偏后，

① 孙宏开、胡增益、黄行主编：《中国的语言》，667 页，北京，商务印书馆，2007。

② 孙宏开、胡增益、黄行主编：《中国的语言》，1546 页，北京，商务印书馆，2007。

音色接近 tɕ，tɕh，ɕ。”[①]但是其他的一些描写中，阳江话是有齿龈擦音的，例如刘彩凤（2015）描写了齿龈擦音，并且认为：“声母 ts，tsh，s 在阳江话中发音略靠后，特别是在齐齿呼韵母前音色近 tʃ，tʃh，ʃ。”[②]上述不同的音系描写说明，齿龈擦音的有无实际上不仅是如何描写的问题，更是如何归纳的问题。

一个齿龈擦音的语言有 40 个，其中黎语的擦音是齿龈浊擦音[z]，其他 39 个语言的擦音都是齿龈清擦音[s]。从标记理论的角度看，黎语的齿龈浊擦音[z]是个例外。本项研究选取的黎语音系来自《中国的语言》[③]，并参考了《黎语话语材料》，描写的是海南黎族苗族自治州乐东县保定乡黎语侾方言罗活土语。[④]另外参考了《黎语坡春话概况》，描写的是海南省儋州市兰洋镇坡春村黎族所说的一种属于本地黎的方言土语。在该文献中，[s]对应于[tsh]。这个例外可以得到解释，也应是音位归纳的问题。[⑤]

两个齿龈擦音的语言有 46 个，其中布努语的齿龈擦音是送气特征之间的对立，其他 45 个语言的齿龈擦音都是清浊特征之间的对立。布努语的齿龈擦音[s，sh]是个例外：“送气声母（包括清化的鼻音声母），只出现在单数调。”[⑥]这就说明，齿龈送气清擦音的出现是有语音条件的，也可以处理为音位变体。

三个齿龈擦音的语言有 4 个，分别为白马语、怒苏语、尔龚语

---

① 北京大学中国语言文学系语言学教研室编：《汉语方音字汇》，30、32 页，北京，语文出版社，2008。

② 刘彩凤：《广东两阳粤语语音研究》，暨南大学硕士学位论文，2015。

③ 孙宏开、胡增益、黄行主编：《中国的语言》，1338 页，北京，商务印书馆，2007。

④ 郑贻青：《黎语话语材料》，载《民族语文》，1981（1）。

⑤ 符昌忠：《黎语坡春话概况》，载《民族语文》，2000（6）。

⑥ 孙宏开、胡增益、黄行主编：《中国的语言》，1509 页，北京，商务印书馆，2007。

以及扎坝语。三个齿龈擦音分别为齿龈不送气清擦音[s]、齿龈送气清擦音[sh]以及齿龈不送气浊擦音[z]。

从出现的频率来看，一个齿龈擦音的语言和两个齿龈擦音的语言最为常见，二者出现频率相当。从擦音的特征来看，齿龈不送气清擦音[s]最为常见，而齿龈不送气浊擦音[z]较为常见，齿龈送气清擦音[sh]较为少见。也就是说，如果只有一个齿龈擦音，即为齿龈不送气清擦音[s]；如果有两个齿龈擦音，即为齿龈不送气清擦音[s]和齿龈不送气浊擦音[z]；如果有三个齿龈擦音，即为齿龈不送气清擦音[s]、齿龈不送气浊擦音[z]以及齿龈送气清擦音[sh]。

### 4.1.5 龈后擦音

龈后擦音在汉藏语言中的分布较为常见，平均每个语言中大约有 0.38 个，具体的分布如下。

**表 4.8 龈后擦音在汉藏语言中的分布**

| 龈后擦音类型 | 零 | 一 | 二 | 三 |
|---|---|---|---|---|
| 语言数量 | 76 | 3 | 15 | 1 |

没有龈后擦音的语言有 76 个，例如藏语拉萨话、壮语、苗语以及北京话等。

一个龈后擦音的语言有 3 个，分别为炯奈语、汉语广州话以及阳江话，都为龈后不送气清擦音[ʃ]。

二个龈后擦音的语言有 15 个，都是龈后不送气清擦音[ʃ]和龈后不送气浊擦音[ʒ]，例如傈僳语、景颇语、羌语以及贵琼语等。

三个龈后擦音的语言有 1 个（即白马语），分别为龈后不送气清擦音[ʃ]、龈后不送气浊擦音[ʒ]以及龈后送气清擦音[ʃh]。

从出现的频率来看，没有龈后擦音的语言最为常见，两个龈腭擦音的语言较为常见，一个龈后擦音的语言和三个龈后擦音的语言罕见。从擦音的特征来看，如果仅有一个龈后擦音，即为龈后不送气清擦音[ʃ]；如果有两个龈后擦音，即为龈后不送气清擦音[ʃ]和龈后不送气浊擦音[ʒ]；如果是三个龈后擦音，即为龈后不送气清擦音[ʃ]、龈后不送气浊擦音[ʒ]以及龈后送气清擦音[ʃh]。

### 4.1.6 卷舌擦音

卷舌擦音在汉藏语言中的分布较为常见，平均每个语言中大约有 0.66 个，具体的分布如下。

表 4.9 卷舌擦音在汉藏语言中的分布类型及语言数量

| 卷舌擦音类型 | 零 | 一 | 二 | 三 |
|---|---|---|---|---|
| 语言数量 | 65 | 7 | 21 | 2 |

没有卷舌擦音的语言有 65 个，例如白马语、浪速语、壮语、畲语以及太原话等。

一个卷舌擦音的语言有 7 个，分别为藏语、门巴语、格曼语、达让语、木雅语、拉坞戎语以及汉语双峰话等，全部为卷舌不送气清擦音[ʂ]。

两个卷舌擦音的语言有 21 个，都是卷舌不送气清擦音[ʂ]和卷舌不送气浊擦音[ʐ]。

三个卷舌擦音的语言有 2 个（分别为怒苏语和扎坝语），即为卷舌不送气清擦音[ʂ]、卷舌不送气浊擦音[ʐ]以及卷舌送气清擦音[ʂh]。

从出现的频率来看，没有卷舌擦音的语言最为常见，两个卷舌擦音的语言较为少见，一个卷舌擦音的语言和三个卷舌擦音的语言罕见。从擦音的特征来看，如果仅有一个卷舌擦音，即为卷舌不送气清擦音[ʂ]；如果有两个卷舌擦音，即为卷舌不送气清擦音[ʂ]和卷舌不送气浊擦音[ʐ]；如果是三个卷舌擦音，即为卷舌不送气清擦音

[ʂ]、卷舌不送气浊擦音[ʐ]以及卷舌送气清擦音[ʂh]。

### 4.1.7 龈腭擦音

龈腭擦音在汉藏语言中极为常见，平均每个语言中大约有 1.12 个，具体的分布如下。

表 4.10 龈腭擦音在汉藏语言中的分布类型及语言数量

| 龈腭擦音类型 | 零 | 一 | 二 | 三 |
|---|---|---|---|---|
| 语言数量 | 24 | 39 | 29 | 3 |

没有龈腭擦音的语言有24个，例如景颇语、傣语、畲语以及广州话等。

一个龈腭擦音的语言有39个，全部都是龈腭不送气清擦音[ɕ]，例如藏语、壮语、勉语、北京话等。

两个龈腭擦音的语言有29个，其中炯奈语的擦音是龈腭不送气浊擦音[ʑ]和龈腭不送气清化浊擦音ʑ̥对立，而其他28个语言的擦音是龈腭不送气清擦音[ɕ]和龈腭不送气浊擦音[ʑ]对立。炯奈语是个例外："tʃ，tʃh，ntʃ，ntʃh，ʃ的发音部位偏前接近舌尖后，但是腭化的tʃj，ʃj发音部位则偏后，接近舌面前的tɕ，ɕ。"①上述音系说明炯奈语也存在龈腭不送气清擦音ɕ。

三个龈腭擦音的语言有3个，分别为白马语、怒苏语以及尔龚语，即龈腭不送气清擦音[ɕ]、龈腭不送气浊擦音[ʑ]和龈腭送气清擦音[ɕh]对立。尔龚语的音系需要说明："送气擦音的音感与同部位的送气塞擦音相近，但tsh与sh、tɕh与ɕh是对立的。音系中尚未

① 孙宏开、胡增益、黄行主编：《中国的语言》，1546 页，北京，商务印书馆，2007。

发现fh、ʂh和xh。”[①]

从出现的频率来看，一个龈腭擦音的语言最为常见，两个龈腭擦音的语言和没有龈腭擦音的语言较为常见，三个龈腭擦音的语言少见。从擦音的特征来看，如果仅有一个龈腭擦音，即为龈腭不送气清擦音[ɕ]；如果有两个龈腭擦音，即为龈腭不送气清擦音[ɕ]和龈腭不送气浊擦音[ʑ]；如果有三个龈腭擦音，即为龈腭不送气清擦音[ɕ]、龈腭不送气浊擦音[ʑ]和龈腭送气清擦音[ɕh]。

### 4.1.8 硬腭擦音

硬腭擦音在汉藏语言中的分布罕见，平均每个语言中大约有0.06个，具体的分布如下。

表 4.11 硬腭擦音在汉藏语言中的分布类型及语言数量

| 硬腭擦音类型 | 零 | 一 | 二 | 三 |
|---|---|---|---|---|
| 语言数量 | 89 | 6 | 0 | 0 |

没有硬腭擦音的语言有 89 个，例如白马语、壮语、苗语以及北京话等。

一个硬腭擦音的语言有 6 个，分别为藏语、独龙语、苏龙语、仙岛语、仫佬语以及巴哼语，都是硬腭不送气清擦音[ç]。

两个硬腭擦音的语言未见。

三个硬腭擦音的语言未见。

从出现的频率来看，没有硬腭擦音的语言最为常见，一个硬腭擦音的语言罕见，两个硬腭擦音的语言和三个硬腭擦音的语言未见。从擦音的特征来看，如果仅有一个硬腭擦音，即为硬腭不送气

① 孙宏开、胡增益、黄行主编：《中国的语言》，926 页，北京，商务印书馆，2007。

清擦音[ç]。

### 4.1.9 软腭擦音

软腭擦音在汉藏语言中的分布极为常见，平均每个语言中大约有 1.02 个，具体的分布如下。

**表 4.12 软腭擦音在汉藏语言中的分布类型及语言数量**

| 软腭擦音类型 | 零 | 一 | 二 | 三 |
|---|---|---|---|---|
| 语言数量 | 31 | 31 | 33 | 0 |

没有软腭擦音的语言有 31 个，例如藏语拉萨话、布依语、苗语以及广州话等。

一个软腭擦音的语言有 31 个，其中 6 个语言音系中的擦音为软腭不送气浊擦音[ɣ]，其他 25 个语言的擦音为软腭不送气清擦音[x]。6 个语言分别为末昂语、壮语、水语、佯僙语、布央语以及布努语。在这些语言中，绝大部分语言中的软腭不送气浊擦音[ɣ]与喉不送气清擦音[h]形成对立，例如末昂语①、壮语②、佯僙语③等；有的语言中的软腭不送气浊擦音[ɣ]与软腭浊塞音[g]自由变读，例如水语：“j，ɣ，ˀɣ，ʁ 可以自由变读为同部位的浊塞音 ɖ，g，ˀg，ɢ。”④

两个软腭擦音的语言有 33 个，全部为软腭不送气清擦音[x]和

---

① 孙宏开、胡增益、黄行主编：《中国的语言》，379 页，北京，商务印书馆，2007。

② 孙宏开、胡增益、黄行主编：《中国的语言》，1100 页，北京，商务印书馆，2007。

③ 孙宏开、胡增益、黄行主编：《中国的语言》，1291 页，北京，商务印书馆，2007。

④ 孙宏开、胡增益、黄行主编：《中国的语言》，1213 页，北京，商务印书馆，2007。

软腭不送气浊擦音[ɣ]，例如彝语、波拉语、拉坞戎语以及太原话等。

三个软腭擦音的语言未见。

从出现的频率来看，没有软腭擦音的语言、一个软腭擦音的语言以及两个软腭擦音的语言，出现的频率基本相当。从擦音的特征来看，如果仅有一个软腭擦音，即为软腭不送气清擦音[x]；如果有两个软腭擦音，即为软腭不送气清擦音[x]和软腭不送气浊擦音[ɣ]。

### 4.1.10 小舌擦音

小舌擦音在汉藏语言中的分布较为少见，平均每个语言中大约有 0.16 个，具体的分布如下。

表 4.13 小舌擦音在汉藏语言中的分布类型及语言数量

| 小舌擦音类型 | 零 | 一 | 二 | 三 |
| --- | --- | --- | --- | --- |
| 语言数量 | 86 | 3 | 6 | 0 |

没有小舌擦音的语言有 86 个，例如藏语拉萨话、壮语、苗语以及北京话等。

一个小舌擦音的语言有 3 个，分别为纳木依语、水语以及布央语，擦音为小舌不送气浊擦音[ʁ]。在水语音系中，小舌不送气浊擦音[ʁ]与小舌浊塞音[ɢ]自由变读："j，ɣ，ˀɣ，ʁ 可以自由变读为同部位的浊塞音 ɟ，ɡ，ˀɡ，ɢ。"①

二个小舌擦音的语言有 6 个，分别为堂郎语、羌语、木雅语、尔龚语、史兴语以及拉坞戎语，擦音为小舌不送气浊擦音[ʁ]和小

① 孙宏开、胡增益、黄行主编：《中国的语言》，1213 页，北京，商务印书馆，2007。

舌不送气清擦音[χ]。

三个小舌擦音的语言未见。

从出现的频率来看，没有小舌擦音的语言最为常见，一个小舌擦音的语言和两个小舌擦音的语言罕见，三个小舌擦音的语言未见。从擦音的特征来看，如果仅有一个小舌擦音，即为小舌不送气浊擦音[ʁ]；如果有两个小舌擦音，即为小舌不送气浊擦音[ʁ]和小舌不送气清擦音[χ]。

### 4.1.11 咽擦音

咽擦音在汉藏语言音系中未见，具体的分布如下。

**表 4.14 咽擦音在汉藏语言中的分布类型及语言数量**

| 咽擦音类型 | 零 | 一 | 二 | 三 |
| --- | --- | --- | --- | --- |
| 语言数量 | 95 | 0 | 0 | 0 |

没有咽擦音的语言有 95 个。

一个咽擦音的语言未见。

两个咽擦音的语言未见。

三个咽擦音的语言未见。

### 4.1.12 喉擦音

喉擦音在汉藏语言中的分布较为常见，平均每个语言中大约有 0.66 个，具体的分布如下。

**表 4.15 喉擦音在汉藏语言中的分布类型及语言数量**

| 喉擦音类型 | 零 | 一 | 二 | 三 |
| --- | --- | --- | --- | --- |
| 语言数量 | 41 | 45 | 9 | 0 |

没有喉擦音的语言有 41 个，例如纳西语、景颇语、羌语以及北京话等。

一个喉擦音的语言有 45 个，其中白马语、崩尼-博嘎尔语、木雅语以及尔龚语的擦音是喉不送气浊擦音[ɦ]，其他 41 个语言的擦音是喉不送气清擦音[h]。以崩尼-博嘎尔语为例："ɦ 是喉部浊擦音，有些人有时读作喉部清擦音 h，读 ɦ 和 h 不完全一致，但藏语借词全读 h，本民族词多读 ɦ。两个音不对立，可以看作一个音位。"[①]通过上述音系说明看出，这也可以看作是音系归纳的问题。

两个喉擦音的语言有 9 个，即为喉不送气清擦音[h]和喉不送气浊擦音[ɦ]，例如义都语、扎坝语、毛南语以及温州话等。

三个喉擦音的语言未见。

从出现的频率来看，没有喉擦音的语言和一个喉擦音的语言较为常见，两个喉擦音的语言较为少见，三个喉擦音的语言未见。从擦音的特征来看，如果仅有一个喉擦音，则倾向于为喉不送气清擦音[h]；如果有 2 个喉擦音，则倾向于为喉不送气清擦音[h]和喉不送气浊擦音[ɦ]。

### 4.1.13 小结

从调音部位的角度，我们可以得到如下擦音数据。

**表 4.16 基于调音部位的擦音类型及分布数量**

| 调音部位 | 双唇 | 唇齿 | 齿间 | 齿龈 | 龈后 | 龈腭 |
|---|---|---|---|---|---|---|
| 擦音数量 | 3 | 131 | 9 | 143 | 36 | 106 |
| 调音部位 | 卷舌 | 硬腭 | 软腭 | 小舌 | 咽 | 喉 |
| 擦音数量 | 55 | 6 | 97 | 15 | 0 | 63 |

① 孙宏开、胡增益、黄行主编：《中国的语言》，667 页，北京，商务印书馆，2007。

从不同的调音部位来看，齿龈擦音、唇齿擦音、龈腭擦音以及软腭擦音极为常见，可以称之为高频擦音；喉擦音、卷舌擦音、龈后擦音较为常见，可以称之为中频擦音；小舌擦音和齿间擦音少见，硬腭擦音和双唇擦音罕见，可以称之为低频擦音；咽擦音未见。

从发声类型的角度，我们可以得到如下擦音数据。

**表 4.17 基于发声类型的擦音类型及分布数量**

| 发声类型 | 不送气清擦音 | 不送气浊擦音 | 送气清擦音 |
| --- | --- | --- | --- |
| 擦音数量 | 410 | 239 | 14 |

擦音在我国境内汉藏语言音系中主要表现为清浊特征和送气特征之间的对立。不送气清擦音最为常见，不送气浊擦音较为常见，送气清擦音少见。这就说明，在我国境内汉藏语言中，擦音的清浊特征较之送气特征更为常见。各个送气清擦音出现的频率如下。

**表 4.18 送气清擦音在汉藏语言中的分布情况**

| 调音部位 | 唇齿 | 齿间 | 齿龈 | 龈后 | 龈腭 | 卷舌 |
| --- | --- | --- | --- | --- | --- | --- |
| 白马语 | | | + | + | + | |
| 怒苏语 | + | + | + | | + | + |
| 尔龚语 | | | + | | + | |
| 扎坝语 | | | + | | | + |
| 布努语 | | | + | | | |
| 合肥话 | | | | | | + |
| 合　计 | 1 | 1 | 5 | 1 | 3 | 3 |

根据上文讨论可以获得擦音在我国境内汉藏语言中的基于发声类型的三种常见类型：（1）一个发声类型（特定调音部位），即为[不送气清擦音]；（2）两个发声类型（特定调音部位），即

为[不送气清擦音＋不送气浊擦音]；（3）三个发声类型（特定调音部位），即为[不送气清擦音＋不送气浊擦音＋送气清擦音]。

燕海雄（2015）在研究汉藏语言塞音的类型与共性时，基于发声类型得出如下结论：清浊特征、送气特征在汉藏语言中起到极其重要的区别功能。上述两对对立特征所构成的四种组合类型中，不送气清塞音最为常见，送气清塞音与不送气浊塞音次之，而送气浊塞音只在个别语言中有所体现。从组合方式来看，常见组合类型1[不送气清塞音，不送气浊塞音]是一种较早时期的类型，在汉藏语言音系中具有相对的原生性质；而常见组合类型 2[不送气清塞音，送气清塞音]和常见组合类型 3[不送气清塞音，送气清塞音，不送气浊塞音]则是一种较为后起的类型，具有相对的创新性质。从上述结论可以看出，擦音与塞音在汉藏语言音系中的类型与共性是完全吻合的。对于擦音而言，常见组合类型 2[不送气清擦音，不送气浊擦音]是一种较早时期的类型，而常见组合类型 1[不送气清擦音]和常见组合类型 3[不送气清擦音，不送气浊擦音，送气清擦音]是音系调整的结果。①

## 4.2 不同擦音之间的组合类型

上文讨论了同一调音部位上擦音的类型与共性，下文将讨论不同调音部位之间的组合类型。

**表 4.19 基于调音部位的擦音组合类型及语言数量**

| 组合类型 | 两 | 三 | 四 | 五 | 六 | 七 | 八 |
| --- | --- | --- | --- | --- | --- | --- | --- |
| 语言数量 | 6 | 11 | 34 | 23 | 14 | 5 | 2 |

① 燕海雄：《论汉藏语言塞音的类型与共性》，载《云南师范大学学报》，2015（2）。

通过上述数据，我们可以看出我国境内汉藏语言的擦音主要分布在四个调音部位，即主要以四套擦音类型为主，其次是五套擦音类型、六套擦音类型、三套擦音类型等。下文将分别讨论不同类型语言的擦音共性。

### 4.2.1 两套擦音的语言

两套擦音的语言有 6 个，分别是崩尼-博嘎尔语、拉珈语、厦门话、潮州话、福州话以及建瓯话，其中崩尼-博嘎尔语的擦音组合是[龈腭＋喉]，拉珈语的擦音组合是[齿龈＋唇齿]，福州话和建瓯话的擦音组合为[齿龈＋软腭]，厦门话和潮州话的擦音组合为[齿龈＋喉]。从上述分布可以看出，齿龈擦音出现 5 语次，喉擦音出现 2 语次，软腭擦音出现 2 语次，龈腭擦音出现 1 语次，唇齿擦音出现 1 语次。这样的话，我们可以获得两套擦音的常见类型。

（1）[齿龈＋喉]（以厦门话和潮州话为代表）

（2）[齿龈＋软腭]（以福州话和建瓯话为代表）

### 4.2.2 三套擦音的语言

三套擦音的语言有 11 个，分别为仓洛语、土家语、义都语、勒期语、嘉戎语、黎语、村语、巴哼语、畲语、巴那语以及梅县话。各个调音部位的出现频率如下。

表 4.20 三套擦音的语言及不同调音部位的出现频次

| 调音部位 | 唇齿 | 齿龈 | 龈后 | 龈腭 | 硬腭 | 软腭 | 喉 |
|---|---|---|---|---|---|---|---|
| 出现频次 | 5 | 10 | 2 | 4 | 1 | 2 | 9 |

从上表数据可以看出，齿龈擦音和喉擦音的出现频率最高，唇齿擦音和龈腭擦音的出现频率较高，其他调音部位的出现频率较低。这样的话，我们可以获得三套擦音的常见类型。

（1）[齿龈＋喉＋唇齿]（以黎语和梅县话为代表）

（2）[齿龈＋喉＋龈腭]（以仓洛语和巴那语为代表）

### 4.2.3 四套擦音的语言

四套擦音的语言有 34 个，分别为门巴语、哈尼语、桑孔语、毕苏语、卡卓语、柔若语、白语、景颇语、崩如语、载瓦语、浪速语、波拉语、壮语、布依语、傣语、临高语、标话、侗语、毛南语、莫语、拉基语、木佬语、勉语、太原话、武汉话、成都话、扬州话、苏州话、温州话、长沙话、双峰话、南昌话、广州话以及阳江话。各个调音部位的出现频率如下。

表 4.21 四套擦音的语言及不同调音部位的出现频次

| 调音部位 | 双唇 | 唇齿 | 齿间 | 齿龈 | 龈后 |
|---|---|---|---|---|---|
| 出现频率 | 2 | 31 | 1 | 32 | 6 |
| 调音部位 | 龈腭 | 卷舌 | 软腭 | 喉 | |
| 出现频率 | 25 | 2 | 21 | 16 | |

从上表数据可以看出，齿龈擦音和唇齿擦音的出现频率最高，龈腭擦音、软腭擦音以及喉擦音等依次减少。这样的话，我们可以获得四套擦音的常见类型。

（1）[齿龈＋唇齿＋龈腭＋软腭]（以长沙话和壮语为代表）

（2）[齿龈＋唇齿＋龈腭＋喉]（以侗语和南昌话为代表）

### 4.2.4 五套擦音的语言

五套擦音的语言有 23 个，分别为藏语、傈僳语、拉祜语、基诺语、纳西语、末昂语、独龙语、格曼语、达让语、阿昌语、仙岛语、仫佬语、佯僙语、茶洞语、仡佬语、普标语、蔡家话、苗语、炯奈语、北京话、济南话、西安话以及合肥话。各个调音部位的出现频率如下。

**表 4.22 五套擦音的语言及不同调音部位的出现频次**

| 调音部位 | 唇齿 | 齿间 | 齿龈 | 龈后 | 龈腭 |
|---|---|---|---|---|---|
| 出现频率 | 22 | 2 | 22 | 4 | 20 |
| 调音部位 | 卷舌 | 硬腭 | 软腭 | 喉 | |
| 出现频率 | 12 | 4 | 19 | 10 | |

从上表数据可以看出，齿龈擦音和唇齿擦音的出现频率最高，龈腭擦音和软腭擦音次之，卷舌擦音和喉擦音再次之。这样的话，我们可以获得五套擦音的常见类型。

（1）[齿龈＋唇齿＋龈腭＋软腭＋卷舌]（以纳西语和西安话为代表）

（2）[齿龈＋唇齿＋龈腭＋软腭＋喉]（以仡佬语和末昂语为代表）

### 4.2.5 六套擦音的语言

六套擦音的语言有 14 个，分别为白马语、彝语、堂郎语、怒苏语、阿侬语、苏龙语、羌语、普米语、贵琼语、拉坞戎语、却域语、水语、布央语以及布干语。各个调音部位的出现频率如下。

**表 4.23 六套擦音的语言及不同调音部位的出现频次**

| 调音部位 | 唇齿 | 齿间 | 齿龈 | 龈后 | 龈腭 |
|---|---|---|---|---|---|
| 出现频率 | 14 | 2 | 13 | 4 | 14 |
| 调音部位 | 卷舌 | 硬腭 | 软腭 | 小舌 | 喉 |
| 出现频率 | 9 | 1 | 13 | 5 | 9 |

从上表数据可以看出，唇齿擦音、龈腭擦音、齿龈擦音、软腭

擦音的出现频率最高，卷舌擦音和喉擦音次之。这样的话，我们可以获得六套擦音的常见类型。

[齿龈＋唇齿＋龈腭＋软腭＋卷舌＋喉]（以彝语和阿依语为代表）

### 4.2.6 七套擦音的语言

七套擦音的语言有 5 个，分别为尔龚语、尔苏语、纳木依语、扎坝语以及布努语。各个调音部位的出现频率如下。

表 4.24 七套擦音的语言及不同调音部位的出现频次

| 调音部位 | 唇齿 | 齿间 | 齿龈 | 龈后 | 龈腭 |
|---|---|---|---|---|---|
| 出现频率 | 5 | 1 | 5 | 2 | 5 |
| 调音部位 | 卷舌 | 软腭 | 小舌 | 喉 | |
| 出现频率 | 5 | 5 | 2 | 5 | |

从上表数据可以看出，唇齿擦音、齿龈擦音、龈腭擦音、软腭擦音、卷舌擦音以及喉擦音的出现频率最高，龈后擦音和小舌擦音次之，齿间擦音的出现频率最低。这样的话，我们可以获得七套擦音的常见类型。

（1）[齿龈＋唇齿＋龈腭＋软腭＋卷舌＋喉＋龈后]（以尔苏语和扎坝语为代表）

（2）[齿龈＋唇齿＋龈腭＋软腭＋卷舌＋喉＋小舌]（以尔龚语和尔苏语为代表）

### 4.2.7 八套擦音的语言

八套擦音的语言有 2 个，分别为木雅语和史兴语。木雅语的组合为[双唇＋唇齿＋齿龈＋龈腭＋卷舌＋软腭＋小舌＋喉]，史兴语的组合为[双唇＋齿龈＋龈腭＋卷舌＋软腭＋小舌＋喉＋龈后]。

### 4.2.8 小结

通过上文讨论，从不同调音部位之间的组合类型来看，主要以四套不同调音部位的擦音类型为主，其次是五套擦音类型、六套擦音类型、三套擦音类型等。其中四套擦音的常见类型为[齿龈＋唇齿＋龈腭＋软腭]和[齿龈＋唇齿＋龈腭＋喉]；五套擦音的常见类型为[齿龈＋唇齿＋龈腭＋软腭＋卷舌]和[齿龈＋唇齿＋龈腭＋软腭＋喉]；六套擦音的常见类型为[齿龈＋唇齿＋龈腭＋软腭＋卷舌＋喉]；三套擦音的常见类型为[齿龈＋喉＋唇齿]和[齿龈＋喉＋龈腭]等。

从历时的角度看，擦音在世界语言的早期就存在。孙宏开（2001）梳理了诸家关于原始藏缅语、原始侗台语、原始苗瑶语、上古汉语、古代藏文以及现代汉藏语言的辅音系统，构拟出原始汉藏语言的辅音系统。①

表 4.25 汉藏语系、语族及个别语言的擦音构拟系统

| 调音部位 | 藏缅语 | 侗台语 | 苗瑶语 | 上古汉语 | 古代藏文 | 汉藏语 |
|---|---|---|---|---|---|---|
| 唇齿 | | | f v | | | |
| 齿间 | | | θ | | | |
| 龈后 | | | ʃ | | | |
| 齿龈 | s z | s z | s | s | s z | s z |

①孙宏开：《原始汉藏语辅音系统中的一些问题——关于原始汉藏语音节结构构拟的理论思考之二》，载《民族语文》，2001（1）；Benedict, Paul K. 1972. *Sino-Tibetan: A Conspectus*. Cambridge: Cambridge University Press；本尼迪克特著，乐赛月，罗美珍译：《汉藏语言概论》，中国社会科学院民族研究所语言室，1984；梁敏，张均如：《侗台语族概论》，70~110 页，北京，中国社会科学出版社，1996；王辅世，毛宗武：《苗瑶语古音构拟》，41~54 页，北京，中国社会科学出版社，1995；Sagart, Laurent 1999. *The Root of Old Chinese*. Amsterdam: John Benjamins Publishing Company.

续表

| 调音部位 | 藏缅语 | 侗台语 | 苗瑶语 | 上古汉语 | 古代藏文 | 汉藏语 |
|---|---|---|---|---|---|---|
| 龈腭 | | ɕ ʑ | ɕ ʑ | | ɕ ʑ | |
| 卷舌 | | | ʂ | | | |
| 软腭 | | x ɣ ɣh | x | x | | x ɣ |
| 小舌 | | ʁ ʁh | | | | (χ) (ʁ) |
| 喉 | h | h ɦ | h ɦ | | h ɦ | |

参考不同历史语言学家的构拟系统，擦音的区别并不是有与没有的问题，而是多与少的问题。从调音部位看，原始藏缅语和上古汉语都有两套擦音，其中前者为齿龈擦音和喉擦音，后者为齿龈擦音和软腭擦音；原始汉藏语和古代藏文都有三套擦音，前者为齿龈擦音、软腭擦音以及小舌擦音，后者有齿龈擦音、龈腭擦音以及喉擦音；原始侗台语有五套擦音，分别为齿龈擦音、龈腭擦音、软腭擦音、小舌擦音以及喉擦音；原始苗瑶语有八套擦音，分别为唇齿擦音、齿间擦音、龈后擦音、齿龈擦音、龈腭擦音、卷舌擦音、软腭擦音以及喉擦音。比较擦音在汉藏语言音系中的共时体现和诸家的构拟体系可以看出，擦音从古代汉藏语言发展到现代汉藏语言发生了变化，这种变化意味着有些擦音是原来就有的，有些擦音是后来创新的。

燕海雄（2015）在研究汉藏语言塞音的类型与共性时，基于调音部位的角度得出如下结论：从组合方式来看，组合类型 2[双唇塞音，齿龈塞音，软腭塞音，小舌塞音]是典型的存古类型，而组合类型 1[双唇塞音，齿龈塞音，软腭塞音]和组合类型 3[双唇，齿龈，软腭，硬腭]是在组合类型 1 的基础上发展来的。组合类型 1 中的小舌塞音大都沿着塞音调音通道向前或向后移动，最终合并到软腭塞音和喉塞音之中；而组合类型 3 中的硬腭塞音是在软腭塞音的基础上腭音化的结果。[①]

比较擦音和塞音在调音部位上的组合类型，二者之间具有相关性。考虑到齿龈擦音和软腭擦音在诸家的构拟音系中都有体现，加之在共时层面也属于高频音位，因此把二者构拟在古代汉藏语言音系中应该是合理的。唇齿擦音是一种后起的语音现象，这一点在汉藏语学界已经得到充分讨论。龈腭擦音也是一种后起的语音现象，可以参考燕海雄（2011）的研究成果。[②]喉擦音是辅音（包括塞音和擦音）弱化的“中转站”和“暂住所”，最终倾向于脱落。[③]小舌擦音出现的频率较低，但在古代汉藏语言音系中，却具有重要的音系功能。[④]因此，本项研究认为古代汉藏语言音系中有三套擦音，分别为[齿龈擦音，软腭擦音，小舌擦音]，其他常见类型是在上述基础上发展来的。

## 4.3 擦音与其他音类之间的组合类型

擦音是世界语言中较为常见的音类，与其他音类（比如塞音、塞擦音等音类）之间具有相关性。下文将重点讨论擦音与塞音、塞擦音等音类之间的组合类型。

① 燕海雄：《论汉藏语言塞音的类型与共性》，载《云南师范大学学报》，2015（2）。

② 燕海雄：《论汉藏语言龈腭塞音的来源》，见《汉藏语学报》（第 5 期），北京，商务印书馆，2011。

③ 燕海雄：《论东亚语言塞音的音变规则》，197~240 页，上海，中西书局，2011。

④孙宏开：《原始汉藏语辅音系统中的一些问题——关于原始汉藏语音节结构构拟的理论思考之二》，载《民族语文》，2001（1）；潘悟云：《喉音考》，载《民族语文》，1997（5）；燕海雄：《论汉藏语言小舌塞音的音变共性》，载《中央民族大学学报》，2016（6）。

### 4.3.1 齿龈擦音、齿间擦音以及龈后擦音

齿龈擦音、齿间擦音以及龈后擦音之间具有相关性。在上述三套擦音中，仅有一套擦音的语言的有 76 个，其中 74 个语言为齿龈擦音，1 个语言（布央语）为齿间擦音，1 个语言（勒期语）为龈后擦音。

在上述三套擦音中，两套擦音的语言有 19 个，其中 15 个语言为[齿龈擦音＋龈后擦音]，分别为白马语、傈僳语、拉祜语、基诺语、景颇语、载瓦语、浪速语、波拉语、羌语、普米语、嘉戎语、尔苏语、史兴语、扎坝语以及贵琼语；3 个语言为[齿间擦音＋齿龈擦音]，分别为茶洞语、布干语以及布努语；1 个语言（炯奈语）为[齿间擦音＋龈后擦音]。

在齿龈擦音、齿间擦音以及龈后擦音中，齿龈擦音是无标记的，齿间擦音和龈后擦音是有标记的。如果有一套擦音，那么倾向于是齿龈擦音；如果有两套擦音，那么倾向于是[齿龈擦音＋龈后擦音]。在我国境内汉藏语言音系中尚未发现同时拥有三套擦音的语言。

### 4.3.2 龈腭擦音、龈腭塞音以及龈腭塞擦音

龈腭擦音、龈腭塞音以及龈腭塞擦音之间具有相关性。在上述三套龈腭音中，仅有一套龈腭音的语言有 25 个，而且都是龈腭塞擦音；两套龈腭音的语言有 66 个，而且都是[龈腭塞擦音＋龈腭擦音]；三套龈腭音的语言有 4 个，分别为侗语、水语、莫语以及佯僙语，而且都是[龈腭塞音＋龈腭塞擦音＋龈腭擦音]。

通过上述讨论，可以发现龈腭擦音、龈腭塞音以及龈腭塞擦音之间体现出一条倾向性的等级序列：龈腭塞擦音 > 龈腭擦音 > 龈腭塞音。

### 4.3.3 卷舌擦音、卷舌塞音以及卷舌塞擦音

卷舌擦音、卷舌塞音以及卷舌塞擦音之间具有相关性。在上述三套卷舌音中，没有卷舌音的语言有 58 个；一套卷舌音的语言有 7 个（白马语、仓洛语、义都语、崩尼-博嘎尔语、嘉戎语、侗语以及佯僙语），而且都是卷舌塞擦音；两套卷舌音的语言有 28 个，其中 27 个语言为[卷舌塞擦音＋卷舌擦音]，1 个语言（布努语）为[卷舌塞音＋卷舌擦音]；三套卷舌音的语言有 2 个（阿侬语和苗语），而且都为[卷舌塞音＋卷舌塞擦音＋卷舌擦音]。

通过上述讨论，可以发现卷舌擦音、卷舌塞音以及卷舌塞擦音之间体现出一条倾向性的等级序列：卷舌塞擦音 > 卷舌擦音 > 卷舌塞音。

### 4.3.4 唇齿擦音、双唇塞音以及唇齿塞擦音

唇齿擦音、双唇塞音以及唇齿塞擦音之间具有相关性。在上述三套唇音中，一套唇音的语言有 17 个，其中 16 个语言是双唇塞音，1 个语言（村语）为唇齿擦音。两套唇音的语言有 77 个，其中全部为[双唇塞音＋唇齿擦音]。三套唇音的语言仅有 1 个（西安话），即为[双唇塞音＋唇齿擦音＋唇齿塞擦音]。

通过上述讨论，可以发现唇齿擦音、双唇塞音以及唇齿塞擦音之间体现出一条倾向性的等级序列：双唇塞音 > 唇齿擦音 > 唇齿塞擦音。

### 4.3.5 齿龈擦音、齿龈塞音以及齿龈塞擦音

齿龈擦音、齿龈塞音以及齿龈塞擦音之间具有相关性。在上述三套齿龈音中，一套齿龈音的语言有 5 个（分别为崩尼-博嘎尔语、布央语、炯奈语、广州话以及阳江话），而且都为齿龈塞音。两套齿龈音的语言有 7 个，其中 6 个语言（分别为壮语、布依语、侗语、

佯僙语、普标语以及布努语）为[齿龈塞音＋齿龈擦音]，1 个语言（勒期语）为[齿龈塞音＋齿龈塞擦音]。三套齿龈音的语言有 83 个，且为[齿龈塞音＋齿龈擦音＋齿龈塞擦音]。

通过上述讨论，可以发现齿龈擦音、齿龈塞音以及齿龈塞擦音之间体现出一条倾向性的等级序列：齿龈塞音 > 齿龈擦音 > 齿龈塞擦音。

## 4.4 擦音充当前置辅音的功能类型

在我国境内的汉藏语言中，擦音能够充当前置辅音的语言主要分布在四川境内的羌语支语言中，例如羌语、普米语、嘉戎语、尔龚语、尔苏语、扎坝语以及拉坞戎语等。在上述语言中，擦音充当前置辅音的功能有所差异，有的功能强，有的功能弱。功能强的有拉坞戎语和尔龚语等，功能弱的有普米语和尔苏语等。下面将分别讨论。

### 4.4.1 羌语

羌语共有 11 个擦音，分布在 6 个调音部位，分别为唇齿擦音[f]、齿龈擦音[s，z]、龈后擦音[ʃ，ʒ]、卷舌擦音[ʂ，ʐ]、龈腭擦音[ɕ，ʑ]以及小舌擦音[χ，ʁ]等，其中唇齿擦音[f]主要出现在汉语借词中，有部分人将[f]读成[ɸ]。小舌擦音[χ，ʁ]与高元音[i，u]相拼时，音值接近软腭擦音[x，ɣ]，与其他元音相拼或出现在复辅音中时，音值近似[h，ɦ]。①

羌语的复辅音声母分两类，一类是前置辅音加基本辅音，另一类是基本辅音加后置辅音。在上述 11 个擦音中，有且仅有小舌清擦音[χ]可以充当前置辅音，可以与其组成的复辅音声母共有 18 个，

① 孙宏开、胡增益、黄行主编：《中国的语言》，845~849 页，北京，商务印书馆，2007。

分别为 χp-、χb-、χt-、χd-、χk-、χg-、χq-、χɢ-、χtʂ-、χdʐ-、χtʃ-、χdʒ-、χtɕ-、χdʑ-、χm-、χn-、χȵ-以及 χŋ-。

羌语共有 12 个塞音，分布在 4 个调音部位，分别为双唇塞音[p，ph，b]、齿龈塞音[t，th，d]、软腭塞音[k，kh，g]以及小舌塞音[q，qh，ɢ]，其中小舌浊塞音[ɢ]仅出现在复辅音中，出现的频率不高，部分人口语中读作[ʁ]，并且处在脱落的过程中。

羌语共有 12 个塞擦音，分布在 4 个调音部位，分别为齿龈塞擦音[ts，tsh，dz]、龈后塞擦音[tʃ，tʃh，dʒ]、卷舌塞擦音[tʂ，tʂh，dʐ]以及龈腭塞擦音[tɕ，tɕh，dʑ]。

羌语共有 4 个鼻音，分布在 4 个调音部位，分别为双唇鼻音[m]、齿龈鼻音[n]、龈腭鼻音[ȵ]以及软腭鼻音[ŋ]。

通过上述描写，可以概括出以下信息。

（1）在 11 个擦音中，有且仅有小舌清擦音[χ]具有充当前置辅音的功能。

（2）小舌清擦音[χ]可以充当塞音、塞擦音以及鼻音音类的前置辅音，不能充当其他音类（比如擦音、边音等）的前置辅音。

（3）小舌清擦音[χ]可以充当塞音的前置辅音，但并未覆盖到全部塞音，仅可添加在不送气清塞音[p，t，k，q]和不送气浊塞音[b，d，g，ɢ]的前面，并不包括送气清塞音[ph，th，kh，qh]。

（4）小舌清擦音[χ]可以充当塞擦音的前置辅音，但并未覆盖到全部塞擦音，仅可添加在不送气清塞擦音[tʃ，tʂ，tɕ]和不送气浊塞擦音[dʒ，dʐ，dʑ]的前面，并不包括送气清塞擦音[tʃh，tʂh，tɕh]；此外小舌清擦音[χ]不能充当齿龈塞擦音[ts，tsh，dz]的前置辅音。

（5）小舌清擦音[χ]可以充当鼻音的前置辅音，全部覆盖 4 个调音部位。

### 4.4.2 普米语

普米语共有 11 个擦音，分布在 6 个调音部位，分别为唇齿擦音[f，v]、齿龈擦音[s，z]、龈后擦音[ʃ，ʒ]、卷舌擦音[ʂ，ʐ]、龈腭擦音[ɕ]以及软腭擦音[x，ɣ]。唇齿擦音[f，v]在固有词中出现不多，但在汉语借词中大量出现。龈后擦音[ʃ，ʒ]与低元音相拼时舌尖稍微抬起，音值近似卷舌擦音[ʂ，ʐ]；与高元音相拼时舌面稍微抬起，音值近似龈腭擦音[ɕ，ʑ]。软腭擦音[x，ɣ]各有两个变体，软腭清擦音[x]出现在汉语借词中读[h]，出现在固有词中，与高元音相拼时音值与[x]同，与低元音相拼时音值与[χ]同；软腭浊擦音[ɣ]与前高元音相拼时音值与[ɣ]同，与后高元音相拼时音值近似[ʁ]。[1]

普米语的复辅音共有 22 个，主要分为两类，其中的一类便是擦音充当前置辅音的类型。在上述 11 个擦音中，有且仅有齿龈清擦音[s]可以充当前置辅音。这种类型的复辅音声母共有 15 个，分别为 sp-、sph-、sb-、st-、sth-、sd-、sk-、skh-、sg-、sq-、sqh-、sɢ-、stʃ-、stʃh-以及 sdʒ-。擦音在前，塞音和塞擦音在后，结合较松。

普米语共有 12 个塞音，分布在 4 个调音部位，分别为双唇塞音[p，ph，b]、齿龈塞音[t，th，d]、软腭塞音[k，kh，g]以及小舌塞音[q，qh，ɢ]。

普米语共有 12 个塞擦音，分布在 4 个调音部位，分别为齿龈塞擦音[ts，tsh，dz]、龈后塞擦音[tʃ，tʃh，dʒ]、卷舌塞擦音[tʂ，tʂh，dʐ]以及龈腭塞擦音[tɕ，tɕh，dʑ]。龈后塞擦音[tʃ，tʃh，dʒ]与低元音相拼时舌尖稍微抬起，音值近似卷舌塞擦音[tʂ，tʂh，dʐ]；与高元音相拼时舌面稍微抬起，音值近似龈腭塞擦音[tɕ，tɕh，dʑ]。

通过上述描写，可以概括出以下信息。

---

① 孙宏开、胡增益、黄行主编：《中国的语言》，869~873 页，北京，商务印书馆，2007。

（1）在 11 个擦音中，有且仅有齿龈清擦音[s]具有充当前置辅音的功能。

（2）齿龈清擦音[s]可以充当塞音和塞擦音的前置辅音，不能充当其他音类（比如擦音、鼻音以及边音等）的前置辅音。

（3）齿龈清擦音[s]可以充当塞音的前置辅音，但并未覆盖到全部塞音。

（4）齿龈清擦音[s]能且仅能充当龈后塞擦音[tʃ，tʃh，dʒ]的前置辅音。不过考虑到龈后塞擦音[tʃ，tʃh，dʒ]在普米语音系中因不同的音节环境从而具有卷舌塞擦音[tʂ，tʂh，dʐ]和龈腭塞擦音[tɕ，tɕh，dʑ]两个音位变体，这样就意味着齿龈清擦音[s]不能充当齿龈塞擦音[ts，tsh，dz]的前置辅音。

### 4.4.3 尔苏语

尔苏语共有 12 个擦音，分布在 7 个调音部位，分别为唇齿擦音[f，v]、齿龈擦音[s，z]、龈后擦音[ʃ，ʒ]、卷舌擦音[ʂ，ʐ]、龈腭擦音[ɕ，ʑ]、软腭擦音[x]以及喉擦音[h]。齿龈擦音[s，z]与[u]相拼时与龈后擦音[ʃ，ʒ]有相混的现象。软腭擦音[x]与[ɪ]相拼时音值近似[ç]。[①]

尔苏语有 33 个复辅音声母，有且仅有喉擦音[h]可以充当前置辅音，组合成的复辅音声母分别为 hp-、hts-、ht-、htʂ-、htʃ-、htɕ-、hk-以及 hkh-。

尔苏语共有 9 个塞音，分布在 3 个调音部位，分别为双唇塞音[p，ph，b]、齿龈塞音[t，th，d]、以及软腭塞音[k，kh，g]。软腭塞音[k，kh，g]与[i]相拼时音值近似硬腭塞音[c，ch，ɟ]。

尔苏语共有 12 个塞擦音，分布在 4 个调音部位，分别为齿龈

① 孙宏开、胡增益、黄行主编：《中国的语言》，950~953 页，北京，商务印书馆，2007。

塞擦音[ts，tsh，dz]、龈后塞擦音[tʃ，tʃh，dʒ]、卷舌塞擦音[tʂ，tʂh，dʐ]以及龈腭塞擦音[tɕ，tɕh，dʑ]。卷舌塞擦音[tʂ，tʂh，dʐ]的塞音成分较重，音值近似[ʈ，ʈh，ɖ]。齿龈塞擦音[ts，tsh，dz]与[u]相拼时与龈后塞擦音[tʃ，tʃh，dʒ]有相混的现象。

通过上述描写，可以概括出以下信息。

（1）在 12 个擦音中，有且仅有喉擦音[h]可以充当前置辅音。

（2）喉擦音[h]可以充当塞音的前置辅音，但搭配不齐，仅限于不送气清塞音[p，t，k]和送气清塞音[kh]。

（3）喉擦音[h]可以充当塞擦音的前置辅音，但搭配不齐，仅限于不送气清塞擦音[ts，tʃ，tʂ，tɕ]。

### 4.4.4 扎坝语

扎坝语共有 17 个擦音分布在 7 个调音部位，分别为唇齿擦音[f，v]、齿龈擦音[s，sh，z]、龈后擦音[ʃ，ʒ]、卷舌擦音[ʂ，ʂh，ʐ]、龈腭擦音[ɕ，ɕh，ʑ]、软腭擦音[x，ɣ]以及喉擦音[h，ɦ]。①

扎坝语共有 71 个复辅音声母，其中擦音作为前置辅音的复辅音声母有 26 个，以唇齿清擦音[f]作为前置辅音的有 fts-、fs-、ft-、fɬ-、ftʂh-、fʂ-以及 fɕ-，以唇齿浊擦音[v]作为前置辅音的有 vz-、vn-、vl-、vʐ-、vʑ-、vɟj-以及 vj-，以卷舌清擦音[ʂ]作为前置辅音的有 ʂp-、ʂts-、ʂt-、ʂn-、ʂtʂ-、ʂtʃ-、ʂtɕ-、ʂɳ-、ʂcç-以及 ʂk-，以卷舌浊擦音[ʐ]作为前置辅音的有 ʐd-和 ʐg-。

扎坝语共有 9 个塞音，分布在 3 个调音部位，分别为双唇塞音[p，ph，b]、齿龈塞音[t，th，d]、以及软腭塞音[k，kh，g]。软腭塞音[k，kh，g]出现在[ʌ，ɔ，o]等元音的前面时，其调音部位靠后，音值近似小舌塞音[q，qh，ɢ]。前置辅音在部分词汇中可以

① 孙宏开、胡增益、黄行主编：《中国的语言》，1000~1003 页，北京，商务印书馆，2007。

读出，也可以不读出。

扎坝语共有 15 个塞擦音，分布在 5 个调音部位，分别为齿龈塞擦音[ts，tsh，dz]、龈后塞擦音[tʃ，tʃh，dʒ]、卷舌塞擦音[tʂ，tʂh，dʐ]、龈腭塞擦音[tɕ，tɕh，dʑ]以及硬腭塞擦音[cç，cçh，ɟj]。

通过上述描写，可以概括出以下信息。

（1）在 17 个擦音中，可以充当前置辅音的有唇齿擦音[f，v]和卷舌擦音[ʂ，ʐ]。

（2）唇齿擦音[f，v]和卷舌擦音[ʂ，ʐ]都可以充当塞音、塞擦音、鼻音、擦音以及边音等音类的前置辅音，其中清擦音充当清辅音的前置辅音，浊辅音充当浊音的前置辅音。4 个前置辅音之间互补，互不重合。

（3）唇齿擦音[f，v]可以充当其他擦音的前置辅音，极具类型学意义。

### 4.4.5 嘉戎语

嘉戎语共有 5 个擦音，分布在 3 个调音部位，分别为齿龈擦音[s，z]、龈后擦音[ʃ，ʒ]以及喉擦音[h]。此外，卷舌擦音[ʂ]仅出现在两个藏语借词中，双唇擦音[ɸ]仅出现在七八个汉语借词中。[①]

嘉戎语的复辅音非常复杂，其中包括二合复辅音声母和三合复辅音声母。二合复辅音声母共有 176 个，主要分为两类：一类是由基本辅音加前置辅音构成，另一类是由基本辅音加后置辅音构成。嘉戎语可以充当前置音的辅音多达 11 个，其中属于擦音的有[s，ʃ]。另据林向荣（1993）的研究，嘉戎语作为前置辅音的擦音有 4 个，分别为齿龈擦音[s，z]和龈后擦音[ʃ，ʒ]，其中齿龈清擦音[s]和龈后清擦音[ʃ]出现在清辅音、次浊鼻音、闪音和边音之前，齿龈

① 孙宏开、胡增益、黄行主编：《中国的语言》，887~890 页，北京，商务印书馆，2007。

浊擦音[z]和龈后浊擦音[ʒ]出现在浊辅音和半元音之前。这种类型的复辅音声母至少有 sp-、st-、sth-、sk-、skh-、sts-、stsh-、stɕ-、sm-、sn-、sȵ-、sŋ-、zb-、zd-、zg-、zdʑ-、ʃp-、ʃph-、ʃt-、ʃth-、ʃk-、ʃkh-、ʃtʂ-、ʃtʂh-、ʃtʃ-、ʃtʃh-、ʃk-、ʃkh-、ʃtʂ-、ʃtʃ-、ʃr-、ʃl-、ʃm-、ʃn-、sw-、ʒb-、ʒd-、ʒg-以及 ʒw-。①三合复辅音声母共有 25 个，可以分为两类：一类是基本辅音加前置辅音和后置辅音构成，另一类是基本辅音加两个前置辅音构成。前者有 23 个，后者仅有 2 个。

嘉戎语共有 9 个塞音，分布在 3 个调音部位，分别为双唇塞音[p，ph，b]、齿龈塞音[t，th，d]以及软腭塞音[k，kh，g]。

嘉戎语共有 12 个塞擦音，分布在 4 个调音部位，分别为齿龈塞擦音[ts，tsh，dz]、龈后塞擦音[tʃ，tʃh，dʒ]、卷舌塞擦音[tʂ，tʂh，dʐ]以及硬腭塞擦音[cç，cçh，ɟj]。其中[dz，dʒ，dʐ]不能单独作声母，只出现在复辅音声母中。龈后塞擦音[tʃ，tʃh，dʒ]舌位靠后，音值近似龈腭塞擦音[tɕ，tɕh，dʑ]。

嘉戎语共有 4 个鼻音，分布在 4 个调音部位，分别为双唇鼻音[m]、齿龈鼻音[n]、龈腭鼻音[ȵ]以及软腭鼻音[ŋ]。

通过上述描写，可以概括出以下信息。

（1）在 5 个擦音中，齿龈擦音[s，z]和龈后擦音[ʃ，ʒ]可以充当前置辅音，仅喉擦音 h 不能充当前置辅音。

（2）齿龈擦音[s，z]和龈后擦音[ʃ，ʒ]都可充当塞音的前置辅音，其中清擦音充当清塞音的前置辅音，浊擦音充当浊塞音的前置辅音。

（3）齿龈擦音[s，z]和龈后擦音[ʃ，ʒ]都可充当塞擦音的前置辅音，但二者各有分工，前者充当齿龈塞擦音[ts，tsh，dz]和龈腭塞擦音[tɕ，tɕh，dʑ]的前置辅音，而后者充当龈后塞擦音[tʃ，tʃh，dʒ]和卷舌塞擦音[tʂ，tʂh，dʐ]的前置辅音。

---

① 林向荣：《嘉戎语研究》，10 页，成都，四川民族出版社，1993。

（4）齿龈擦音[s，z]和龈后擦音[ʃ，ʒ]都可充当鼻音的前置辅音，但二者略有差别，即前者可以覆盖到 4 个鼻音，而后者只能充当双唇鼻音和齿龈鼻音的前置辅音。

（5）龈后擦音[ʃ，ʒ]可以充当闪音、边音以及半元音的前置辅音，而齿龈擦音[s，z]不能。

### 4.4.6 尔龚语

尔龚语共有 15 个擦音，分布在 7 个调音部位，分别为唇齿擦音[f，v]、齿龈擦音[s，sh，z]、卷舌擦音[ʂ，ʐ]、龈腭擦音[ɕ，ɕh，ʑ]、软腭擦音[x，ɣ]、小舌擦音[χ，ʁ]以及喉擦音[ɦ]。龈腭浊擦音[ʑ]可以自由变读为[r]，单独做声母时不怎么颤动，有时发音摩擦较重。送气擦音的音感与同部位的送气塞擦音相近，但[tsh]与[sh, tɕh, ɕh]是对立的。音系中尚未发现[fh, ʂh, xh]。唇齿擦音[f]主要出现在汉语借词中。①

尔龚语的复辅音声母非常复杂，同时又很有规律。可以充当前置辅音的擦音有[v，s，z，ʐ，ɦ]。其中以[v]为前置辅音的复辅音声母有 11 个，分别为 vts-、vtsh-、vdz-、vt-、vth-、vd-、vl-、vtɕ-、vtɕh-、vdʑ-以及 vkh-。这类复辅音的前置辅音[v]出现在清辅音前时，其音值为[f]。以[s]为前置辅音的复辅音声母有 15 个，分别为 sp-、sph-、sm-、sw-、st-、sth-、sn-、stɕ-、stɕh-、sɳ-、sk-、skh-、sŋ-、sq-以及 sqh-。前置辅音[s]除与次浊或半元音结合外，一般不与全浊塞音或塞擦音结合。以[z]为前置辅音的复辅音声母有 8 个，分别为 zb-、zd-、zl-、zdʐ-、zdʑ-、zk-、zg-以及 zŋ-；以[ʐ]为前置辅音的复辅音声母有 19 个，分别为 ʐb-、ʐm-、ʐts-、ʐtsh-、ʐdz-、ʐt-、ʐth-、ʐd-、ʐl-、ʐtɕ-、ʐtɕh-、ʐdʑ-、ʐɳ-、ʐk-、ʐkh-、ʐg-、ʐŋ-、

① 孙宏开、胡增益、黄行主编：《中国的语言》，924~933 页，北京，商务印书馆，2007。

ʐq-以及 ʐqh-。前置辅音[ʐ]在清塞音和清塞擦音前时，其音值接近[ʂ]。以[ɦ]为前置辅音的复辅音声母有 6 个，分别为 ɦm-、ɦt-、ɦd-、ɦn-、ɦl-以及 ɦtɕ-。另外尔龚语还有一种特别具有代表性的复辅音组合，就是基本辅音为擦音的复辅音声母，分别为 vs-、vz-、vʐ-、vɕ-、vɕh-、vʑ-、vj-、sʐ-、sx-、zv-、zʐ-、zɣ-、zʁ-、ʐw-、ʐv-、ʐz-、ʐʑ-、ʐj-、ʐɣ-、ʐʁ-、ʑw-、ɦv-、ɦʐ-、ɦʑ-以及 ɦj-。

尔龚语共有 11 个塞音，分布在 4 个调音部位，分别为双唇塞音［p，ph，b］、齿龈塞音［t，th，d］、软腭塞音［k，kh，g］以及小舌塞音［q，qh］。

尔龚语共有 9 个塞擦音，分布在 3 个调音部位，分别为齿龈塞擦音［ts，tsh，dz］、卷舌塞擦音［tʂ，tʂh，dʐ］以及龈腭塞擦音［tɕ，tɕh，dʑ］。

尔龚语共有 4 个鼻音，分布在 4 个调音部位，分别为双唇鼻音[m]、齿龈鼻音[n]、龈腭鼻音[ȵ]以及软腭鼻音[ŋ]。

通过上述描写，可以概括出以下信息。

（1）在 15 个擦音中，唇齿擦音[v]、齿龈擦音［s，z］、卷舌擦音[ʐ]以及喉擦音[ɦ]可以充当前置辅音。

（2）唇齿擦音[v]（包括两个变体[v]和[f]）可以充当塞音和塞擦音的前置辅音，但其组合已残缺不齐，塞音仅能覆盖到齿龈塞音［t，th，d］和软腭塞音[kh]，塞擦音仅能覆盖到齿龈塞擦音［ts，tsh，dz］和龈腭塞擦音［tɕ，tɕh，dʑ］。

（3）齿龈擦音［s，z］可以充当塞音、塞擦音以及鼻音的前置辅音，其搭配整齐。

（4）卷舌擦音[ʐ]（包括两个变体[ʂ]和[ʐ]）可以充当塞音、塞擦音以及鼻音的前置辅音，搭配整齐。

（5）喉擦音[ɦ]可以充当塞音、塞擦音、鼻音以及边音的前置辅音，但搭配不齐，较之唇齿擦音[v]，残缺更为严重。

（6）各个擦音都可以作为其他不同擦音的前置辅音，这个特征极具类型学意义。

### 4.4.7 拉坞戎语

拉坞戎语共有 11 个擦音，分布在 6 个调音部位，分别为唇齿擦音[f，v]、齿龈擦音[s，z]、卷舌擦音[ʂ]、龈腭擦音[ɕ，ʑ]、软腭擦音[x，ɣ]以及小舌擦音[χ，ʁ]。[f，ʂ，x]单独作声母只限于汉语借词。[1]

拉坞戎语共有 393 个复辅音，可以分为二合复辅音、三合复辅音、四合复辅音以及五合复辅音。在二合复辅音中，唇齿擦音[f，v]、齿龈擦音[s，z]、卷舌擦音[ʂ]、龈腭擦音[ɕ，ʑ]、软腭擦音[x，ɣ]以及小舌擦音[χ，ʁ]等都可以充当前置辅音。在三合复辅音中，唇齿擦音[f，v]、齿龈擦音[s，z]、卷舌擦音[ʂ]、龈腭擦音[ɕ，ʑ]、软腭擦音[x，ɣ]以及小舌擦音[χ，ʁ]等都可以充当前置辅音。在四合复辅音中，软腭擦音[ɣ]和小舌擦音[χ，ʁ]等都可以充当前置辅音，例如 ɣmbj-、χfst-、χrsj-、ʁvgr-以及 ʁvrɟj-等。在五合复辅音中，小舌擦音[ʁ]可以充当前置辅音，例如 ʁvrdʑɣ-。

拉坞戎语共有 12 个塞音，分布在 4 个调音部位，分别为双唇塞音[p，ph，b]、齿龈塞音[t，th，d]、软腭塞音[k，kh，g]以及小舌塞音[q，qh，ɢ]。

拉坞戎语共有 12 个塞擦音，分布在 4 个调音部位，分别为齿龈塞擦音[ts，tsh，dz]、卷舌塞擦音[tʂ，tʂh，dʐ]、龈腭塞擦音[tɕ，tɕh，dʑ]以及硬腭塞擦音[cç，cçh，ɟj]。

拉坞戎语共有 4 个鼻音，分布在 4 个调音部位，分别为双唇鼻音[m]、齿龈鼻音[n]、龈腭鼻音[ɳ]以及软腭鼻音[ŋ]。

---

① 孙宏开、胡增益、黄行主编：《中国的语言》，1032~1042 页，北京，商务印书馆，2007。

通过上述描写，可以概括出以下信息。

（1）11 个擦音都可以充当前置辅音。

（2）这些前置辅音的结合能力非常强，但相互之间的组合能力略有差别，其中龈腭擦音[ɕ，ʑ]的组合能力最弱。

（3）擦音的组合能力与前置辅音的位置密切相关，即二合复辅音强于三合复辅音，三合复辅音强于四合复辅音，四合复辅音强于五合复辅音。

### 4.4.8 小结

燕海雄（2011）研究东亚语言塞音的音变规则时建立了 4 条音变规则。

**表 4.26 东亚语言塞音的 4 条音变规则**

| R15：p，b > f，v（>...>ø） |
|---|
| R16：t，d > s，z（>...> ø） |
| R17：k，g > x，ɣ（>...> ø） |
| R18：q，ɢ> χ，ʁ（>...> ø） |

在上述 4 条音变规则中，位于前置辅音位置上的塞音（包括双唇塞音、齿龈塞音、软腭塞音以及小舌塞音等）有弱化脱落的倾向，一般经历三个阶段：第一，基于调音方法的擦音化；第二，基于调音部位的后移；第三，脱落。上述音变的三个步骤在汉藏语言音系中具有极强的普适性，在解释汉藏语言音系演化的过程中起到重要的作用。①

在上述认识的基础上，再结合擦音充当前置辅音的功能表现可

① 燕海雄：《论东亚语言塞音的音变规则》，197~240 页，上海，中西书局，2011。

以获得如下认识。

（1）擦音充当前置辅音的现象是复辅音简化过程中的一个“中转站”，属于语音遗留。

（2）从共时的角度看，能与擦音一起组合成复辅音的音类体现出一定的等级序列：[塞音，塞擦音，鼻音] > [边音，闪音，近音] > 擦音。在塞音和塞擦音内部，也体现出一定的等级序列：[不送气清塞音，不送气浊塞音] > 送气清塞音。

（3）从历时的角度看，擦音充当前置辅音的功能随着语言的发展而趋向于弱化，主要体现在两个方面：第一，可以充当前置辅音的擦音的数量在逐渐减少；第二，可以与擦音（作为前置辅音）组合成复辅音的音类在减少。

（4）前置擦音处在弱化脱落的过程中时，可能会导致擦音与其他音类之间的组合变得“残缺不齐”和“面目全非”。

（5）拉坞戎语等作为较早历史深度的语言类型是进一步探索早期音节结构的“窗口”；其他语言中的“残缺不齐”是进一步探索具体脱落过程的“窗口”。

## 4.5 唇齿擦音的主要来源

从来源上看，擦音有着明显的历史层次，有的来自早期的擦音，有的来自早期的塞音。前者属于语音保留现象，而后者属于语音创新现象。来自原始共同语时期的擦音，属于原生层次（相对来说）；而来自后期语音演化的擦音，属于创新层次。新生的擦音主要来自古代语言的塞音。

在中国的语言音系中，唇齿擦音是一种后起的语音现象。有的语言已经产生，有的语言尚未产生，有的语言正在产生。总体上看，唇齿擦音主要来自早期的双唇塞音。

### 表 4.27 唇齿擦音在壮语方言中的对应[①]

| 词义 | 武鸣 | 柳江 | 丘北 | 扶绥 | 龙州 | 靖西 | 广南 |
|---|---|---|---|---|---|---|---|
| 水坝 | fa:i$^{1}$ | wa:i$^{1}$ | wa:i$^{1}$ | pha:i$^{1}$ | pha:i$^{1}$ | pha:i$^{1}$ | pha:i$^{1}$ |
| 棉花 | fa:i$^{5}$ | wa:i$^{5}$ | wa:i$^{5}$ | pha:i$^{5}$ | pha:i$^{3}$ | pha:i$^{3}$ | pha:i$^{3}$ |
| 锅盖 | fa$^{1}$ | wa$^{1}$ | wa$^{1}$ | pha$^{1}$ | pha$^{1}$ | pha$^{1}$ | pha$^{1}$ |

### 表 4.28 唇齿擦音在傣语方言中的对应[②]

| 词义 | 芒市 | 孟连 | 景洪 | 金平 | 元阳 | 武定 | 元江 | 马关 |
|---|---|---|---|---|---|---|---|---|
| 天 | fa$^{4}$ | pha$^{4}$ | fa$^{4}$ | fa$^{4}$ | fa$^{4}$ | fa$^{4}$ | fa$^{4}$ | fa$^{4}$ |
| 雨 | fon$^{1}$ | phon$^{1}$ | fun$^{1}$ | fɯn$^{1}$ | fən$^{1}$ | fen$^{1}$ | fɛn$^{1}$ | fɯn$^{1}$ |
| 火 | fai$^{2}$ | phɑi$^{2}$ | fai$^{2}$ | fai$^{2}$ | fai$^{2}$ | fɐi$^{2}$ | fai$^{2}$ | fai$^{2}$ |

### 表 4.29 唇齿擦音在临高语方言中的对应[③]

| 方言点 | 遗失 | 浮 | 二 | 磨 | 买 | 薄 | 菜园 |
|---|---|---|---|---|---|---|---|
| 琼山 | bau$^{3}$ | bau$^{2}$ | ben$^{5}$ | bɔn$^{1}$ | ben$^{1'}$ | biaŋ$^{1'}$ | bin$^{3}$ |
| 临城 | vau$^{3}$ | vau$^{1}$ | vɔn$^{3}$ | vɔn$^{1}$ | vian$^{1}$ | viaŋ$^{1}$ | vən$^{3}$ |

### 表 4.30 唇齿擦音在仡央语群语言中的对应[④]

| 词义 | 木佬语 | 仡佬语 | 拉基语 | 布央语 |
|---|---|---|---|---|
| 火 | va$^{31}$ | pai$^{35}$ | pe$^{43}$ | fi$^{24}$ |
| 补 | və$^{53}$ | pi$^{35}$ | pji$^{43}$ | pa:ŋ$^{11}$ |
| 飞 | vai$^{33}$ | pjəu$^{13}$ | phã$^{23}$ | pi$^{55}$ |

---

① 张均如、梁敏等：《壮语方言研究》，191 页，成都，四川民族出版社，1999。

② 周耀文、罗美珍：《傣语方言研究》，196、197、198 页，北京，民族出版社，2001。

③ 孙宏开、胡增益、黄行主编：《中国的语言》，1170 页，北京，商务印书馆，2007。

④ 薄文泽：《木佬语研究》，133、134 页，北京，民族出版社，2002。

从表 4.27 至表 4.30 中的词条可以看出，唇齿擦音和双唇塞音在现代侗台语言音系中具有整齐的对应关系。张均如、梁敏等认为原始侗台语和原始台语没有轻唇音声母（即唇齿擦音），现代侗台语音系中的唇齿擦音是后起的，是从重唇音中分化出来的。张均如（1995）认为："轻唇音的发生与发展在侗台语各语支、语言或方言中并不同步，台语支轻唇音的产生比侗水支要早，其中尤以 f 比较普遍地出现于单、双数调字中的傣、泰、老挝等语言和壮语邕北、右江土语更早一些；侗水支中，水、拉珈语似乎比较早，毛南次之，佯僙、锦、莫、标几种语言较迟，侗语最迟，在固有词中，至今还未发现 f。"①

**表 4.31 唇齿擦音在瑶族勉语方言中的对应**②

| 词义 | 江底 | 梁子 | 东山 | 大坪 | 庙子源 |
|---|---|---|---|---|---|
| 花 | $pjaŋ^{31}$ | $faŋ^{33}$ | $pjaŋ^{31}$ | $pjaŋ^{53}$ | $pjaŋ^{31}$ |
| 粪 | $pwan^{24}$ | $fan^{44}$ | $hwəi^{33}$ | $bun^{42}$ | $pwəŋ^{35}$ |
| 打（枪） | $pwan^{52}$ | $fan^{545}$ | $te^{35}$ | $bun^{24}$ | $pwəŋ^{53}$ |
| 薄 | $pje^{12}$ | $fa^{22}$ | $blɔ^{35}$ | $pjɛ^{22}$ | $pje^{21}$ |
| 词义 | 长坪 | 罗香 | 滩散 | 石口 | |
| 花 | $pwaŋ^{31}$ | $pwaŋ^{31}$ | $faŋ^{33}$ | $buŋ^{55}$ | |
| 粪 | $pon^{35}$ | $pwən^{35}$ | $fɔ:n^{335}$ | $bwei^{55}$ | |
| 打（枪） | $pwən^{53}$ | $pwən^{53}$ | $fɔn^{55}$ | $tɕai^{13}$ | |
| 薄 | $pwa^{21}$ | $pwa^{32}$ | $fa^{32}$ | $bɔu^{55}$ | |

① 张均如：《侗台语轻唇音的产生和发展》，载《民族语文》，1995(1)。

② 毛宗武：《瑶族勉语方言研究》，418、421、562、625 页，北京，民族出版社，2004。

表 4.32 唇音声母在汉语方言中的对应[①]

| | 帮 | 滂 | 旁 | 忙 | 方 | 芳 | 房 |
|---|---|---|---|---|---|---|---|
| 中古 | paŋ | phaŋ | baŋ | maŋ | pjuaŋ | phjuaŋ | bjuaŋ |
| 现代 | $paŋ^{55}$ | $phaŋ^{55}$ | $phaŋ^{35}$ | $maŋ^{35}$ | $faŋ^{55}$ | $faŋ^{55}$ | $faŋ^{35}$ |

在瑶族勉语方言音系（表 4.31）中，江底、东山、大坪、庙子源、长坪、罗香以及石口话中的双唇塞音在梁子和滩散中已经变化为唇齿擦音。在汉语音韵学界也有一个为人熟知的音变现象，即“古无轻唇音”。表 4.32 中的音变现象说明了现代汉语方言音系中的唇齿擦音来自中古时期的双唇塞音。

## 4.6 齿龈擦音的主要来源

齿龈擦音在现代中国语言音系中至少可以分为两个层次，一部分保留了早期的齿龈擦音，另一部分来自早期的齿龈塞音。比较齿龈塞音在普米语方言音系中的对应分布情况。

表 4.33 齿龈塞音在普米语方言中的对应[②]

| 词义 | 桃巴土语 | 拖七土语 | 左所土语 | 三岩龙土语 |
|---|---|---|---|---|
| 柱子 | $\text{sɛ̃}^{55}$ | $\text{tÃ}^{55}$ | $\text{tÃ}^{55}$ | $\text{tÃ}^{55}$ |
| 茅草 | $\text{so}^{55}\text{mo}^{53}$ | $\text{tɐ}^{13}\text{mo}^{53}$ | $\text{tə}^{13}\text{mo}^{53}$ | $\text{tɐ}^{13}\text{mo}^{53}$ |
| 雾 | $\text{zə}^{55}\text{rẽ}^{55}$ | $\text{də}^{55}\text{rẽ}^{55}$ | $\text{də}^{55}\text{rẽ}^{55}$ | $\text{də}^{55}\text{rẽ}^{55}$ |

通过表 4.33 中的语音对应现象可以看出，普米语方言中的齿龈塞音与齿龈擦音之间对应整齐，即桃巴土语[齿龈擦音]：拖七土

① 董同龢：《汉语音韵学》，213 页，北京，中华书局，2001。

② 陆绍尊：《普米语方言研究》，123、124 页，北京，民族出版社，2001。

语[齿龈塞音]：左所土语[齿龈塞音]：三岩龙土语[齿龈塞音]。再比较齿龈塞音在南亚语中的对应分布情况。

**表 4.34 齿龈塞音在南亚语中的对应①**

| 词义 | 莽语 | 德昂语 | 布朗语 | 关双 | 佤语 |
|---|---|---|---|---|---|
| 梳 | θɯa³⁵ | dʑaih | sat¹ | dot¹ | sa̱t |
| 臭 | θam⁵¹ | sau | sɯʔ¹ | sɤʔ¹ | sa̱ɯ̱ʔ |
| 头虱 | θi⁵¹ | sai | siʔ¹ | siʔ¹ | si̱ʔ |

通过表 4.34 中的语音对应现象可以看出，南亚语中的齿龈塞音与齿龈擦音之间的对应较为整齐，即莽语[齿间擦音]、德昂语[齿龈塞擦音/齿龈擦音]、布朗语[齿龈擦音]、关双[齿龈塞音/齿龈擦音]、佤语[齿龈擦音]。再比较齿龈塞音在仡央语中的对应分布情况。

**表 4.35 齿龈塞音在仡央语言中的对应②**

| 词义 | 木佬语 | 仡佬语 | 拉基语 |
|---|---|---|---|
| 眼睛 | zo³¹ | to³⁵ | tju⁴³ |
| 歌 | zuŋ⁵³ | dzu¹³ | —— |
| 鼓 | zuŋ³¹ | ta³¹lo³¹ | —— |
| 我们 | zau³¹ | tau³⁵ | te²³ |

通过表 4.35 中的语音对应现象可以看出，仡央语中的齿龈塞音与齿龈擦音之间的对应较为整齐，即木佬语[齿龈擦音]、仡佬语[齿龈塞音]、拉基语[齿龈塞音]。再比较齿龈塞音在壮傣语支语言中的对应分布情况。

① 高永奇：《莽语研究》，167 页，北京，民族出版社，2002。
② 薄文泽：《木佬语研究》，135 页，北京，民族出版社，2002。

**表 4.36 齿龈塞音在壮傣语支语言中的对应**[①]

| 语言点 | 黑 | 红 | 里面 |
|---|---|---|---|
| 壮语 | dam¹ | diŋ¹ | daɯ¹ |
| 琼山 | zɐm¹' | ziŋ¹' | zɔ¹ |
| 临城 | lam¹ | liŋ¹ | lɔ¹ |

通过表 4.36 中的语音对应现象可以看出，壮傣语支语言中齿龈塞音的对应非常规整，即壮语[齿龈塞音]、琼山[齿龈擦音]、临城[齿龈边音]。综合比较齿龈塞音在普米语（藏缅语）、南亚语、仡央语、壮傣语支（侗台语）中的对应情况，齿龈塞音在南亚语音系中的对应情况较为复杂，不仅有齿龈擦音，还有齿间擦音。齿间擦音应该是在齿龈擦音的基础上进一步变化来的。齿龈塞音在擦音化的过程中，最为直接的生成项应该是齿龈擦音，而齿间擦音则是在齿龈擦音的基础上进一步音系调整的结果。

## 4.7 软腭擦音的主要来源

软腭擦音在现代中国语言音系中至少可以分为两个层次，一部分来自早期的软腭擦音，另一部分来自早期的软腭塞音。比较软腭塞音在壮语方言中的读音。

**表 4.37 软腭塞音在壮语方言中的对应**[②]

| 词义 | 柳江 | 武鸣马头 | 丘北 | 环江 |
|---|---|---|---|---|
| 茅草 | ha² | xa² | ɣa² | ɡa² |

① 孙宏开、胡增益、黄行主编：《中国的语言》，1170 页，北京，商务印书馆，2007。

② 张均如、梁敏等：《壮语方言研究》，195 页，成都，四川民族出版社，1999。

续表

| 词义 | 柳江 | 武鸣马头 | 丘北 | 环江 |
|---|---|---|---|---|
| 晚上 | $ham^6$ | $xam^6$ | $ɣam^6$ | $gam^6$ |
| 夜里 | $hɯn^2$ | —— | $ɣən^2$ | $gɯn^2$ |
| 喉咙 | $ho^2$ | $xo^2$ | $ɣuə^2$ | $go^2$ |
| 赞扬 | —— | $xan^6$ | $ɣan^2$ | —— |
| 词义 | 龙州 | 靖西 | 砚山 | 黑末 |
| 茅草 | $ka^2$ | $ja^2$ | $xa^2$ | $ɣo^2$ |
| 晚上 | $kam^6$ | $jam^6$ | $xam^6$ | $ɣã^6$ |
| 夜里 | $kən^2$ | $jin^2$ | $xɯn^2$ | —— |
| 喉咙 | $ko^2$ | $wo^2$ | $xo^2$ | $ɣɤn^2$ |
| 赞扬 | $kan^6$ | $jan^6$ | $xan^6$ | —— |

通过表 4.37 中的语音对应现象可以看出，壮语方言中的软腭塞音声母的对应较为整齐，即柳江[喉擦音]、武鸣马头[软腭清擦音]、丘北[软腭浊擦音]、环江[软腭浊塞音]、龙州[软腭清塞音]、靖西[零声母]、砚山[软腭清擦音]、黑末[软腭浊擦音]。通过上述对应，可以看出上述例词的早期声母形式应该为软腭浊塞音（环江），龙州方言中浊音清化了，丘北、黑末方言中发生了擦音化音变，武鸣马头和砚山方言在丘北和黑末方言的基础上进一步清化为软腭清擦音，柳江方言在武鸣马头和砚山方言的基础上进一步发生了调音部位的变化，后化为喉擦音，而靖西方言在柳江方言的基础上进一步后化为喉塞音声母（后者脱落为零声母）。再来比较软腭塞音在傣语方言中的对应分布。

表 4.38 软腭塞音在傣语方言中的对应①

| 方言点 | 桥 | 饭、粮 | 苦 |
|---|---|---|---|
| 景洪 | $xo^{1}$ | $xau^{3}$ | $xum^{1}$, $xom^{1}$ |
| 孟连 | $xo^{1}$ | $xɑu^{3}$ | $xum^{1}$, $xom^{1}$ |
| 金平 | $kho^{1}$ | $khau^{3}$ | $khum^{1}$ |
| 元阳 | $kho^{1}$ | $khau^{3}$ | $khum^{1}$ |
| 武定 | $kho^{1}$ | $khau^{3}$ | $khun^{1}$ |
| 马关 | $kho^{1}$ | $khau^{3}$ | $khɯm^{1}$ |
| 元江 | $kho^{1}$ | $khau^{3}$ | $kham^{1}$ |
| 绿春 | $kho^{1}$ | $khau^{3}$ | $khu^{1}$ |

通过表 4.38 中的语音对应现象可以看出，软腭塞音声母在傣语方言中的对应较为整齐，即景洪[软腭擦音]、孟连[软腭擦音]、金平[软腭塞音]、元阳[软腭塞音]、武定[软腭塞音]、马关[软腭塞音]、元江[软腭塞音]、绿春[软腭塞音]。再来比较软腭塞音在普米语方言中的对应分布。

表 4.39 软腭塞音在普米语方言中的对应②

| 词义 | 桃巴土语 | 拖七土语 | 左所土语 | 三岩龙土语 |
|---|---|---|---|---|
| 屎 | $xe^{53}$ | $kɛi^{53}$ | $kɛi^{53}$ | $kɛi^{53}$ |
| 蒜子 | $xɨ^{53}$ | $kɯ^{53}$ | $kɯ^{53}$ | $kɯ^{53}$ |
| 马 | $ɣuẽ^{35}$ | $guẽ^{13}$ | $guẽ^{13}$ | $guẽ^{13}$ |
| 九 | $ɣi^{55}$ | $gɯ^{53}$ | $gi^{53}$ | $gə^{53}$ |

① 周耀文、罗美珍：《傣语方言研究》，57 页，北京，民族出版社，2001。

② 陆绍尊：《普米语方言研究》，122、123 页，北京，民族出版社，2001。

通过表 4.39 中的语音对应现象可以看出，普米语方言中的软腭塞音声母的对应较为整齐，即桃巴土语[软腭擦音]、拖七土语[软腭塞音]、左所土语[软腭塞音]、三岩龙土语[软腭塞音]。在上述对应中，软腭塞音在拖七土语、左所土语以及三岩龙土语中的清浊对立分明，在桃巴土语中发生了擦音化音变，变化后依然保持清浊对立。再来比较软腭塞音在南亚语中的对应分布。

**表 4.40 软腭塞音在南亚语言中的对应**①

| 词义 | 莽语 | 德昂语 | 布朗新曼俄 | 关双 | 佤语 |
|---|---|---|---|---|---|
| 树 | $hɔ^{35}$ | he | $khuʔ^{1}$ | $khauʔ^{1}$ | khau̠ʔ |
| 毛 | $mə^{31}hɔk^{55}$ | huʔ | $huɯk^{1}$ | $hɤk^{1}$ | hau̠ɯk |
| 来 | $hɔ^{35}$ | ha:u | $huik^{2}$ | —— | ho̠i̠k |

通过表 4.40 中的语音对应现象可以看出，南亚语中的软腭塞音声母的对应较为凌乱，即莽语[喉擦音]、德昂语[喉擦音]、布朗新曼俄[软腭塞音/喉擦音]、关双[软腭塞音/喉擦音]、佤语[软腭塞音/喉擦音]。布朗新曼俄、关双以及佤语中的软腭塞音应该是较早时期的读音，莽语和德昂语中的喉擦音应该是较晚时期的读音，而布朗新曼俄、关双以及佤语中的喉擦音应该是正处在词汇扩散阶段。再以厦门方言音系为例，比较下面词条的读音。

**表 4.41 软腭塞音在厦门方言中的文白异读**②

| | 猴 | 悬高 | 环 | 厚 | 寒 | 湖 | 闲 |
|---|---|---|---|---|---|---|---|
| 白读 | $kau^{24}$ | $kuan^{24}$ | $khuan^{24}$ | $kau^{33}$ | $kuã^{24}$ | $ɔ^{24}$ | $iŋ^{24}$ |
| 文读 | $hɔ^{24}$ | $hian^{24}$ | $huan^{24}$ | $hɔ^{33}$ | $han^{24}$ | $hu^{24}$ | $hian^{24}$ |

① 高永奇：《莽语研究》，167、168 页，北京，民族出版社，2002。

② 张光宇：《论汉语方言的层次分析》，见《语言学论丛》（第三十三辑），北京，商务印书馆，2006。

闽南方言音系中的匣母字有三种白读，一种文读。白读是舌根塞音或零声母，文读是喉擦音。张光宇认为，文读是表层，白读为底层，文读叠置于白读之上，体现出音系层次的时间序列，即白读是方言固有的，代表方言比较早期的音韵系统；文读是外来的，代表方言比较晚期的音韵系统。[①]这样的话，即可解释厦门话音系中文白异读的形成原因。软腭塞音代表相对早期的语音层次，而软腭擦音则代表相对近期的语音层次。尽管文读层次有可能的是外来的，但其所代表的音韵结构应该晚于白读层次所代表的音韵结构。这就是说，从音韵结构的历史层次上看，文读层次是白读层次演化后的产物。因此，厦门方言音系中的文白异读现象恰好说明了软腭塞音的擦音化现象。喉擦音是在软腭擦音的基础上变化来的，零声母又是喉擦音进一步脱落的结果。

山西平遥方言匣母字的白读音是软腭塞音，文读音是软腭擦音，体现出来的也是擦音化现象，比较以下词条的读音。

**表 4.42 软腭塞音在山西平遥方言中的文白异读[②]**

| | 核 | 合 | 护 | 喉 | 蛤 |
|---|---|---|---|---|---|
| 白读 | $k\Lambda ʔ^{53}$/$kh\Lambda ʔ^{53}$ | $k\Lambda ʔ^{53}$ | $khu^{35}$ | $ku\Lambda ʔ^{53}$ | $k\Lambda ʔ^{53}$ |
| 文读 | $x\Lambda ʔ^{53}$ | $x\Lambda ʔ^{53}$ | $xu^{35}$ | $xəu^{13}$ | $x\Lambda ʔ^{53}$ |

除去语音对应与文白异读的例证之外，还有大量的音位变体可以来论证这个问题。普标语音系中的[g]与[ɣ]自由变读，如 $ga^{45}$ “村寨”，也可以读作 $ɣa^{45}$。在普标语音系中，只存在[g]，不存在[ɣ]，

① 从文白异读现象的分析来看，表层（Superstratum）与底层（Substratum）的概念在汉语方言里有着更加复杂的实际内涵。粗略地说，文读就是表层现象，白读就是底层现象。

② 侯精一：《平遥方言的文白异读》，见《现代晋语的研究》，294~310页，北京，商务印书馆，1999；另载《语文研究》，1998（2）。

后者是前者的变读形式，或者说是有标记形式。[①]门巴语音系中的辅音[k]做声母出现在第二个音节时，存在音位变体[ɣ]，例如 tso$^{35}$kaŋ$^{35}$＞tso$^{35}$ɣaŋ$^{35}$“这些”；而做韵尾的时候，存在音位变体[x]和[kh]，例如 lek$^{53}$＞lex$^{53}$/lekh$^{53}$“铁”。[②]综合上述语音对应现象、语音变异现象、词汇扩散现象以及文白异读现象等，可以充分说明部分软腭擦音来自软腭塞音。

## 4.8 小结

从共时的角度而言，擦音在世界诸语言中并不少见，但分布不均衡。从历时的角度看，一种语言在不同的时间深度，擦音的数量是不同的。基于历史语言学家的构拟音系，世界语言的早期就存在着擦音。在不同的历史语言学家的不同语音构拟系统中，擦音的区别并不是有与没有的问题，而是多与少的问题。这就是说，擦音与其他音类比较，具有一定的原生性质，同时还具有一定的创新性质。在现代汉藏语言音系中，擦音存在明显的历史层次，即一部分来自原始共同语时期，属于原生层次；另一部分是在语言音系演化的过程中逐渐新生的，属于创新层次。

从不同的调音部位来看，齿龈擦音、唇齿擦音、龈腭擦音以及软腭擦音极为常见，可以称之为高频擦音；喉擦音、卷舌擦音、龈后擦音较为常见，可以称之为中频擦音；小舌擦音和齿间擦音少见，硬腭擦音和双唇擦音罕见，可以称之为低频擦音；咽擦音未见。

从发声类型的角度看，擦音在我国境内汉藏语言音系中主要表

---

① 梁敏、张均如、李云兵：《普标语研究》，14 页，北京，民族出版社，2007；孙宏开、胡增益、黄行主编：《中国的语言》，1413 页，北京，商务印书馆，2007。

② 孙宏开、胡增益、黄行主编：《中国的语言》，198 页，北京，商务印书馆，2007。

现为清浊特征和送气特征之间的对立，其中不送气清擦音最为常见，不送气浊擦音较为常见，送气清擦音少见。

从不同调音部位之间的组合类型来看，主要以四套不同调音部位的擦音类型为主，其次是五套、六套、三套等。其中四套擦音的常见类型为[齿龈＋唇齿＋龈腭＋软腭]和[齿龈＋唇齿＋龈腭＋喉]；五套擦音的常见类型为[齿龈＋唇齿＋龈腭＋软腭＋卷舌]和[齿龈＋唇齿＋龈腭＋软腭＋喉]；六套擦音的常见类型为[齿龈＋唇齿＋龈腭＋软腭＋卷舌＋喉]；三套擦音的常见类型为[齿龈＋喉＋唇齿]和[齿龈＋喉＋龈腭]等。

从擦音与其他音类之间的组合类型来看，擦音与塞音、塞擦音等音类之间体现出一定的等级序列：（1）龈腭塞擦音＞龈腭擦音＞龈腭塞音；（2）卷舌塞擦音＞卷舌擦音＞卷舌塞音；（3）双唇塞音＞唇齿擦音＞唇齿擦音；（4）齿龈塞音＞齿龈擦音＞齿龈塞擦音。

从共时的角度看，能与擦音一起组合成复辅音的音类体现出一定的等级序列：［塞音，塞擦音，鼻音］＞［边音，闪音，近音］＞擦音。在塞音和塞擦音内部，也体现出一定的等级序列：［不送气清塞音，不送气浊塞音］＞送气清塞音。

从历时的角度来看，擦音充当前置辅音的现象属于语音遗留现象，随着语言的发展，其功能逐渐在弱化，主要体现在两个方面：一个是可以充当前置辅音的擦音的数量在逐渐减少；另一个是可以与擦音（作为前置辅音）组合成复辅音的音类在减少。前置擦音在弱化脱落的过程时，会导致擦音与其他音类之间的组合变得“残缺不齐”或“面目全非”。

# 第 5 章 鼻音

鼻音在世界语言音系中极为常见，具有重要的音系价值。国际音标表中有 7 个常态鼻音。在中国的语言中，龈腭鼻音也较为常见，本项研究将该音段也算作常态鼻音。表 5.1 是 8 个常态鼻音的调音部位情况。

**表 5.1 国际音标（简）表中鼻音的调音部位**

| | 双唇 | 唇齿 | 齿龈 | 卷舌 | 龈腭 | 硬腭 | 软腭 | 小舌 |
|---|---|---|---|---|---|---|---|---|
| 鼻音 | m | ɱ | n | ɳ | ȵ | ɲ | ŋ | ɴ |

发口音时，软腭/小舌上升，咽腔—鼻腔通道成阻，气流只能通过口腔通道呼出，这种情况下调节而成的音段为纯口音；而发鼻音时，软腭/小舌下垂，口腔内小舌或之前的某个调音部位成阻，咽腔-鼻腔通道畅通，气流只能通过咽-鼻腔通道呼出，这种情况下调节而成的音段为纯鼻音，也即常态鼻音。通过上述鼻音的调音机制来看，发鼻音时，咽-鼻腔必须是畅通无阻的，而这种畅通无阻的前提条件是软腭/小舌的下垂，因此从音理上看，小舌部位之后是不可能形成鼻音的。这也就是国际音标表中小舌部位之后的空格反黑表示的原因。一方面，由于常态鼻音的调音部位和调音方法是一定的，但其发声类型可能存在差别，因此可以形成一些基于发声类型差别的非常态鼻音，例如清化鼻音、气化鼻音等；另一方面，由于受到之前或之后音段的影响，还可以形成一些基于组合层面的非常态鼻音，如前喉塞鼻音、腭化鼻音、唇化鼻音、后爆鼻音、鼻

冠爆音、双重鼻音、鼻爆复辅音等。[①]

## 5.1 鼻音的共时类型

鼻音在现代汉藏语言音系中极为常见，但分布很不均衡，其中苗瑶语（6.7）最多，侗台语（4.8）和藏缅语（4.7）次之，汉语（2.8）最少。

**表 5.2 汉藏语言的鼻音数据及系属分布**

| 语言系属 | 语言数量 | 鼻音数量 | 平均 |
|---|---|---|---|
| 汉　语 | 20 | 56 | 2.8 |
| 藏缅语 | 46 | 216 | 4.7 |
| 侗台语 | 22 | 106 | 4.8 |
| 苗瑶语 | 7 | 47 | 6.7 |

95 个汉藏语言音系中有 346 个常态鼻音，79 个清化鼻音。在汉藏语言音系中，常态鼻音所占的比例为 81.4%，清化鼻音所占的比例为 18.6%；而在 UPSID 数据库中，常态鼻音所占的比例为 88.4%，清化鼻音所占的比例为 3.4%。[②]比较鼻音在两个数据库中的分布差异，鼻音的清浊对立在汉藏语言音系中具有较大的区别功能。从发声类型的角度看，有清化鼻音的语言一定有相同调音部位的常态鼻音。清化鼻音的具体数据见表 5.3。

---

① Ladefoged, Peter & Maddieson, Ian 1996. *The Sounds of the World's Languages*. Oxford: Blackwell；朱晓农：《说鼻音》，载《语言研究》，2007（3）。

② Maddieson, Ian 1984. *Patterns of Sounds*. Cambridge: Cambridge University Press.

**表 5.3 清化鼻音在汉藏语言中的分布数量及语言实例**

| 调音部位 | 语言数量 | 语言实例 |
|---|---|---|
| 双唇 | 20 | 彝语、基诺语、怒苏语、达让语、阿侬语、阿昌语、仙岛语、普米语、史兴语、扎坝语、却域语、水语、仫佬语、拉珈语、茶洞语、布央语、苗语、布努语、炯奈语、勉语 |
| 齿龈 | 20 | 彝语、基诺语、怒苏语、达让语、阿侬语、阿昌语、仙岛语、普米语、史兴语、扎坝语、却域语、水语、仫佬语、拉珈语、茶洞语、布央语、苗语、布努语、炯奈语、勉语 |
| 软腭 | 17 | 巴哼语、畲语、达让语、仙岛语、拉珈语、基诺语、怒苏语、阿侬语、阿昌语、扎坝语、却域语、水语、仫佬语、布央语、布努语、炯奈语、勉语 |
| 龈腭 | 14 | 基诺语、怒苏语、阿侬语、阿昌语、扎坝语、却域语、水语、仫佬语、茶洞语、布央语、苗语、布努语、炯奈语、勉语 |
| 硬腭 | 1 | 仙岛语 |

从语言系属上看，清化鼻音主要分布在藏缅语、侗台语以及苗瑶语中。从地理分布上看，清化鼻音主要分布在中国西南的云南省、贵州省、广西壮族自治区以及与上述三省区毗邻的地区。从中可以看出，清化鼻音是中国西南少数民族语言的一个显著区域特征。[①]

① 燕海雄、江荻：《论鼻音在中国语言中的类型与共性》，载《语言科学》，2015（2）。

从调音部位看，双唇、齿龈和软腭部位的鼻音最为常见，龈腭部位的鼻音较为常见，其他部位的鼻音较为少见。

**表 5.4 基于调音部位的鼻音类型及数量统计**

| 调音部位 | 双唇 | 齿龈 | 龈腭 | 卷舌 | 硬腭 | 软腭 | 小舌 |
|---|---|---|---|---|---|---|---|
| 鼻音数量 | 116 | 110 | 84 | 1 | 4 | 108 | 2 |

**表 5.5 基于调音部位的鼻音类型及语言实例**

| 调音部位 | 语言实例 |
|---|---|
| 卷舌鼻音 | 阿侬语 |
| 硬腭鼻音 | 毕苏语、独龙语、仙岛语 |
| 小舌鼻音 | 堂郎语、木雅语 |

从鼻音的组合类型看，三个鼻音、四个鼻音以及八个鼻音的类型最为常见，其中三个鼻音的类型是双唇、齿龈和软腭部位的常态鼻音，四个鼻音的类型是在三个常态鼻音的类型上加了龈腭部位的常态鼻音，而八个鼻音的类型则是在四个常态鼻音的基础上加了与之对应的清化鼻音。[①]具体的类型数据见下表。

**表 5.6 基于调音部位的鼻音组合类型及语言数量**

<table>
<tr><th colspan="2">类型</th><th>双唇</th><th>齿龈</th><th>龈腭</th><th>卷舌</th><th>硬腭</th><th>软腭</th><th>小舌</th><th>语言数量</th></tr>
<tr><td>零</td><td>T1</td><td>0</td><td>0</td><td>0</td><td>0</td><td>0</td><td>0</td><td>0</td><td>1</td></tr>
<tr><td>一</td><td>T2</td><td>1</td><td>0</td><td>0</td><td>0</td><td>0</td><td>0</td><td>0</td><td>2</td></tr>
<tr><td rowspan="2">二</td><td>T3</td><td>1</td><td>0</td><td>0</td><td>0</td><td>0</td><td>1</td><td>0</td><td>1</td></tr>
<tr><td>T4</td><td>1</td><td>1</td><td>0</td><td>0</td><td>0</td><td>1</td><td>0</td><td>2</td></tr>
</table>

① 燕海雄、江荻：《论鼻音在中国语言中的类型与共性》，载《语言科学》，2015（2）。

续表

| 类型 | | 双唇 | 齿龈 | 龈腭 | 卷舌 | 硬腭 | 软腭 | 小舌 | 语言数量 |
|---|---|---|---|---|---|---|---|---|---|
| 三 | T5 | 1 | 0 | 1 | 0 | 0 | 1 | 0 | 3 |
| | T6 | 1 | 1 | 0 | 0 | 0 | 1 | 0 | 19 |
| 四 | T7 | 1 | 1 | 0 | 0 | 1 | 1 | 0 | 2 |
| | T8 | 1 | 1 | 1 | 0 | 0 | 1 | 0 | 61 |
| 五 | T9 | 1 | 1 | 1 | 0 | 0 | 1 | 1 | 2 |
| | T10 | 1 | 1 | 1 | 0 | 1 | 1 | 0 | 1 |
| | T11 | 1 | 1 | 1 | 1 | 1 | 0 | 0 | 1 |

**表 5.7 基于调音部位的鼻音组合类型及语言实例**

| 类型 | 语言实例 |
|---|---|
| T1 | 苏州话 |
| T2 | 合肥话 |
| T3 | 傣语 |
| T4 | 北京话、太原话 |
| T5 | 长沙话、双峰话、南昌话 |
| T6 | 拉祜语、土家语、白语、景颇语、载瓦语、浪速语、波拉语、勒期语、羌语、拉珈语、村语、畲语、武汉话、广州话、阳江话、厦门话、潮州话、福州话、建瓯话 |
| T7 | 毕苏语、仙岛语 |
| T8 | 藏语、门巴语、白马语、仓洛语、彝语、傈僳语、哈尼语、基诺语、纳西语、末昂语、桑孔语、卡卓语、柔若语、怒苏语、格曼语、达让语、义都语、崩尼-博嘎尔语、苏龙语、崩如语、阿昌语、普米语、嘉戎语、尔龚语、尔苏语、纳木依语、史兴语、扎坝语、贵琼语、拉坞戎语、却域语、 |

续表

| 类型 | 语言实例 |
| --- | --- |
|  | 壮语、布依语、临高语、标话、侗语、水语、仫佬语、毛南语、莫语、佯僙语、茶洞语、黎语、仡佬语、布央语、普标语、拉基语、布干语、木佬语、蔡家话、苗语、布努语、巴哼语、炯奈语、勉语、巴那语、济南话、西安话、成都话、温州话、梅县话 |
| T9 | 堂郎语、木雅语 |
| T10 | 独龙语 |
| T11 | 阿侬语 |

鼻音在不同的音节结构中所担负的音系功能存在强弱的差别。在基本辅音位置（声母）中，双唇鼻音和齿龈鼻音较之软腭鼻音更加常见；而在鼻音韵尾位置（韵母）中，软腭鼻音和齿龈鼻音较之双唇鼻音更为常见。从历时的角度看，软腭鼻音位于基本辅音位置上时更易于变化，而双唇鼻音位于辅音韵尾位置上时更易于变化。

Maddieson（1984）指出，UPSID 数据库中最为常见的鼻音是齿龈部位的，其后依次是双唇、软腭、硬腭、卷舌、龈腭等。这个等级序列与中国的语言有较大的差异。[①]就数据看，不管是中国的语言，还是 UPSID 数据库中的语言，双唇和齿龈部位的数据并没有显著性差别。龈腭鼻音在 UPSID 数据库中处在较后的位置，但在汉藏语言中却仅次于双唇、齿龈和软腭鼻音。这说明龈腭鼻音在汉藏语言音系中具有重要的音系价值。根据上述讨论，即可为汉藏语言建立 3 个常见的鼻音类型。

---

① Maddieson, Ian 1984. *Patterns of Sounds*. Cambridge: Cambridge University Press.

表 5.8 汉藏语言中的常见鼻音类型 1

| 双唇 | | 齿龈 | | 卷舌 | | 龈腭 | | 硬腭 | | 软腭 | | 小舌 | |
|---|---|---|---|---|---|---|---|---|---|---|---|---|---|
| 浊 | 清 | 浊 | 清 | 浊 | 清 | 浊 | 清 | 浊 | 清 | 浊 | 清 | 浊 | 清 |
| + | | + | | | | | | | | + | | | |

表 5.9 汉藏语言中的常见鼻音类型 2

| 双唇 | | 齿龈 | | 卷舌 | | 龈腭 | | 硬腭 | | 软腭 | | 小舌 | |
|---|---|---|---|---|---|---|---|---|---|---|---|---|---|
| 浊 | 清 | 浊 | 清 | 浊 | 清 | 浊 | 清 | 浊 | 清 | 浊 | 清 | 浊 | 清 |
| + | | + | | | | + | | | | + | | | |

表 5.10 汉藏语言中的常见鼻音类型 3

| 双唇 | | 齿龈 | | 卷舌 | | 龈腭 | | 硬腭 | | 软腭 | | 小舌 | |
|---|---|---|---|---|---|---|---|---|---|---|---|---|---|
| 浊 | 清 | 浊 | 清 | 浊 | 清 | 浊 | 清 | 浊 | 清 | 浊 | 清 | 浊 | 清 |
| + | + | + | + | | | + | + | | | + | + | | |

## 5.2 鼻音的蕴涵关系

### 5.2.1 不同调音部位之间的蕴涵关系

从调音部位的角度看，双唇、齿龈、软腭鼻音极其常见，龈腭鼻音较为常见，硬腭、卷舌以及小舌鼻音极其少见，唇齿鼻音未见。从本项研究的语料看，卷舌、小舌与硬腭鼻音（三者合称 A 项）之间尚难看出蕴涵关系；龈腭鼻音称为 B 项；双唇、齿龈与软腭鼻音（三者合称 C 项），在 95 个汉藏语言中出现频率相同，也不易看出三者之间的蕴涵关系，需更大的语料库观察其是否具有蕴涵关系，有待扩大语言范围；A、B 和 C 项之间却存在着明显的蕴涵关系，在中国境内的汉藏语言中具有共性。

A⊃B⊃C（A＝卷舌、小舌、硬腭；B＝龈腭；C＝双唇、齿龈、软腭）

在上述蕴涵关系表达式中，若有 A 项中的一个或两个或三个，必有 B、C 两项，反之则不然；若有 B 项，必有 C 项，反之则不然。

### 5.2.2 清化鼻音与常态鼻音之间的蕴涵关系

清化鼻音较之常态鼻音少见，具体数值如下。

**表 5.11 汉藏语言常态/清化鼻音数量的统计和对比**

| 调音部位 | 双唇 | 齿龈 | 卷舌 | 龈腭 | 硬腭 | 软腭 | 小舌 | 合计 |
|---|---|---|---|---|---|---|---|---|
| 常态鼻音 | 94 | 88 | 1 | 68 | 3 | 90 | 2 | 346 |
| 清化鼻音 | 22 | 22 | 0 | 16 | 1 | 18 | 0 | 79 |

清化鼻音在调音部位上的分布也不均衡，其中双唇、齿龈、龈腭、软腭部位的数据比较接近，在现有语料中很难总结出一定的等级序列。但是与常态鼻音比较，清化鼻音表现出一定的倾向性：第一，较之常态鼻音，仅有五分之一的语言存在清化鼻音，出现频率降低不少；第二，与双唇、齿龈、软腭部位比较，龈腭部位的常态鼻音较为少见，但是龈腭部位的清化鼻音却增加显著；第三，卷舌、小舌部位的清化鼻音未见，仅有 1 个语言（仙岛语）存在硬腭部位的清化鼻音，而且必须指出，该语言同时存在同部位的常态鼻音。从发声类型的角度看，可以获得清化鼻音与常态鼻音之间的蕴涵关系：清化鼻音⊃常态鼻音。在上述蕴涵关系表达式中，某个语言中若有清化鼻音，那么就必然有同部位的常态鼻音，反之则不然。

## 5.3 鼻音的地理分布

鼻音在不同系属语言中的分布是不同的，根据上述平均数据可以列出如下等级序列：苗瑶语＞侗台语＞藏缅语＞汉语方言。其中处在这个等级序列右端的汉语方言只有常态鼻音，没有清化鼻音。清化鼻音的有无与鼻音数量的多少有些关系，其深层关系可能与语言的单/多音节化程度相关。

（1）汉语方言只有常态鼻音，没有清化鼻音，每个方言平均有 3.45 个鼻音；

（2）藏缅语既有常态鼻音，又有清化鼻音，每个语言平均有 4.74 个鼻音；

（3）侗台语既有常态鼻音，又有清化鼻音，每个语言平均有 4.86 个鼻音；

（4）苗瑶语既有常态鼻音，又有清化鼻音，每个语言平均有 6.71 个鼻音。

从地理分布上看，清化鼻音主要分布在藏缅语（例如彝语、基诺语、怒苏语、普米语、史兴语、扎巴语、却域语、达让语、阿侬语、阿昌语、仙岛语等）、侗台语（例如水语、仫佬语、拉珈话、茶洞话、布央语、普标语等）以及苗瑶语（例如苗语、布努语、炯奈语、勉语、巴哼语等）中。清化鼻音主要分布在中国西南的云南省、贵州省、广西壮族自治区以及与上述三省区毗邻的地区，例如四川省凉山彝族自治州、甘孜藏族自治州的部分县市以及西藏自治区昌都地区的察隅县等。

就个别语言而言，鼻音所担负的音系功能存在强弱的差别。从调音部位的角度看，双唇、齿龈和软腭鼻音最为常见，龈腭鼻音较为常见，其他部位的鼻音较为少见，不同调音部位之间存在一定的蕴涵共性。从发声类型的角度看，清化鼻音蕴涵常态鼻音。从鼻音的数量看，可以建立三个常见的鼻音类型，即三个鼻音的类型、四个鼻音的类型以及八个鼻音的类型，其中三个鼻音的类型是双唇、齿龈和软腭部位的常态鼻音，四个鼻音的类型是在三个常态鼻音的类型上多了龈腭部位的常态鼻音，而八个鼻音的类型则是在四个常态鼻音的基础上存在与之对应的清化鼻音。从语言的地理分布看，清化鼻音是中国西南少数民族语言的一个显著的区域特征。

## 5.4 清化鼻音的主要来源

清化鼻音是中国西南少数民族语言的一个显著的区域特征，一直都是学界关注的热点。在汉语音韵学界，董同龢认为上古汉语音系中存在清化鼻音，发展到中古清化鼻音消失了，主要的证据为中古晓母字与唇音明母互谐。李方桂在《上古音研究》中把上述这类音写作*hm-，主要出于两方面的考虑："一方面是为了印刷方便，一方面我们也疑心所谓清鼻音可能原来有个词头，把鼻音清音化了。"[①]从中可以看出，李方桂已经认识到清化鼻音是后起的，而且清化的原因可能跟"词头"（前置辅音）有关，并且构拟出双唇、齿龈以及软腭三个部位的清化鼻音。《藏缅语语音和词汇》编写组很早就注意到了清化鼻音的来源问题，并作了系统的解释："清化鼻音的产生往往是由于复辅音声母中前置清辅音对主要辅音（鼻音）影响的结果。"[②]比较清化鼻音在藏缅语言中的对应。

"药"：书面藏语[sman]，拉萨话[mɛ̃⁵⁵]，巴塘话[m̥ẽ⁵⁵]，夏河话[hman]，阿力克话[rm̥an]，错那门巴语[man⁵³]，墨脱门巴语

① 李方桂：《上古音研究》，19页，北京，商务印书馆，2003。

② 《藏缅语语音和词汇》编写组编：《藏缅语语音和词汇》，34页，北京，中国社会科学出版社，1991。

[man]，羌语亚都话[sɛ pɛ]，普米语兰坪话[m̥iɛ̃55]，普米语九龙话[m̥ɛ̃55]，嘉戎语[smon]，尔龚语道孚话[smɛn]，却域语[sme55]，扎坝语[m̥e55]，木雅语[tsə53]，贵琼语[mã55]，史兴语[m̥ɛ̃55]，尔苏语[pi53]，景颇语[tsi̠31]，独龙语[mɑn55]，阿侬怒语[nɛ55 tshɿ31]，达让语[tɑ31 mɑŋ55]，格曼语[tɑ31 si55]，博嘎尔语[men]，义都语[tɑ31 mɑŋ55]，书面缅语[she3]，缅语仰光话[she55]，阿昌语[n̥ɔ31]，仙岛语[ɲɔ31]，载瓦语[tʃhi21]，浪速语[tʃhik55]，波拉语[tʃhɿ35]，勒期语[tʃhei55]，怒苏怒语[nɛ33 tshi31]，彝语喜德话[bu55 tshɿ33]，彝语巍山话[ʔnᴇ33 tshɿ21]，彝语南华话[no̠33 tshi21]，彝语武定话[tshi33]，彝语撒尼话[nɒ33 tshz̩11]，傈僳语[nɛ33 tshi̠31]，哈尼语绿春话[na55 tshi31]，哈尼语墨江话[na33 tshi31]，拉祜语[nɑ33 tshi33]，基诺语[tshi44]，纳西语[tʂhəɹ33 ɣɯ33]

“鼻涕”：书面藏语[snabs]，藏语拉萨话[nəp55 tu52]，藏语巴塘话[n̥ɑuʔ53]，藏语夏河话[hna tɕə]，藏语阿力克话[rnæ tɕhə]，错那门巴语[nep53]，墨脱门巴语[ŋi naŋ]，羌语亚都话[χɑ]，普米语兰坪话[n̥ɑ13]，普米语九龙话[n̥ɑ11 bʐɛ̃55]，嘉戎语[tə ʃŋɐm]，尔龚语道孚话[snav]，却域语[sna55 pɔ55]，扎坝语[ʂne55]，木雅语[sə55 mbə̠53]，贵琼语[ŋ̊ə55]，史兴语[ŋ̊i55]，尔苏语[tɪ33 nkhæ53]，景颇语[nep31]，独龙语[nɛp55]，阿侬怒语[ŋ̊im55]，达让语[nɑ31 dɯi55]，格曼语[ŋ̊ɑp55]，博嘎尔语[ta nap]，义都语[ɑ31 nde55 khɹe55]，书面缅语[hnɑp4]，缅语仰光话[hnɑʔ4]，阿昌语[n̥ap55]，仙岛语[n̥ap55]，载瓦语[na̠p55]，浪速语[nɛ̠ʔ55]，波拉语[nɛ̠ʔ55]，勒期语[na̠p55]，怒苏怒语[n̥a̠53]，彝语喜德话[n̥ɑ21 bi55]，彝语巍山话[ʔny21]，彝语南华话[no55 bi̠33]，彝语武定话[nu55 be33]，彝语撒尼话[nɒ44 bɪ33]，傈僳语[tshɯ31 hɯ̃31]，哈尼语绿春话[a31 be55]，哈尼语墨江话[nɔ31 pɛ55]，拉祜语[nu35 qhɛ53]，基诺语[nɛ55 pu44]，纳西语[ŋ̊i55]

从上面词条的读音可以看出，前置辅音 s-在脱落的过程中造成基本辅音位置上的鼻音清化。[①]孙宏开进一步指出：“语音变化的途径大致是 s→h→使鼻音清化。其实，复辅音的前置辅音不仅是 s-，我们从嘉绒语和彝语的对应情况，可以更多地看到复辅音中的各类前置辅音，都有可能影响鼻音的清化。”[②]

**表 5.12 清化鼻音在嘉绒语和彝语中的对应**

| 词义 | 嘉绒语（梭磨） | 彝语（喜德） |
|---|---|---|
| 熟（肉） | kəsmən | ʂɯ$^{33}$ m̥i$^{21}$ |
| 名字 | tə rmᴇ | m̥i$^{33}$ |
| 矮的 | kə ŋmɐn | i$^{44}$ m̥(u)$^{33}$ |
| 菌子 | tə jmok | m̥(u)$^{33}$ |
| 耳朵 | tə rnɑ | n̥ɯ$^{21}$ po$^{33}$ |
| 红的 | kəwə rnᴇ | a$^{33}$ n̥i$^{33}$ |
| 鼻子 | tə ʃnɑ | n̥a$^{21}$ bi$^{55}$ |

从上述词条可以看出，清化鼻音的来源不仅与前置辅音 s-有密切关系，而且与其他前置辅音也有关系，尚需进一步深入研究。

## 5.5 小结

鼻音在汉藏语言音系中具有重要的音系价值。就具体语言而言，鼻音所担负的音系功能存在强弱的差别。从调音部位的角度看，

① 谢志礼、苏连科：《藏缅语清化鼻音、边音的来源》，载《民族语文》，1990（4）；王双成、沈向荣、张梦翰：《藏语清化鼻音》，载《民族语文》，2018（2）。

② 《藏缅语语音和词汇》编写组编：《藏缅语语音和词汇》，35 页，北京，中国社会科学出版社，1991。

双唇、齿龈和软腭鼻音最为常见，龈腭鼻音较为常见，其他部位的鼻音较为少见，不同调音部位之间存在一定的蕴涵共性。从发声类型的角度看，清化鼻音蕴涵常态鼻音。从鼻音的数量看，可以建立三个常见的鼻音类型，即三个鼻音的类型、四个鼻音的类型以及八个鼻音的类型，其中三个鼻音的类型是双唇、齿龈和软腭部位的常态鼻音，四个鼻音的类型是在三个常态鼻音的类型上多了龈腭部位的常态鼻音，而八个鼻音的类型则是在四个常态鼻音的基础上存在与之对应的清化鼻音。从语言的地理分布看，清化鼻音是中国西南少数民族语言的一个显著的区域特征。从历时的角度看，清化鼻音的来源与前置辅音有密切的关系。

# 第 6 章 高元音

Maddieson 分析元音的类型时，根据元音的高低、前后和圆展维度，统计了 317 种语言中的元音数据。

**表 6.1 元音在 317 种语言中的统计数据**[①]

<table>
<tr><th rowspan="2"></th><th colspan="2">前</th><th colspan="2">后</th><th rowspan="2">合计</th></tr>
<tr><th>展唇</th><th>圆唇</th><th>展唇</th><th>圆唇</th></tr>
<tr><td>高</td><td>452</td><td>29</td><td>31</td><td>417</td><td>929</td></tr>
<tr><td>中</td><td>425</td><td>32</td><td>19</td><td>448</td><td>924</td></tr>
<tr><td>低</td><td>81</td><td>0</td><td>13</td><td>36</td><td>130</td></tr>
<tr><td rowspan="2">合计</td><td>958</td><td>61</td><td>63</td><td>901</td><td rowspan="2">1983</td></tr>
<tr><td colspan="2">1019</td><td colspan="2">964</td></tr>
</table>

根据上表数据，可以获得很多重要的结论，例如前元音通常是展唇的（94.0%），后元音通常是圆唇的（93.5%）。如果从高低维度上看，低元音的出现频率（6.6%）则远远低于中元音（46.6%）和高元音（46.8%）。在前高元音中，前高展唇元音[i]的出现频率（22.8%）远远高于前高圆唇元音[y]的出现频率（1.5%）等。查询网络版 UPSID 数据库，在 317 个语言中有 26 个语言有前高圆唇元音[y]，出现频率仅为 5.75%。前高圆唇元音[y]在 UPSID 数据库中如此少见，那么在我国境内汉藏语言中的分布又如何？其他高元音的分布又有什么特点？本章试图统计出高元音在我国境内汉藏语言中的分布类型，探讨高元音的特殊性质（比如长短、鼻化等）以

① Maddieson, Ian 1984. *Patterns of Sounds*. Cambridge: Cambridge University Press.

及与其他音类之间的组合类型。

## 6.1 高元音的共时类型

我国境内的汉藏语言主要有汉语、藏缅语、侗台语以及苗瑶语等。本项研究收集的高元音有前高展唇元音[i]、后高圆唇元音[u]、前高圆唇元音[y]以及后高展唇元音[ɯ]。

表 6.2 高元音在汉藏语言中的数据统计及系属比较

| 高元音 | 藏缅语言 | 侗台语言 | 苗瑶语言 | 汉语方言 | 汉藏语言 |
|---|---|---|---|---|---|
| i | 46 | 22 | 7 | 20 | 95 |
| u | 46 | 22 | 7 | 20 | 95 |
| y | 22 | 7 | 2 | 16 | 47 |
| ɯ | 26 | 11 | 0 | 4 | 41 |

从高元音的出现频率来看，前高展唇元音和后高圆唇元音在我国境内 95 个汉藏语言音系中都有分布，而前高圆唇元音和后高展唇元音是部分分布，其中前高圆唇元音的分布频率为 49.5%，后高展唇元音的出现频率为 43.4%。从前高元音来看，前高展唇元音较之前高圆唇元音更为常见；从后高元音来看，后高圆唇元音较之后高展唇元音更加常见。也就是说，在前高元音中，展唇较之圆唇优势；而在后高元音中，圆唇较之展唇优势。从前后维度综合来看，前高元音和后高元音之间看不出统计学上的优势倾向。从圆展维度来看，展唇高元音和圆唇高元音之间不存在统计学上的优势倾向。

表 6.3 高元音在汉藏语言中的组合数据及语言数量

| 类型 | i | u | y | ɯ | 数量 |
|---|---|---|---|---|---|
| 两个高元音的语言 | + | + |  |  | 25 |

续表

| 类型 | i | u | y | ɯ | 数量 |
|---|---|---|---|---|---|
| 三个高元音的语言 | + | + | + | | 29 |
| | + | + | | + | 23 |
| 四个高元音的语言 | + | + | + | + | 18 |

从高元音的组合来看，两个高元音的语言有 25 个，都为[i，u]。3 个高元音的语言有 52 个，其中 29 个语言为[i，u，y]，23 个语言为[i，u，ɯ]。4 个高元音的语言有 18 个，都为[i，u，y，ɯ]。通过上述数据可以看出，在两个高元音的语言中，常见类型是[i，u]。在三个高元音的语言中，常见类型有两种，一种是[i，u，y]，另一种是[i，u，ɯ]。在四个高元音的语言中，常见类型是[i，u，y，ɯ]。另外还可以看出，[y, ɯ]较之[i，u]更具标记性。从历史语言学的角度看，与[i，u]比较，[y, ɯ]更具创新性质。

从高元音的长短对立来看，在 95 个汉藏语言中，仅有 4 个语言存在长短对立，分别为门巴语、崩尼-博嘎尔语、勒期语以及布央语。门巴语和勒期语存在三个高元音，分别为[i，u，y]，在长短维度上都存在对立；崩尼-博嘎尔语和布央语也有三个高元音，分别为[i，u，ɯ]，在长短维度上都存在对立。

**表 6.4 鼻化高元音在汉藏语言中的分布及语言数量**

| 高元音 | 语言数量 | 可以鼻化的语言数量 | 占比（%） |
|---|---|---|---|
| i | 95 | 21 | 22.1 |
| u | 95 | 15 | 15.8 |
| y | 47 | 7 | 14.9 |
| ɯ | 41 | 4 | 9.8 |

从高元音的鼻化特征来看，95 个语言都有前高展唇元音，仅有 21 个语言的前高展唇元音可以鼻化，例如藏语、木雅语、拉珈语以及厦门话等。95 个语言中，全部都有后高圆唇元音，仅有 15 个语言的后高圆唇元音可以鼻化，例如藏语、木雅语、拉珈语以及厦门话等。95 个语言中，47 个语言有前高圆唇元音，仅有 7 个语言的前高圆唇元音可以鼻化，分别为藏语、尔苏语、史兴语、却域语、贵琼语、白马语以及柔若语。95 个语言中，41 个语言有后高展唇元音，仅有 4 个语言的后高展唇元音可以鼻化，分别为史兴语、傈僳语、堂郎语以及白语。从上述数据可以看出，前高展唇元音和后高圆唇元音较之前高圆唇元音和后高展唇元音更易鼻化。

**表 6.5 鼻化高元音在汉藏语言中的组合数据及语言数量**

| 类型 | i | u | y | ɯ | 数量 |
| --- | --- | --- | --- | --- | --- |
| 没有鼻化高元音的语言 | | | | | 74 |
| 一个鼻化高元音的语言 | + | | | | 5 |
| | | + | | | 1 |
| 两个鼻化高元音的语言 | + | + | | | 6 |
| | + | | + | | 2 |
| | + | | | + | 1 |
| | | + | | + | 1 |
| 三个鼻化高元音的语言 | + | + | + | | 4 |
| 四个鼻化高元音的语言 | + | + | + | + | 1 |

从鼻化高元音的组合来看，没有鼻化高元音的语言有 74 个。一个鼻化高元音的语言有 6 个，其中 5 个为前高展唇元音的鼻化，分别为基诺语、普米语、木雅语、双峰话以及潮州话；1 个语言为后高圆唇元音的鼻化，即布干语。两个鼻化高元音的语言有 10 个，

其中 6 个为[i，u]的鼻化，分别为怒苏语、土家语、纳木依语、扎坝语、拉珈语以及拉基语；2 个语言为[i，y]的鼻化，分别为白马语和柔若语；1 个语言（白语）为[i，ɯ]的鼻化；1 个语言（傈傈语）为[u，ɯ]的鼻化。三个鼻化高元音的语言有 4 个语言为[i，u，y]的鼻化，分别为藏语、尔苏语、贵琼语以及却域语。四个鼻化高元音的语言有 1 个，即史兴语，鼻化的元音为[i，u，y，ɯ]。通过上述数据可以看出，高元音的鼻化是有标记的，从历时的角度看，应该是后起的语音现象。一个鼻化高元音的常见类型是 i，两个鼻化高元音的常见类型是[i，u]，三个鼻化高元音的常见类型是[i，u，y]，四个鼻化高元音的常见类型是[i，u，y，ɯ]。

## 6.2 高元音与鼻音韵尾的组合类型

在汉藏语言音系中，高元音可以与鼻音、塞音以及其他辅音韵尾组合。从前后维度来看，前高元音和后高元音的组合能力相当。从圆展维度来看，前高展唇元音的组合能力远远高于前高圆唇元音，后高圆唇元音的组合能力远远强于后高展唇元音。从辅音韵尾的特征来看，鼻音韵尾与高元音的组合能力强于塞音韵尾。在汉藏语言音系中，最为常见的鼻音韵尾有-m、-n 以及-ŋ。

表 6.6 高元音与鼻音韵尾的组合及比较

| 高元音 | -m | -n | -ŋ | 合计 |
| --- | --- | --- | --- | --- |
| i | 39 | 60 | 56 | 155 |
| u | 26 | 48 | 56 | 130 |
| y | 0 | 19 | 7 | 26 |
| ɯ | 10 | 15 | 17 | 42 |
| 合计 | 75 | 142 | 136 | 353 |

从鼻音的调音部位来看，齿龈鼻音和软腭鼻音的组合能力远远强于双唇鼻音。从韵腹的前后维度来看，前高元音[i，y]与鼻音韵尾的组合能力与后高元音[u，ɯ]相当。从韵腹的圆展维度来看，前高展唇元音与鼻音韵尾的组合能力远远强于前高圆唇元音；后高圆唇元音与鼻音韵尾的组合能力远远强于后高展唇元音。前高圆唇元音与齿龈鼻音的组合能力远远强于软腭鼻音的组合能力，而[i，u，ɯ]却看不出这种优势。

### 6.2.1 前高展唇元音

表 6.7 前高展唇元音与鼻音韵尾的组合及比较

| 类型 | -m | -n | -ŋ | 数量 |
|---|---|---|---|---|
| 没有鼻音韵尾的语言 | | | | 24 |
| 一个鼻音韵尾的语言 | | | + | 8 |
| | | + | | 10 |
| 两个鼻音韵尾的语言 | | + | + | 21 |
| 三个鼻音韵尾的语言 | + | + | + | 32 |

没有鼻音韵尾的语言有 24 个，例如纳西语、白马语、苗语以及双峰话等。

一个鼻音韵尾的语言有 18 个，其中 8 个语言的韵尾为-ŋ，例如济南话、西安话、木佬语以及布努语等；10 个语言的韵尾为-n，例如武汉话、嘉戎语、仡佬语以及蔡家话等。

两个鼻音韵尾的语言有 21 个，全部为[-n，-ŋ]组合，例如合肥话、羌语、炯奈语以及巴那语等。

三个鼻音韵尾的语言有 32 个，全部为[-m，-n，-ŋ]组合，例如潮州话、藏语、壮语以及布干语等。

综合上述数据可以看出，在汉藏语言音系中，从鼻音的调音部位来看，前高展唇元音与鼻音韵尾的组合存在一条倾向性的等级序列：[齿龈鼻音，软腭鼻音] > 双唇鼻音。一个鼻音韵尾的常见类型有两种，出现频率难分上下，一种为-in，另一种是-iŋ。两个鼻音韵尾的常见类型是[-in，-iŋ]。三个鼻音韵尾的类型是[-im，-in，-iŋ]。

### 6.2.2 后高圆唇元音

表 6.8 后高圆唇元音与鼻音韵尾的组合及比较

| 类型 | -m | -n | -ŋ | 数量 |
|---|---|---|---|---|
| 没有鼻音韵尾的语言 | | | | 33 |
| 一个鼻音韵尾的语言 | | + | | 6 |
| | | | + | 9 |
| 两个鼻音韵尾的语言 | + | | + | 5 |
| | | + | + | 21 |
| 三个鼻音韵尾的语言 | + | + | + | 21 |

没有鼻音韵尾的语言有 33 个，例如白马语、彝语、苗语以及西安话等。

一个鼻音韵尾的语言有 15 个，其中 6 个语言的韵尾为-n，例如达让语、黎语、梅县话以及厦门话等；9 个语言语言的韵尾为-ŋ，例如崩如语、布努语、北京话以及福州话等。

两个鼻音韵尾的语言有26个，其中5个语言的韵尾为[-m，-ŋ]，分别为藏语、末昂语、阿侬语、义都语以及崩尼-博嘎尔语；21 个语言的韵尾组合为[-n，-ŋ]，例如独龙语、拉坞戎语、毛南语、勉语以及南昌话等。

三个鼻音韵尾的语言有 21 个，例如门巴语、景颇语以及壮语等，组合为[-m，-n，-ŋ]。

综合上述数据可以看出，在汉藏语言音系中，从鼻音的调音部位来看，后高圆唇元音与鼻音韵尾的组合存在一条倾向性的等级序列：[软腭鼻音，齿龈鼻音] > 双唇鼻音。一个鼻音韵尾的常见类型有两种，出现频率难分上下，一种为-un，另一种是-uŋ。两个鼻音韵尾的常见类型是[-un，-uŋ]。三个鼻音韵尾的类型是[-um，-un，-uŋ]。

### 6.2.3 前高圆唇元音

**表 6.9 前高圆唇元音与鼻音韵尾的组合及比较**

| 类型 | -m | -n | -ŋ | 数量 |
| --- | --- | --- | --- | --- |
| 没有鼻音韵尾的语言 | | | | 72 |
| 一个鼻音韵尾的语言 | | + | | 16 |
| | | | + | 4 |
| 两个鼻音韵尾的语言 | | + | + | 3 |

没有鼻音韵尾的语言有 72 个，例如藏语、壮语、苗语以及济南话等。

一个鼻音韵尾的语言有 20 个，其中 4 个语言（分别为拉基语、扬州话、福州话以及建瓯话）的鼻音韵尾为-ŋ，16 个语言（例如门巴语、独龙语、羌语、北京话等）的鼻音韵尾为-n。

两个鼻音韵尾的语言有 3 个，分别为标话、仫佬语以及茶洞语，鼻音韵尾组合为[-n，-ŋ]。

综合上述数据可以看出，在汉藏语言音系中，从鼻音的调音部位来看，前高圆唇元音与鼻音韵尾的组合存在一条倾向性的等级序列：软腭鼻音 > 齿龈鼻音 > 双唇鼻音。一个鼻音韵尾的常见类型有两种，出现频率难分上下，一种为-yn，另一种是-yŋ。两个鼻音韵尾的常见类型是[-yn，-yŋ]。

### 6.2.4 后高展唇元音

表 6.10 后高展唇元音与鼻音韵尾的组合及比较

| 类型 | -m | -n | -ŋ | 数量 |
|---|---|---|---|---|
| 没有鼻音韵尾的语言 | | | | 77 |
| 一个鼻音韵尾的语言 | | + | | 1 |
| | | | + | 3 |
| 两个鼻音韵尾的语言 | | + | + | 4 |
| 三个鼻音韵尾的语言 | + | + | + | 10 |

没有鼻音韵尾的语言有 77 个，分别为藏语、临高语、苗语以及北京话等。

一个鼻音韵尾的语言有 4 个，其中 1 个语言（即苏龙语）的韵尾为-n，3 个语言（分别为崩尼-博嘎尔语、茶洞语以及潮州话）的韵尾为-ŋ。

两个鼻音韵尾的语言有 4 个，分别为毕苏语、壮语、布依语以及村语，韵尾组合全部为[-n，-ŋ]。

三个鼻音韵尾的语言有 10 个，韵尾组合全部为[-m，-n，-ŋ]，例如独龙语、义都语、傣语以及黎语等。

综合上述数据可以看出，在汉藏语言音系中，从鼻音的调音部位来看，后高展唇元音与鼻音韵尾的组合能力看不出太强的倾向性。一个鼻音韵尾的常见类型有两种，出现频率难分上下，一种为-ɯn，另一种是-ɯŋ。两个鼻音韵尾的常见类型是[-ɯn，-ɯŋ]。三个鼻音韵尾的类型是[-ɯm，-ɯn，-ɯŋ]。

## 6.3 高元音与塞音韵尾的组合类型

在汉藏语言音系中，最为常见的塞音韵尾有-p、-t、-k 以及-ʔ。

表 6.11 高元音与塞音韵尾的组合及比较

| 高元音 | -p | -t | -k | -ʔ |
|---|---|---|---|---|
| i | 35 | 39 | 32 | 15 |
| u | 21 | 35 | 32 | 16 |
| y | 0 | 6 | 1 | 4 |
| ɯ | 7 | 11 | 13 | 3 |
| 合计 | 63 | 91 | 78 | 38 |

从韵尾的调音部位来看，前高元音与塞音韵尾的组合能力呈现出以下倾向性的等级序列：齿龈塞音 > 软腭塞音 > 双唇塞音 > 喉塞音。从韵腹的圆展维度来看，前高展唇元音与塞音韵尾的组合能力强于前高圆唇元音，后高圆唇元音与塞音韵尾的组合能力大于后高展唇元音。

### 6.3.1 前高展唇元音

表 6.12 前高展唇元音与塞音韵尾的组合及比较

| 类型 | -p | -t | -k | -ʔ | 数量 |
|---|---|---|---|---|---|
| 没有塞音韵尾的语言 | | | | | 48 |
| 一个塞音韵尾的语言 | | | | + | 3 |
| | | | + | | 2 |
| | | + | | | 3 |
| 两个塞音韵尾的语言 | + | | | + | 1 |
| | + | | + | | 1 |
| | | + | | + | 1 |
| | | + | + | | 1 |
| | + | + | | | 5 |

续表

| 类型 | -p | -t | -k | -ʔ | 数量 |
|---|---|---|---|---|---|
| 三个塞音韵尾的语言 | + | | + | + | 1 |
| | | + | + | + | 2 |
| | + | + | | + | 2 |
| | + | + | + | | 20 |
| 四个塞音韵尾的语言 | + | + | + | + | 5 |

没有塞音韵尾的语言有 48 个。

一个塞音韵尾的语言有 8 个，其中 3 个语言的塞音韵尾为-ʔ，分别为阿侬语、崩如语以及福州话；2 个语言的塞音韵尾为-k，分别为浪速语和勒期语；3 个语言的塞音韵尾为-t，分别为桑孔语、畲语以及南昌话。

两个塞音韵尾的语言有 9 个，其中 1 个语言（藏语）的塞音韵尾组合为[-p，-ʔ]，1 个语言（嘉戎语）的塞音韵尾组合为[-p，-k]，1 个语言（苏龙语）的塞音韵尾组合为[-t，-ʔ]，1 个语言（崩尼-博嘎尔语）的塞音韵尾组合为[-t，-k]，5 个语言（分别为普标语、勉语、梅县话、广州话以及阳江话）的塞音韵尾为[-p，-t]。

三个塞音韵尾的语言有 25 个，其中 1 个语言（潮州话）的塞音韵尾组合为[-p，-k，-ʔ]，2 个语言（末昂语和载瓦语）的塞音韵尾组合为[-t，-k，-ʔ]，2 个语言（仙岛语和厦门话）的塞音韵尾组合为[-p，-t，-ʔ]，20 个语言（例如毕苏语、壮语、布干语等）的塞音组合为[-p，-t，-k]。

四个塞音韵尾的语言有 5 个，分别为门巴语、仓洛语、景颇语、独龙语以及临高语，塞音韵尾组合为[-p，-t，-k，-ʔ]。

综合上述数据可以看出，一个塞音韵尾的常见类型看不出倾向性，两个塞音韵尾的常见类型为[-ip，-it]，三个塞音韵尾的常见类型为[-ip，-it，-ik]，四个塞音韵尾的类型为[-ip，-it，-ik，-iʔ]。

### 6.3.2 后高圆唇元音

表 6.13 后高圆唇元音与塞音韵尾的组合及比较

| 类型 | -p | -t | -k | -ʔ | 数量 |
|---|---|---|---|---|---|
| 没有塞音韵尾的语言 | | | | | 49 |
| 一个塞音韵尾的语言 | | + | | | 5 |
| | | | | + | 4 |
| | | | + | | 2 |
| 两个塞音韵尾的语言 | + | | | + | 2 |
| | + | | + | | 1 |
| | | + | | + | 2 |
| | | | + | + | 2 |
| | | + | + | | 10 |
| 三个塞音韵尾的语言 | + | + | | + | 1 |
| | + | + | + | | 12 |
| 四个塞音韵尾的语言 | + | + | + | + | 5 |

没有塞音韵尾的语言有 49 个。

一个塞音韵尾的语言有 11 个，其中 5 个语言（分别为桑孔语、勉语、广州话、阳江话以及黎语）的塞音韵尾为-t，4 个语言（分别为独龙语、阿侬语、崩如语以及福州话）的塞音韵尾为-ʔ，2 个语言（分别为布干语和南昌话）的塞音韵尾为-k。

两个塞音韵尾的语言有 17 个，其中 2 个语言（藏语和末昂语）的塞音韵尾组合为[-p，-ʔ]，1 个语言（崩尼-博嘎尔语）的塞音韵尾组合为[-p，-k]，2 个语言（苏龙语和厦门话）的塞音韵尾组合为[-t，-ʔ]，2 个语言（勒期语和潮州话）的塞音韵尾组合为[-k，-ʔ]，10 个语言（例如嘉戎语、毛南语、畲语以及梅县话等）的塞音韵尾组合为[-k，-t]。

三个塞音韵尾的语言有 13 个，其中 1 个语言（仙岛语）的塞音韵尾组合为[-p，-t，-ʔ]，12 个语言（例如毕苏语、壮语、布央语以及普标语等）的塞音韵尾组合为[-p，-t，-k]。

四个塞音韵尾的语言有 5 个（分别为门巴语、仓洛语、景颇语、载瓦语以及临高语），塞音韵尾组合为[-p，-t，-k，-ʔ]。

综合上述数据可以看出，一个塞音韵尾和两个塞音韵尾的常见类型看不出倾向性，三个塞音韵尾的常见类型为[-up，-ut，-uk]，四个塞音韵尾的常见类型为[-up，-ut，-uk，-uʔ]。

### 6.3.3 前高圆唇元音

表 6.14 前高圆唇元音与塞音韵尾的组合及比较

| 类型 | -p | -t | -k | -ʔ | 数量 |
|---|---|---|---|---|---|
| 没有塞音韵尾的语言 | | | | | 86 |
| 一个塞音韵尾的语言 | | | | + | 3 |
| | | + | | | 4 |
| 两个塞音韵尾的语言 | | + | + | | 1 |
| | | + | | + | 1 |

没有塞音韵尾的语言有 86 个。

一个塞音韵尾的语言有 7 个，其中 3 个语言（分别为藏语、仓洛语以及福州话）的塞音韵尾为-ʔ，4 个语言（分别为标话、仫佬语、南昌话以及广州话）的塞音韵尾为-t。

两个塞音韵尾的语言有 2 个，分别为茶洞语和门巴语，其中茶洞语的塞音韵尾组合为[-t，-k]，门巴语的塞音韵尾组合为[-t，-ʔ]。

### 6.3.4 后高展唇元音

表 6.15 后高展唇元音与塞音韵尾的组合及比较

| 类型 | -p | -t | -k | -ʔ | 数量 |
|---|---|---|---|---|---|
| 没有塞音韵尾的语言 | | | | | 78 |
| 一个塞音韵尾的语言 | | | | + | 2 |
| | + | | | | 1 |
| | | + | | | 1 |
| | | | + | | 3 |
| 两个塞音韵尾的语言 | | + | + | | 4 |
| 三个塞音韵尾的语言 | + | + | + | | 5 |
| 四个塞音韵尾的语言 | + | + | + | + | 1 |

没有塞音韵尾的语言有 78 个。

一个塞音韵尾的语言有 7 个，其中 2 个语言（分别为阿侬语和苏龙语）的塞音韵尾为-ʔ，1 个语言（仫佬语）的塞音韵尾为-p，1 个语言（茶洞语）的塞音韵尾为-t，3 个语言（分别为崩尼-博嘎尔语、阳江话以及潮州话）的塞音韵尾为-k。

两个塞音韵尾的语言有 4 个（分别为末昴语、毕苏语、壮语以及村语），塞音韵尾组合为[-t，-k]。

三个塞音韵尾的语言有 5 个（分别为格曼语、仙岛语、布依语、傣语以及黎语），塞音韵尾组合为[-p，-t，-k]。

四个塞音韵尾的语言有 1 个（独龙语），塞音韵尾组合为[-p，-t，-k，-ʔ]。

综合上述数据可以看出，一个塞音韵尾的常见组合类型看不出倾向性，两个塞音韵尾的常见组合类型为[-ɯt，-ɯk]，3 个塞音韵尾的常见组合类型为[-ɯp，-ɯt，-ɯk]，4 个塞音韵尾的组合类型为[-ɯp，-ɯt，-ɯk，-ɯʔ]。

## 6.4 高元音与其他辅音韵尾的组合类型

可以与高元音组合的擦音韵尾有唇齿浊擦音韵尾-v、齿龈清擦音韵尾-s、软腭浊擦音韵尾-ɣ、小舌清擦音韵尾-χ 以及喉清擦音韵尾-h 等。

在 95 个汉藏语言音系中，唇齿浊擦音可以充当辅音韵尾的语言有且仅有 1 个（拉坞戎语），并且仅跟前高展唇元音组合成-iv。齿龈清擦音可以充当辅音韵尾的语言有 5 个，其中 2 个语言（分别为仓洛语和嘉戎语）为-us，3 个语言（分别为门巴语、仓洛语以及嘉戎语）为-is。软腭浊擦音可以充当辅音韵尾的语言有且仅有 1 个（拉坞戎语），并且仅跟前高展唇元音组合成-iɣ。小舌清擦音可以充当辅音韵尾的语言有且仅有 1 个（拉坞戎语），可以跟前高展唇元音和后高元音组合成[-iχ，-uχ，-ɯχ]。喉清擦音可以充当辅音韵尾的语言有 2 个（分别为独龙语和苏龙语），可以组合成[-ih，-uh]。龈腭浊近音可以充当辅音韵尾的语言有且仅有 1 个（拉坞戎语），可以组合成[-ij，-uj]。龈腭边音可以充当辅音韵尾，其中 3 个语言（分别为尔龚语、拉坞戎语以及格曼语）为-il，3 个语言（分别为尔龚语、独龙语以及格曼语）为-ɯl，4 个语言（分别为嘉戎语、拉坞戎语、独龙语以及格曼语）为-ul。闪音可以充当辅音韵尾，6 个语言（分别为嘉戎语、独龙语、藏语、仓洛语、拉坞戎语以及崩尼-博嘎尔语）为-ir，5 个语言（分别为藏语、仓洛语、拉坞戎语、崩尼-博嘎尔语以及门巴语）为-ur，2 个语言（分别为崩尼-博嘎尔语和独龙语）为-ɯr。

## 6.5 小结

高元音在我国境内汉藏语言音系中的分布具有类型学意义。从出现频率来看，前高展唇元音和后高圆唇元音极为常见，前高圆唇元音和后高展唇元音较为常见。从前高元音来看，前高展唇元音较之前高圆唇元音更为常见；从后高元音来看，后高圆唇元音较之后高展唇元音更加常见。在前高元音中，展唇较之圆唇优势；而在后高元音中，圆唇较之展唇优势。从高元音之间的组合来看，两个高元音的常见类型是[i，u]。三个高元音的常见类型有两种，一种是[i，u，y]，另一种是[i，u，ɯ]。四个高元音的常见类型是[i，u，y，ɯ]。

高元音与辅音韵尾的结合能力具有倾向性共性，鼻音韵尾的组合能力最强，塞音韵尾的组合能力次之，而其他辅音韵尾的组合能力较弱。从高元音的圆展维度来看，前高展唇元音的组合能力远远强于前高圆唇元音，后高圆唇元音的组合能力远远强于后高展唇元音。就鼻音韵尾来看，齿龈鼻音和软腭鼻音的组合能力远远强于双唇鼻音。就塞音韵尾来看，前高元音与塞音韵尾的组合能力呈现出以下倾向性的等级序列：齿龈塞音 > 软腭塞音 > 双唇塞音 > 喉塞音。从韵腹的圆展维度来看，前高展唇元音与塞音韵尾的组合能力强于前高圆唇元音，后高圆唇元音与塞音韵尾的组合能力大于后高展唇元音。

# 第 7 章 前元音

元音可以通过舌位的高低、前后以及唇状的圆展等维度来描述。不同维度上的元音可能存在共同的类型与共性，同时也有可能存在某些差异。Maddieson（1984）统计了 317 种语言中的元音数据，分析了元音的一些类型和共性。

**表 7.1 Maddieson 统计的 317 种语言中的元音数据**[①]

<table>
<tr><th rowspan="2"></th><th colspan="2">前</th><th colspan="2">后</th><th rowspan="2">合计</th></tr>
<tr><th>展唇</th><th>圆唇</th><th>展唇</th><th>圆唇</th></tr>
<tr><td>高</td><td>452</td><td>29</td><td>31</td><td>417</td><td>929</td></tr>
<tr><td>中</td><td>425</td><td>32</td><td>19</td><td>448</td><td>924</td></tr>
<tr><td>低</td><td>81</td><td>0</td><td>13</td><td>36</td><td>130</td></tr>
<tr><td rowspan="2">合计</td><td>958</td><td>61</td><td>63</td><td>901</td><td rowspan="2">1983</td></tr>
<tr><td colspan="2">1019</td><td colspan="2">964</td></tr>
</table>

根据上表数据，可以获得很多重要的结论，例如前元音通常是展唇的（94.0%），后元音通常是圆唇的（93.5%）。如果从高低维度上看，低元音的出现频率（6.6%）远远低于中元音（46.6%）和高元音（46.8%）。在前高元音中，前高展唇元音的出现频率（22.8%）远远高于前高圆唇元音的出现频率（1.5%）。

在我国境内的汉藏语言音系中，元音的分布具有类型学意义，以高元音的分布为例：从出现频率来看，前高展唇元音和后高圆唇元音极为常见，前高圆唇元音和后高展唇元音较为常见。

① Maddieson, Ian 1984. *Patterns of Sounds*. Cambridge: Cambridge University Press.

从前高元音来看，前高展唇元音较之前高圆唇元音更为常见；从后高元音来看，后高圆唇元音较之后高展唇元音更加常见。高元音与辅音韵尾的结合能力具有倾向性共性，鼻音韵尾的组合能力最强，塞音韵尾的组合能力次之，其他辅音韵尾的组合能力最弱。[①]

## 7.1 前元音的共时类型

前元音在我国境内汉藏语言音系中的出现频率很不均衡，有的出现得多一些，有的少一些。

表 7.2 前元音在汉藏语言中的分布及数量

| 前元音 | i | a | e | y | ɛ | ø | æ | œ | ᴇ | 合计 |
|---|---|---|---|---|---|---|---|---|---|---|
| 语言数量 | 95 | 79 | 73 | 47 | 45 | 21 | 7 | 5 | 3 | 375 |

从上述数据可以看出，[i，a，e]最为常见，[y，ɛ]比较常见，[ø]比较少见，而[æ，œ，ᴇ]比较罕见。这里存在一个倾向性的等级序列：[i，a，e] > [y，ɛ] > [ø] > [æ，œ，ᴇ]。

从长短特征来看，前元音在我国境内汉藏语言音系中的出现频率较为少见，仅在 4 个语言中有所体现，分别为门巴语、崩尼-博嘎尔语、勒期语以及布央语。

表 7.3 长短元音在汉藏语言中的分布及语言实例

| 前元音 | 语言数量 | 语言实例 |
|---|---|---|
| iː | 4 | 门巴语、崩尼-博嘎尔语、勒期语、布央语 |
| aː | 4 | 门巴语、勒期语、崩尼-博嘎尔语、布央语 |
| eː | 3 | 门巴语、崩尼-博嘎尔语、勒期语 |

① 燕海雄：《论汉藏语言高元音的类型与共性》，载《常熟理工学院学报》，2018（4）。

续表

| 前元音 | 语言数量 | 语言实例 |
|---|---|---|
| ɛ: | 2 | 门巴语、勒期语 |
| y: | 2 | 门巴语、勒期语 |
| ø: | 1 | 门巴语 |

在我国境内 95 个汉藏语言中，前元音不存在长短对立的语言有 91 个。两个前元音存在长短对立的语言有 1 个，长元音组合为[i:，a:]，即布央语。三个前元音存在长短对立的语言有 1 个，长元音组合为[i:，a:，e:]，即崩尼-博嘎尔语。五个前元音存在长短对立的语言有 1 个，长元音组合为[i:，a:，e:，ɛ:，y:]，即勒期语。六个前元音存在长短对立的语言有 1 个，长元音组合为[i:，a:，e:，ɛ:，y:，ø:]，即门巴语。从上述数据可以看出，尽管长元音在我国境内汉藏语言中的出现频率较低，但是在前元音的长短对立特征上，与常态元音体现出来的等级序列是一致的。

从口鼻特征来看，前元音的鼻化现象在汉藏语言音系中较为少见。

**表 7.4 鼻化元音在汉藏语言中的分布及数量**

| 前元音 | ĩ | ẽ | ã | ɛ̃ | ỹ | ø̃ | æ̃ | 合计 |
|---|---|---|---|---|---|---|---|---|
| 语言数量 | 19 | 19 | 14 | 14 | 7 | 4 | 6 | 83 |

没有鼻化前元音的语言有 67 个，例如彝语、壮语、苗语以及北京话等。一个鼻化前元音的语言有 5 个，其中 2 个语言的鼻化前元音为[æ̃]，分别为太原话和合肥话；1 个语言的鼻化前元音为[ĩ]，即纳木依语；1 个语言的鼻化前元音为[ɛ̃]，即浪速语；1 个语言的鼻化前元音为[ã]，即布干语。两个鼻化前元音的语言有 6 个，其中

2 个语言为[ẽ，æ̃]，分别为济南话和西安话；1 个语言为[ĩ，æ̃]，即双峰话；1 个语言为[ẽ，ɛ̃]，即傈僳语；1 个语言为[ɛ̃，ø̃]，即波拉语；1 个语言为[ẽ，ã]，即厦门话。三个鼻化前元音的语言有 7 个，其中 4 个语言为[ĩ，ẽ，ã]，分别为基诺语、土家语、拉基语以及潮州话；1 个语言为[ĩ，ẽ，ɛ̃]，即怒苏语；1 个语言为[ĩ，ã，ỹ]，即尔苏语；1 个语言为[ĩ，ɛ̃，ã]，即拉珈语。四个鼻化前元音的语言有 7 个，其中 3 个语言为[ĩ，ẽ，ã，ɛ̃]，分别为白语、普米语以及扎坝语；3 个语言为[ĩ，ẽ，ɛ̃，ỹ]，分别为史兴语、贵琼语以及柔若语；1 个语言为[ĩ，ẽ，ø̃，æ̃]，即木雅语。五个鼻化前元音的语言有 1 个，鼻化前元音为[ĩ，ẽ，ɛ̃，ã，ỹ]，即白马语。六个鼻化前元音的语言有 2 个，鼻化前元音为[ĩ，ẽ，ɛ̃，ã，ỹ，ø̃]，分别为藏语和却域语。从上述数据可以看出，前元音在口鼻对立特征上，与常态元音体现出来的等级序列基本上是一致的。

从松紧特征来看，前元音的松紧现象在汉藏语言中较为少见。

**表 7.5 松紧元音在汉藏语言中的分布及语言实例**

| 紧元音 | 语言数量 | 语言实例 |
|---|---|---|
| i̱ | 12 | 哈尼语、末昂语、桑孔语、柔若语、怒苏语、景颇语、载瓦语、浪速语、波拉语、勒期语、木雅语、布干语 |
| e̱ | 10 | 哈尼语、末昂语、桑孔语、柔若语、怒苏语、景颇语、载瓦语、勒期语、木雅语、布干语 |
| a̱ | 9 | 布干语、浪速语、波拉语、哈尼语、桑孔语、景颇语、载瓦语、勒期语、木雅语 |
| ɛ̱ | 5 | 柔若语、怒苏语、布干语、浪速语、波拉语 |
| y̱ | 1 | 勒期语 |
| ø̱ | 5 | 浪速语、波拉语、哈尼语、桑孔语、木雅语 |

在我国境内 95 个汉藏语言音系中，前元音不存在松紧对立的语言有 83 个。仅有一个前元音松紧对立的语言尚未发现。两个前元音松紧对立的语言有 1 个，紧元音组合为[i̱，e̱]，即末昂语。三个前元音松紧对立的语言有 4 个，其中 2 个语言为[i̱，e̱，a̱]，分别为景颇语和载瓦语；2 个语言为[i̱，e̱，ɛ̱]，分别为柔若语和怒苏语。四个前元音松紧对立的语言有 7 个，其中 3 个语言为[i̱，e̱，a̱，ø̱]，分别为哈尼语、桑孔语和木雅语；2 个语言为[i̱，a̱，ɛ̱，ø̱]，分别为浪速语和波拉语；1 个语言为[i̱，e̱，a̱，ȳ]，即勒期语；1 个语言为[i̱，e̱，ɛ̱，a̱]，即布干语。从上述数据可以看出，前元音在松紧对立特征上，与常态元音体现出来的等级序列也是一致的。

## 7.2 前元音的组合类型

前元音在我国境内汉藏语言音系中普遍存在高低对立，同时在有的语言音系中存在圆展对立。在不同的语言音系中，前元音的选择是不同的，有的多，有的少。

**表 7.6 前元音的组合类型及语言数量**

| 前元音类型 | 两个前元音 | 三个前元音 | 四个前元音 |
| --- | --- | --- | --- |
| 语言数量 | 5 | 34 | 28 |
| 前元音类型 | 五个前元音 | 六个前元音 | |
| 语言数量 | 17 | 11 | |

两个前元音的语言有 5 个，前元音都为[i，e]，分别为末昂语、格曼语、达让语、义都语以及水语。

三个前元音的语言有 34 个，其中 21 个语言的前元音为[i，e，a]，例如彝语、壮语、苗语、厦门话等；5 个语言的前元音为[i，a，ɛ]，分别为拉珈语、村语、梅县话、阳江话以及仙岛语；4 个语言的前元音为[i，a，y]，分别为北京话、太原话、武汉话以及长沙话；2个语言的前元音为[i，e，ɛ]，分别为傈僳语和拉祜语；1个语言的前元音为[i，e，y]，即独龙语；1个语言的前元音为[i，a，ᴇ]，即嘉戎语。

四个前元音的语言有28个，其中8个语言的前元音为[i，a，e，ɛ]，例如白语、傣语、布努语以及勉语等；6个语言的前元音为[i，a，e，y]，例如羌语、普标语、巴那语以及成都话等；4个语言的前元音为[i，e，ɛ，y]，分别为柔若语、怒苏语、阿侬语以及史兴语；4个语言的前元音为[i，a，ɛ，y]，分别为尔苏语、济南话、扬州话以及南昌话；2个语言的前元音为[i，a，e，ø]，分别为哈尼语和桑孔语；2个语言的前元音为[i，a，ɛ，ø]，分别为浪速语和波拉语；1个语言的前元音为[i，a，y，æ]，即西安话；1个语言的前元音为[i，e，ɛ，æ]，即拉坞戎语。

五个前元音的语言有17个，其中4个语言的前元音为[i，a，e，y，ɛ]，分别为勒期语、拉基语、布干语以及巴哼语；2个语言的前元音为[i，a，e，y，ø]，分别为仓洛语和茶洞语；2个语言的前元音为[i，a，e，y，æ]，分别为堂郎语和苏龙语；2个语言的前元音为[i，a，y，ɛ，œ]，分别为广州话和福州话；1个语言的前元音为[i，a，y，e，ᴇ]，即合肥话；1个语言的前元音为[i，a，y，e，ø]，即木佬语；1个语言的前元音为[i，e，y，ɛ，ø]，即贵琼语；1个语言的前元音为[i，e，y，ø，æ]，即木雅语；1个语言的前元音为[i，a，y，e，æ]，即纳木依语；1个语言的前元音为[i，a，y，ɛ，ø]，即温州话；1个语言的前元音为[i，y，ø，æ，ᴇ]，即苏州话。

六个前元音的语言有11个，其中8个语言的前元音为[i，a，e，y，ɛ，ø]，例如藏语、普米语、扎坝语以及仫佬语等；1个语言的前元音为[i，a，e，ɛ，ø，œ]，即基诺语；1个语言的前元音为

[i，a，ɛ，y，ø，œ]，即标话；1 个语言的前元音为[i，a，e，y，ɛ，œ]，即建瓯话。综合上述数据，可以归纳出前元音在汉藏语言音系中的常见组合类型。

**表 7.7 前元音在汉藏语言中的常见组合类型及出现频次**

| 常见组合类型 | i | a | e | y | ɛ | ø | 出现频次 |
|---|---|---|---|---|---|---|---|
| 两个前元音的语言 | + | | + | | | | 5/5 |
| 三个前元音的语言 | + | + | + | | | | 21/34 |
| 四个前元音的语言 | + | + | + | | + | | 8/28 |
| | + | + | + | + | | | 6/28 |
| 五个前元音的语言 | + | + | + | + | + | | 4/17 |
| 六个前元音的语言 | + | + | + | + | + | + | 8/11 |

汉藏语言在选择前元音时，体现出一定的优选倾向：如果是两个前元音，则优先选择[i，e]；如果是三个前元音，则优先选择[i，e，a]；如果是四个前元音，则有两种优选方案，即[i，a，e，ɛ]或[i，a，e，y]；如果是五个前元音，则优先选择[i，a，e，y，ɛ]；如果是六个前元音，则优先选择[i，a，e，y，ɛ，ø]。

## 7.3 前元音与鼻音韵尾的组合类型

前元音在我国境内汉藏语言音系中可以与鼻音韵尾组合，例如[-m，-n，-ȵ，-ŋ]。不同的前元音与上述鼻音的组合能力是不同的。

**表 7.8 前元音与鼻音韵尾的组合及比较**

| 辅音韵尾 | -m | -n | -ȵ | -ŋ |
|---|---|---|---|---|
| 组合的数量 | 123 | 208 | 7 | 184 |

根据上述数据可以看出，齿龈鼻音韵尾-n 和软腭鼻音韵尾-ŋ与前元音的组合能力最强，双唇鼻音韵尾-m 次之，龈腭鼻音韵尾-ŋ̥最弱。

从不同的鼻音组合数据可以获得如下数据：没有鼻音韵尾的语言有 19 个，例如彝语、纳西语、土家语以及木雅语等。一个鼻音韵尾的语言有 12 个，其中 9 个语言的鼻音韵尾为-ŋ，例如基诺语、木佬语、西安话以及建瓯话等；3 个语言的鼻音韵尾-n，分别为蔡家话、长沙话以及双峰话。两个鼻音韵尾的语言有 20 个，其中 18 个语言的鼻音韵尾[-n，-ŋ]，例如羌语、仡佬语、苗语以及北京话等；2 个语言的鼻音韵尾为[-m，-ŋ]，分别为藏语和潮州话。三个鼻音韵尾的语言有 41 个，鼻音韵尾全部为[-m，-n，-ŋ]，例如嘉戎语、壮语、勉语以及梅县话等。四个鼻音韵尾的语言有 3 个，鼻音韵尾全部为[-m，-n，-ŋ̥，-ŋ]，分别为阿侬语、拉坞戎语以及黎语。通过上述数据，可以获得前元音与鼻音韵尾之间组合的常见组合类型。

**表 7.9 前元音与鼻音韵尾之间的常见组合类型及出现频次**

| 常见组合类型 | -m | -n | -ŋ̥ | -ŋ | 出现频次 |
|---|---|---|---|---|---|
| 一个鼻音韵尾的语言 | | | | + | 9/12 |
| 两个鼻音韵尾的语言 | | + | | + | 18/20 |
| 三个鼻音韵尾的语言 | + | + | | + | 41/41 |
| 四个鼻音韵尾的语言 | + | + | + | + | 3/3 |

从前元音的高低维度来看，不同的前元音与鼻音韵尾的组合能力是不同的。双唇鼻音韵尾-m 与不同的前元音的组合能力见下表数据。

表 7.10　双唇鼻音韵尾与不同的前元音的组合及比较

| 双唇鼻音韵尾 | im | am | em | ɛm | øm | œm | æm | ᴇm |
|---|---|---|---|---|---|---|---|---|
| 组合的数量 | 39 | 38 | 26 | 15 | 2 | 1 | 1 | 1 |

齿龈鼻音韵尾-n 与不同的前元音的组合能力见下表数据。

表 7.11　齿龈鼻音韵尾与不同的前元音的组合及比较

| 齿龈鼻音韵尾 | in | an | en | ɛn | yn | øn | æn | ᴇn |
|---|---|---|---|---|---|---|---|---|
| 组合的数量 | 60 | 52 | 44 | 25 | 19 | 6 | 1 | 1 |

龈腭鼻音韵尾-ȵ 与不同的前元音的组合能力见下表数据。

表 7.12　龈腭鼻音韵尾与不同的前元音的组合及比较

| 龈腭鼻音韵尾 | iȵ | eȵ | ɛȵ | aȵ | æȵ |
|---|---|---|---|---|---|
| 组合的数量 | 2 | 2 | 1 | 1 | 1 |

软腭鼻音韵尾-ŋ 与不同的前元音的组合能力见下表数据。

表 7.13　软腭鼻音韵尾与不同的前元音的组合及比较

| 软腭鼻音韵尾 | aŋ | iŋ | eŋ | ɛŋ | yŋ | øŋ | œŋ | ᴇŋ |
|---|---|---|---|---|---|---|---|---|
| 组合的数量 | 62 | 56 | 37 | 16 | 7 | 3 | 2 | 1 |

除了龈腭鼻音韵尾-ȵ 因样本太小而不具有统计学意义之外，上述不同的前元音与鼻音韵尾的组合能力也可以体现出一条倾向性的等级序列：[i，a，e] > [y，ɛ] > [ø] > [æ，œ，ᴇ]。这条等级序列与前述前元音的出现频率所体现出来的等级序列是一致的。

## 7.4 前元音与塞音韵尾的组合类型

前元音在我国境内汉藏语言音系中可以与塞音韵尾组合，例如[-p，-t，-k，-ʔ]。前元音与上述塞音的组合能力是不同的。

**表 7.14 前元音与塞音韵尾的组合类型及数量比较**

| 塞音韵尾 | -p | -t | -k | -ʔ |
|---|---|---|---|---|
| 数量 | 114 | 135 | 116 | 68 |

根据上述数据可以看出，齿龈塞音韵尾-t 与前元音的组合能力最强，双唇塞音韵尾-p 和软腭塞音韵尾-k 次之，而喉塞音韵尾-ʔ最弱。

从不同的塞音组合数据可以获得如下数据：没有塞音韵尾的语言有 43 个，例如彝语、仡佬语、苗语以及北京话等。一个塞音韵尾的语言有 7 个，其中 6 个语言的塞音韵尾为-ʔ，例如阿侬语、崩如语、太原话以及扬州话等；1 个语言的塞音韵尾为-t，即拉坞戎语。两个塞音韵尾的语言有 4 个，其中 2 个语言的塞音韵尾为[-t，-k]，分别为畲语和南昌话；1 个语言的塞音韵尾为[-p，-ʔ]，即藏语；1 个语言的塞音韵尾为[-t，-ʔ]，即苏龙语。三个塞音韵尾的语言有 30 个，其中 27 个语言的塞音韵尾为[-p，-t，-k]，例如嘉戎语、壮语、勉语以及梅县话等；2 个语言的塞音韵尾为[-p，-k，-ʔ]，分别为波拉语和潮州话；1 个语言的塞音韵尾为[-t，-k，-ʔ]，即末昂语。四个塞音韵尾的语言有 11 个，塞音韵尾全部为[-p，-t，-k，-ʔ]，例如景颇语、独龙语、临高语以及厦门话等。

通过上述数据，可以获得前元音与塞音韵尾之间的常见组合类型（见表 7.15）。

**表 7.15 前元音与塞音韵尾之间的常见组合类型及出现频次**

| 常见组合类型 | -p | -t | -k | -ʔ | 出现频次 |
|---|---|---|---|---|---|
| 1 个塞音韵尾的语言 | | | | + | 6/7 |
| 2 个塞音韵尾的语言 | | + | + | | 2/4 |
| 3 个塞音韵尾的语言 | + | + | + | | 27/30 |
| 4 个塞音韵尾的语言 | + | + | + | + | 11/11 |

从前元音的高低维度来看，不同的前元音与塞音韵尾的组合能力也是不同的。双唇塞音韵尾-p 与不同前元音的组合能力见下表数据。

**表 7.16 双唇塞音韵尾与不同的前元音的组合及比较**

| 双唇塞音韵尾 | ap | ip | ep | ɛp | øp | ᴇp |
|---|---|---|---|---|---|---|
| 组合的数量 | 38 | 35 | 27 | 11 | 2 | 1 |

齿龈塞音韵尾-t 与不同前元音的组合能力见下表数据。

**表 7.17 齿龈塞音韵尾与不同的前元音的组合及比较**

| 齿龈塞音韵尾 | it | at | et | ɛt | yt | øt | œt | æt | ᴇt |
|---|---|---|---|---|---|---|---|---|---|
| 组合的数量 | 39 | 36 | 31 | 15 | 6 | 5 | 1 | 1 | 1 |

软腭塞音韵尾-k 与不同的前元音的组合能力见下表数据。

**表 7.18 软腭塞音韵尾与不同的前元音的组合及比较**

| 软腭塞音韵尾 | ak | ik | ek | ɛk | øk | œk | yk | ᴇk |
|---|---|---|---|---|---|---|---|---|
| 组合的数量 | 38 | 32 | 28 | 11 | 3 | 2 | 1 | 1 |

喉塞音韵尾-ʔ与不同前元音的组合能力见下表数据。

表 7.19 喉塞音韵尾与不同的前元音的组合及比较

| 喉塞音韵尾 | aʔ | iʔ | eʔ | ɛʔ | øʔ | yʔ | œʔ | æʔ |
|---|---|---|---|---|---|---|---|---|
| 组合的数量 | 18 | 15 | 15 | 9 | 5 | 4 | 1 | 1 |

从不同的前元音与不同塞音韵尾的组合能力可以体现出一条倾向性等级序列：[i，a，e] > [y，ɛ] > ø > [æ，œ，ᴇ]。这条等级序列与上述前元音的出现频率所体现出来的等级序列也是一致的。

## 7.5 前元音与其他辅音韵尾的组合类型

前元音在我国境内汉藏语言音系中除了可以与鼻音韵尾和塞音韵尾组合之外，还可以与其他辅音韵尾组合，例如[-r，-l，-s，-v，-j，-ɣ，-χ，–h]等。前元音与其他辅音韵尾组合的具体数据如下表。

表 7.20 前元音与其他辅音韵尾的组合数据及语言实例

| 其他辅音韵尾 | 语言数量 | 语言实例 |
|---|---|---|
| -r | 7 | 拉坞戎语、藏语、门巴语、仓洛语、崩尼-博嘎尔语、嘉戎语、独龙语 |
| -l | 4 | 拉坞戎语、尔龚语、格曼语、嘉戎语 |
| -s | 4 | 仓洛语、嘉戎语、门巴语、拉坞戎语 |
| -v | 1 | 拉坞戎语 |
| -j | 1 | 拉坞戎语 |
| -ɣ | 1 | 拉坞戎语 |
| -χ | 1 | 独龙语 |
| -h | 2 | 苏龙语、独龙语 |

综合上述数据可以获得如下认识：没有其他辅音韵尾的语言有

85 个，例如彝语、壮语、苗语以及北京话等。一个其他辅音韵尾的语言有 5 个，其中 2 个语言的其他辅音韵尾为-r，分别为藏语和崩尼-博嘎尔语；2 个语言的其他辅音韵尾为-l，分别为格曼语和尔龚语；1 个语言的其他辅音韵尾为-h，即苏龙语。两个其他辅音韵尾的语言有 2 个，韵尾为[-r，-s]，分别为门巴语和仓洛语。三个其他辅音韵尾的语言有 2 个，其中 1 个语言的其他辅音韵尾为[-r，-h，-χ]，即独龙语；1 个语言的其他辅音韵尾为[-r，-l，-s]，即嘉戎语。六个其他辅音韵尾的语言有 1 个，韵尾为[-r，-l，-s，-v，-j，-ɣ]，即拉坞戎语。

## 7.6 前高圆唇元音的类型与来源

前高圆唇元音在我国境内汉藏语言中较为常见，具有重要的音系价值。从不同的系属关系来看，有的多一些，有的少一些。

表 7.21 前高圆唇元音在汉藏语言中的分布数据及系属比较

| 语言系属 | 语言总数 | 出现语言数量 | 占比（%） |
|---|---|---|---|
| 藏缅语 | 46 | 22 | 47.8 |
| 侗台语 | 22 | 7 | 31.8 |
| 苗瑶语 | 7 | 2 | 28.6 |
| 汉　语 | 20 | 16 | 80.0 |
| 合　计 | 95 | 47 | 49.5 |

前高圆唇元音在汉藏语言中的出现频率为 49.5%，远远高于 UPSID 数据库（5.75%）。从不同的系属来看，前高圆唇元音在汉语方言中的出现频率为 80.0%，极为常见；在藏缅语中的出现频率为 47.8%，较为常见；在侗台语中的出现频率为 31.8%，在苗瑶语中的出现频率为 28.6%，较为少见。

从组合关系上看，前高圆唇元音、前高展唇元音以及后高圆唇元音之间具有密切的蕴涵关系：有前高圆唇元音必有相应的前高展唇元音，反之则不然；有前高圆唇元音必有相应的后高圆唇元音，反之则不然。上述两条蕴涵关系还可以表述为：如果一个语言中存在前高圆唇元音，那么必然会有前高展唇元音和后高圆唇元音，反之则不然。较之前高展唇元音和后高圆唇元音，前高圆唇元音属于有标记音段。[①]

从来源上看，前高圆唇元音是一种后起的语音现象，与后高圆唇元音有着密切的关系。从语音环境来看，一般存在以下两种最为常见的类型：第一种类型以汉语方言为典型代表，前高圆唇元音的来源与声母的性质有关；第二种类型以藏语方言为典型代表，前高圆唇元音的来源与韵尾的性质有关。现代汉语方言中的前高圆唇元音主要来自中古遇摄合口三等字。[②]遇合三在现代汉语方言中的分布不平衡，发展不同步。具体对应见表 7.22、表 7.23 以及表 7.24（斜杠“/”表示文白异读，之前为文读音，之后为白读音；逗点“,”表示两读）：[③]

① 燕海雄：《论前高圆唇元音在中国语言中的类型与主要来源》，载《满语研究》，2018（1）。

② 前高圆唇元音在上古汉语和中古汉语音系中没有产生，前者可以参考李方桂、王力、包拟古—白一平、郑张尚芳以及斯塔罗斯金的上古汉语的构拟系统，后者可以参考高本汉、董同龢、李荣、王力、邵荣芬、陆志伟、蒲立本、周法高、郑张尚芳以及潘悟云等对中古汉语的构拟系统。前高圆唇元音在汉语中的产生是中古以后的事情，这一点可以参考王力关于现代汉语 u、y 的来源的讨论，也可以参考董同龢关于韵母演化（从中古到现代）的讨论等（董同龢：《汉语音韵学》，215~217 页，北京，中华书局，2001）。

③ 本表基于北京大学中国语言文学系语言学教研室编的《汉语方音字汇》(第二版重排本)（北京，语文出版社，2003），整理了该书所收的 20 个汉语方言点遇摄合口三等字的字音材料，归纳出这些方言音系中遇摄在不同的音变条件下的对应关系。

表 7.22 遇合三（帮系+端系）在汉语方言中的语音对应规则

| 方言点 | 帮系 | 端系 | |
|---|---|---|---|
| | 非组 | 泥组 | 精组 |
| 北京 | u | y | y |
| 济南 | u | y | y |
| 西安 | u | y | y |
| 太原 | u | y | y |
| 武汉 | u | y/i | y/i |
| 成都 | u | y/i | y |
| 合肥 | u | y | y |
| 扬州 | u | y | y |
| 苏州 | u | i | i |
| 温州 | u/øy | øy | ɿ |
| 长沙 | u | ei | i |
| 双峰 | əu | y | y |
| 南昌 | u | i | y |
| 梅县 | u | i | i |
| 广州 | u, ou | øy | øy |
| 阳江 | u, ou | ei | ei |
| 厦门 | u/ɔ | u | u |
| 潮州 | u/ou | u, ɯ | u |
| 福州 | u/uɔ, ou | y, øy | y/øy |
| 建瓯 | u/y | y | y |

表 7.23 遇合三（知系）在汉语方言中的语音对应规则

| 方言点 | 知组 | 庄组 | 章组 | 日组 |
|---|---|---|---|---|
| 北京 | u | u | u | u |
| 济南 | u | u | u | u |
| 西安 | u | u, ou | u, ou | u |
| 太原 | u | u | u | u |
| 武汉 | y | ou | y | y |
| 成都 | u | u | u | u |
| 合肥 | u | ʊ | u | u |
| 扬州 | u | o, u | u | u |
| 苏州 | ʮ | əu | ʮ | ʮ |
| 温州 | ɿ | əu/ɿ | ɿ | ɿ |
| 长沙 | y | əu | y | y |
| 双峰 | y | əu | y | y |
| 南昌 | y | u | y | ə |
| 梅县 | u | ɿ | u | i |
| 广州 | y | ɔ | y | jy |
| 阳江 | i | ɔ | i | ji |
| 厦门 | u | ɔ/ue | u | u |
| 潮州 | u | o/iu | u | u |
| 福州 | y/øy | u/œ | y/øy | y |
| 建瓯 | y/iu | u | y | y |

表 7.24 遇合三（见系）在汉语方言中的语音对应规则

| 方言点 | 见系 | | |
|---|---|---|---|
| | 见组 | 晓组 | 影组 |
| 北京 | y | y | y |
| 济南 | y | y | y |
| 西安 | y | y | y |
| 太原 | y | y | y |
| 武汉 | y | y | y |
| 成都 | y | y | y |
| 合肥 | y | y | y |
| 扬州 | y | y | y |
| 苏州 | y | y | y/jy |
| 温州 | y | y | u |
| 长沙 | y | y | y |
| 双峰 | y | y | y |
| 南昌 | y | y | y |
| 梅县 | i | i | i |
| 广州 | øy | øy | jy |
| 阳江 | ei | ei | ji |
| 厦门 | u | u | u |
| 潮州 | u/ɯ | ɯ | u/ɯ |
| 福州 | y/øy | y | y/øy |
| 建瓯 | y | y | y |

从上表中的语音对应来看，遇合三在现代汉语方言中的分布很有规律：帮系和知系字大体上演化为后高圆唇元音，端系和见系字大体上演化为前高圆唇元音。需要特别说明的是，在上述 20 个方言点中，武汉话、长沙话、双峰话、南昌话、广州话、福州话以及建瓯话等 7 个方言点中的前高圆唇元音在端系和见系字的基础上进一步向知系（庄组）字扩展。这个规律说明，现代汉语方言中的前高圆唇元音来自中古汉语音系中的后高圆唇元音，其语音环境与声母的性质有密切关系。

前高圆唇元音在现代藏语方言音系中主要来自古代藏语音系中的后高圆唇元音。当后高圆唇元音位于舌尖辅音韵尾-l、-d、-s以及-n 的前面时，随着舌尖辅音韵尾的弱化和消失，元音的时程相应增长，从而变化为前高圆唇元音。表 7.25 和表 7.26 为古藏语[u]元音及[u]元音韵母在今方言中的对应（夏河话和道孚话属于北部方言，巴塘话和德格话属于东部方言，拉萨话和噶尔话属于中部方言，宗卡话和夏尔巴话属于南部方言，桑噶尔话和巴尔提话属于西部方言）：[①]

**表 7.25 古藏语[u]在藏语方言中的语音对应规则**

| 藏文 | 夏河话 | 道孚话 | 巴塘话 | 德格话 | 拉萨话 |
|---|---|---|---|---|---|
| u | ə | ə | ʊ | u | u |
| ug | ək | ək | uʔ | uʔ | uk |
| ugs | ək | ək | uʔ | uʔ | uk |
| ub | əp | əp | uʔ | ʊʔ | uʔ |
| um | əm | əm | ũ | ũ | um |
| uŋ | oŋ | oŋ | ũ | ũ | uŋ |
| ur | ər | ər | u:/ʊ | u | ur/u: |

① 江荻：《藏语语音史研究》，156~162 页，北京，民族出版社，2002。

续表

| 藏文 | 夏河话 | 道孚话 | 巴塘话 | 德格话 | 拉萨话 |
|---|---|---|---|---|---|
| ul | u | i/ə(:) | y: | u: | y: |
| un | ən | ən | ỹ | ø̃/ũ | ỹ |
| ud | əl | ət | yʔ | øʔ/uʔ | yʔ |
| us | i | i/ə | y(:) | øʔ/uʔ | yʔ |

**表 7.26 古藏语[u]在藏语方言中的语音对应**

| 藏文 | 噶尔话 | 宗卡话 | 夏尔巴话 | 桑噶尔话 | 巴尔提话 |
|---|---|---|---|---|---|
| u | u | u | u:/u | u | u |
| ug | uʔ | u:/u | uʔ/u: | uk | uk |
| ugs | uʔ | | uʔ | uk | |
| ub | up/uʔ | up | up/op | up | |
| um | um | um | u:m | um | um |
| uŋ | uŋ | uŋ/ũ: | u:ŋ | uŋ/uŋs | (ums) |
| ur | ur | | u:r/i:r | ur | |
| ul | ul | y: | u:l | ul | ul |
| un | ỹ/yn | yn | u:ŋ/i:n | un | un |
| ud | yʔ | | yʔ/iʔ | ut/u/us | u/ut |
| us | y | u(:)/y | u/y: | us | (uks) |

现代汉语方言和现代藏语方言中的前高圆唇元音主要来自早期的后高圆唇元音，但语音条件截然不同，发展演化的机制存在差别，具有类型学意义，前者是在声母的影响下生成的，而后者是在韵尾的影响下生成的。

## 7.7 小结

前元音在我国境内汉藏语言音系中的出现频率体现出很强的等级序列，即[i，a，e]最为常见，[y，ɛ]比较常见，[ø]比较少见，而[æ，œ，ᴇ]比较罕见。这条等级序列还体现在前元音的长短特征、口鼻特征以及松紧特征的对立上，同时也体现在与辅音韵尾的组合能力上。从前元音与鼻音韵尾的组合能力来看，齿龈鼻音韵尾-n和软腭鼻音韵尾-ŋ 最强，双唇鼻音韵尾-m 次之，龈腭鼻音韵尾-ȵ最弱。从前元音与塞音韵尾的组合能力来看，齿龈塞音韵尾-t 最强，双唇塞音韵尾-p 和软腭塞音韵尾-k 次之，而喉塞音韵尾-ʔ最弱。从组合的类型来看，有前高圆唇元音必有相应的前高展唇元音，反之则不然；有前高圆唇元音必有相应的后高圆唇元音，反之则不然。从来源上看，前高圆唇元音是一种后起的音系现象，主要来自早期的后高圆唇元音。

# 第 8 章 复元音韵母

汉藏语言主要分布在我国或东亚大陆及周边东南亚区域。这些语言在地理上毗邻，在类型上相似，有诸多共同的语言特征。有些特征可能是古代语言遗留的证据，有些特征可能是语言接触的产物。无论从共时的类型看，还是从历时的演变看，音节在众多共有特征中居于核心地位。汉藏语言的音节结构在共时类型上是复杂多样的，在历时演变上正在经历着共同的发展趋向，其中起重要调整功能的至少包括以下三种趋势：其一是复辅音声母有简化的趋势；其二是辅音韵尾有简化的趋势；其三是逐渐产生声调的趋势。[①]这些共同的发展趋势影响并制约着汉藏语言音节结构的整体走向。

汉藏语言音系中存在着丰富的复元音韵母。关于复元音（韵母）的概念、性质以及分类问题，一直是学界讨论的热点。罗常培和王均（1957）[②]、瞿霭堂（1991）[③]、林焘和王理嘉（1992）[④]，Ladefoged & Maddieson（1996）[⑤]、江荻（2002）[⑥]、田阡子（2009、2015、

① Li, Fangkuei 1936~1937. Languages and Dialects. *The Chinese Year Book*, pp.121~128，上海，商务印书馆；Li, Fangkuei 1973. Languages and Dialects of China. *Journal of Chinese Linguistics*, Vol.1:1~13；马学良主编：《汉藏语概论》，4~9 页，北京，北京大学出版社，1991。

② 罗常培、王均：《普通语音学纲要》，108~101 页，北京，科学出版社，1957。

③ 瞿霭堂：《藏语韵母研究》，25~47 页，西宁，青海民族出版社，1991。

④ 林焘、王理嘉：《语音学教程》，97~99 页，北京，北京大学出版社，1992。

⑤ Ladefoged, Peter & Maddieson, Ian 1996. *The Sounds of the World's Languages*. Oxford: Blackwell.

⑥ 江荻：《汉藏语言演化的历史音变模型——历史语言学的理论和方法探索》，322~336 页，北京，民族出版社，2002。

2016）[①]以及朱晓农（2010）[②]等都有涉及。综合诸家关于复元音（韵母）的讨论，可以看出大多集中在音段层面，没有充分重视复元音韵母的产生与音节结构的演变之间的重要关系。本章在汉藏语音节结构演变的大背景下来探讨复元音韵母的共时类型与历时来源，认为复元音韵母是汉藏语言音节结构单音节化进程中的产物。

## 8.1 复元音韵母的共时类型

复元音（韵母）在世界语言音系中都有分布，但不平衡。Lindau et al.（1985）指出世界上大约有三分之一的语言存在二合复元音音段。[③]在 451 种语言的 UPSID 音段数据库中，有 48 种语言存在二合复元音音段，仅占 10.64%。上述两项研究成果存在较大的出入，这与语言样本的选择可能有较大的关系，但一个不争的事实是：与世界其他区域的语言比较，复元音韵母在汉藏语言音系库中极为常见。

汉藏语言音系数据库包括藏缅语言或方言 46 种、侗台语言或方言 36 种、苗瑶语言或方言 26 种以及汉语方言 20 种。音系数据主要来自《中国的语言》（孙宏开等 2007）中的音系材料。考虑到语言样本的多样性和平衡性，本章增补了 13 种侗台语言或方言和 19 种苗瑶语言或方言，材料来自《傣语方言研究》（周耀文、罗美珍 2001）、《壮语方言研究》（张钧如、梁敏等 1999）、《瑶族布努语方言研究》（蒙朝吉 2001）、《吉卫苗语研究》（向日征 1999）、

① 田阡子：《东亚语言复合元音的类型及渊源》，中国社会科学院研究生院博士学位论文，2009；田阡子：《复合元音在汉藏语中的语言类型》，见《汉藏语学报》（第 11 期），43~50 页，北京，商务印书馆，2015；田阡子：《汉藏语复合元音的类型及渊源》，11~40 页，北京，科学出版社，2016。

② 朱晓农：《语音学》，261~266 页，北京，商务印书馆，2010。

③ Lindau, Mona, Kjell Norlin & Jan-Olof Svantesson 1985. Cross-linguistic Differences in Diphthongs. UCLA Working Papers in *Phonetics* 61: 40~44.

《江华勉语研究》（郑宗泽 2011）以及《苗瑶语方言词汇集》（中央民族学院苗瑶语研究室 1987）；汉语方言音系数据均来自《汉语方音字汇》（北京大学中国语言文学系语言学教研室 2003），共 20 种汉语方言。[①]

### 8.1.1 汉藏语言复元音韵母的分布特色

汉藏语言音系数据库中共有 127 种语言样本，有且仅有 1 种语言（彝语喜德话）没有复元音韵母，其余 126 种语言都有复元音韵母，例如柔若语（藏缅语族）有 50 个复元音韵母，畲语（苗瑶语族）有 6 个复元音韵母，汉语潮州话有 47 个复元音韵母等。彝语除喜德话之外，其他方言音系中都不同程度地存在复元音韵母，如彝语东南部方言弥勒话有 1 个复元音韵母，即 -uᴀ；彝语西部方言南涧话有 2 个复元音韵母，分别为-ai 和-ao；彝语中部方言南华话有 5 个复元音韵母，分别为-iᴀ、-io、-io̠、-iu 以及-uᴀ；彝语南部方言墨江话至少有 9 个复元音韵母，分别为-ie、-iᴀ、-iɒ、-io、-iu、-ue、-uɛ、-uᴀ 以及-ui，但都只出现在汉语借词中。[②]这说明，复元音韵母在彝语各方言音系中的地位存在较大的差别。

---

① 孙宏开、胡增益、黄行主编：《中国的语言》，北京：商务印书馆，2007；周耀文、罗美珍：《傣语方言研究》，北京：民族出版社，2001；张钧如、梁敏、欧阳觉亚等：《壮语方言研究》，成都：四川民族出版社，1999；蒙朝吉：《瑶族布努语方言研究》，北京：民族出版社，2001；向日征：《吉卫苗语研究》，成都：四川民族出版社，1999；郑宗泽：《江华勉语研究》，北京：民族出版社，2011；中央民族学院苗瑶语研究室：《苗瑶语方言词汇集》，北京：中央民族学院出版社，1987；北京大学中国语言文学系语言学教研室编：《汉语方音字汇（第二版重排本）》，北京：语文出版社，2003。

② 《藏缅语语音和词汇》编写组：《藏缅语语音和词汇》，245~261 页，北京，中国社会科学出版社，1991。

复元音（韵母）在两个数据库中有显著性差异。UPSID 音段数据库中的 451 种语言样本共有 203 个复元音音段，平均每个语言不足 1 个。

**表 8.1 复元音韵母在汉藏语言中的分布及比较**

| | 藏缅语 | 苗瑶语 | 侗台语 | 汉语 | 合计 |
|---|---|---|---|---|---|
| 复元音韵母 | 746 | 324 | 633 | 543 | 2246 |
| 语言样本 | 46 | 26 | 35 | 20 | 127 |
| 平均值 | 16.2 | 12.5 | 18.1 | 27.2 | 17.7 |

汉藏语言音系数据库中的 127 个语言样本共有 2246 个复元音韵母，平均每个语言约有 17.7 个。从不同的语族看，苗瑶语（12.5）和藏缅语（16.2）低于平均值，侗台语（18.1）超过了平均值，而汉语（27.2）则远超平均值。UPSID 数据库中共有 48 个语言存在复元音音段，其中复元音音段超过 20 个的语言仅有 2 个，大部分语言有 1 至 4 个复元音音段，在存在复元音音段的语言样本中约占 72.92%。在汉藏语言音系数据库中，大部分语言有 8 至 24 个复元音韵母，在存在复元音韵母的语言样本中约占 57.48%。在 20 种汉语方言音系中，复元音韵母低于 20 个的方言样本仅有 2 个，即双峰话有 17 个、温州话有 19 个，其他 18 种方言中的复元音韵母都超过了 20 个。从这些现象可以看出，复元音韵母在世界语言音系中较为少见，而在汉藏语言中极为常见，在汉语方言音系中最为多见。

汉藏语言中的复元音韵母不仅数量丰富，而且类型多样。从复元音韵母的性质看，既有真性复元音韵母，又有假性复元音韵母。假性复元音韵母极为常见，而真性复元音韵母较为少见。在汉藏语音系数据库中，真性复元音韵母主要分布在藏语方言音系中。藏语拉萨话有2个真性复元音韵母，分别为-iu和-au；而藏语噶尔话共有16个真性复元音韵母，其中7个为非鼻化的真性复元音韵母，分别为-ia、-iu、-ea、-ao、-au、-oa、-ua；9个为鼻化的真性复元音韵母，分别为-iã、-iõ、-eã、-eõ、-ɛĩ、-aõ、-aũ、-oã、-uã。藏语噶尔话中的真性复元音韵母还存在长短特征的对立，并与声调之间存在互补关系，可以处理为声调的附属现象。①

汉藏语言中的假性复元音韵母既有前响的，又有后响的。前响复合元音韵母主要以-i、-u充当韵尾，后响复元音韵母主要以-i-、-u-充当韵头。

**表8.2 假性复元音韵母在汉藏语言中的分布及比较**

| 韵母类型 | 前响数量 | 占比（%） | 后响数量 | 占比（%） | 合计 |
|---|---|---|---|---|---|
| 藏缅语 | 154 | 21.04 | 578 | 78.96 | 732 |
| 苗瑶语 | 129 | 39.81 | 195 | 60.19 | 324 |
| 侗台语 | 285 | 45.02 | 348 | 54.98 | 633 |
| 汉　语 | 98 | 18.05 | 445 | 81.95 | 543 |
| 合　计 | 666 | 29.84 | 1566 | 70.16 | 2232 |

通过表8.2数据可以看出，后响复元音韵母在汉藏语言音系中占有较大优势。这种优势在侗台语和苗瑶语中稍弱，约占60%；在藏缅语和汉语方言中却格外突出或显著，约占80%。假性复元音韵母在汉藏语言中的这种分布趋势（后响>前响）与复元音韵母的历时发展有着密切的关系。

汉藏语言中不仅存在着丰富的二合复元音韵母，还存在着丰富的三合复元音韵母。

① 孙宏开、胡增益、黄行主编：《中国的语言》，171页，北京，商务印书馆，2007。

**表 8.3 二合/三合复元音韵母在汉藏语言中的分布及比较**

| 韵母类型 | 二合数量 | 占比（%） | 三合数量 | 占比（%） | 合计 |
|---|---|---|---|---|---|
| 藏缅语 | 691 | 92.63 | 55 | 7.37 | 746 |
| 苗瑶语 | 282 | 87.04 | 42 | 12.96 | 324 |
| 侗台语 | 600 | 94.79 | 33 | 5.21 | 633 |
| 汉　语 | 481 | 88.58 | 62 | 11.42 | 543 |
| 合　计 | 2054 | 91.45 | 192 | 8.55 | 2246 |

在 2246 个复元音韵母中，二合复元音韵母有 2054 个（约占 91.45%），三合复元音韵母有 192 个（约占 8.55%）。这种现象说明二合复元音韵母在汉藏语言音系中占据绝对优势，这种优势在侗台语和藏缅语中更为显著。

复元音韵母可能存在长短特征之间的对立，这种现象主要体现在侗台语中。如侗台语族壮傣语支的壮语武鸣话共有 12 个复元音韵母，其中韵核为短元音的复元音韵母有 5 个，分别为-aɯ、-ai、-ei、-au 以及-ou；韵核为长元音的复元音韵母有 7 个，分别为-aːi、-oːi、-uːi、-ɯːi、-aːu、-eːu 以及-iːu。长短特征在侗台语中最为常见，在其他汉藏语言中也有体现，如藏缅语族的勒期语、苗瑶语族的布努语和勉语等。

复元音韵母还有可能存在松紧特征之间的对立，这种现象主要在藏缅语中有所体现。如藏缅语族景颇语支的景颇语共有 8 个复元音韵母，其中 4 个复元音韵母的韵核是松元音，分别为-ai、-oi、-ui 以及-au；4 个复元音韵母的韵核是紧元音，分别为-a̱i、-o̱i、-u̱i 以及-a̱u；从上述两组复元音韵母可以看出，景颇语中的松紧对应非常系统。除此之外，藏缅语族缅语支的载瓦语、浪速语、波拉语、勒期语和彝语支的末昂语、柔若语、怒苏语以及羌语支的木雅语等都不同程度地存在着松紧特征之间的对立。

汉藏语言中的复元音韵母还可以附加不同性质的辅音韵尾。常见的辅音韵尾主要有鼻音韵尾-m、-n、-ŋ和塞音韵尾-p、-t、-k、-ʔ。

**表 8.4 不同韵尾的复元音韵母在汉藏语言中的分布及比较**

| 韵尾类型 | 辅音韵尾数量 | 占比（%） | 元音韵尾数量 | 占比（%） | 合计 |
|---|---|---|---|---|---|
| 藏缅语 | 103 | 13.81 | 643 | 86.19 | 746 |
| 苗瑶语 | 85 | 26.23 | 239 | 73.77 | 324 |
| 侗台语 | 162 | 25.59 | 471 | 74.41 | 633 |
| 汉　语 | 233 | 42.91 | 310 | 57.09 | 543 |
| 合　计 | 583 | 25.96 | 1663 | 74.04 | 2246 |

通过表 8.4 数据可以看出，不带辅音韵尾的复元音韵母在汉藏语言中占据绝对优势（约占 74.04%），而附带辅音韵尾的复元音韵母较为少见（约占 25.96%）。这种分布状况与汉藏语言辅音韵尾简化的整体发展趋势是一致的。从不同的语族看，附带辅音韵尾的复元音韵母在藏缅语（约占 13.81%）、侗台语（约占 25.59%）和苗瑶语（约占 26.23%）中的音系地位明显弱于元音韵尾，而在汉语方言（约占 42.91%）中却没有这种绝对性趋势。这就说明，复元音韵母中的辅音韵尾在汉语方言音系中脱落得较慢，保留得较多，尤其体现在汉语南方方言音系中。

不同辅音韵尾的复元音韵母在汉藏语言音系数据库中的分布。

**表 8.5 不同韵尾的复元音韵母在汉藏语言中的组合及比较**

| 辅音韵尾 | -m | -n | -ŋ | -p | -t | -k | -ʔ | 合计 |
|---|---|---|---|---|---|---|---|---|
| 数量 | 31 | 124 | 195 | 29 | 61 | 65 | 77 | 582 |
| 合计 | 350 | | | 232 | | | | |

从不同的辅音韵尾看，鼻音韵尾与复元音韵母的组合能力明显强于塞音韵尾。在鼻音韵尾内部，双唇鼻音韵尾与复元音韵母的组合能力最弱，其次是齿龈鼻音韵尾，软腭鼻音韵尾最强。在塞音韵尾内部，双唇塞音韵尾最弱，齿龈塞音韵尾、软腭塞音韵尾以及喉塞音韵尾之间没有体现出统计学意义上的趋势。这些数据与辅音韵尾在汉藏语言音系中的整体发展趋势是一致的。

综合上述讨论，复元音（韵母）在世界其他区域语言中较为少见，在汉藏语言中极为常见，在汉语方言音系中最为多见。汉藏语言中的复元音韵母不仅数量丰富，而且类型多样，在不同的语言中可能存在真性/假性、前响/后响、鼻化、长短、松紧等特征之间的对立。从共时的角度看，复元音韵母的分布极具“汉藏语特色”。

### 8.1.2 复元音韵母的常见类型

复元音（韵母）在世界语言音系中的分布具有一定的共性。Lindau et al.（1985）进一步指出，在存在二合复元音的语言中，又有 75%的语言存在 ai，65%的语言存在 au。[①]常见二合复元音（韵母）在 UPSID 音段数据库和汉藏语言音系数据库中的分布状况，见表 8.6。

表 8.6 常见二合复元音（韵母）的分布及比较

| UPSID 音段数据库（451 种语言） | | | 汉藏语言音系数据库（127 种语言） | | | | | |
|---|---|---|---|---|---|---|---|---|
| 二合 | 语言数量 | 占比（%） | 二合 | 语言数量 | 占比（%） | 三合 | 语言数量 | 占比（%） |
| ai | 19 | 4.21 | ai | 85 | 66.93 | iau | 34 | 26.77 |

① Lindau, Mona, Kjell Norlin & Jan-Olof Svantesson 1985. Cross-linguistic Differences in Diphthongs. UCLA Working Papers in *Phonetics* 61: 40~44.

续表

| UPSID 音段数据库（451 种语言） | | | 汉藏语言音系数据库（127 种语言） | | | | | |
|---|---|---|---|---|---|---|---|---|
| 二合 | 语言数量 | 占比（%） | 二合 | 语言数量 | 占比（%） | 三合 | 语言数量 | 占比（%） |
| au | 18 | 3.99 | au | 77 | 60.63 | uai | 29 | 22.83 |
| ui | 8 | 1.77 | ui | 79 | 62.20 | uei | 20 | 15.75 |
| ei | 7 | 1.55 | iu | 64 | 50.39 | iəu | 12 | 9.45 |
| ɔi | 6 | 1.33 | ei | 57 | 44.88 | iou | 9 | 7.09 |
| ie | 6 | 1.33 | ua | 54 | 42.52 | iɑu | 8 | 6.30 |
| oi | 6 | 1.33 | ia | 44 | 34.65 | uɑi | 7 | 5.51 |
| ia | 5 | 1.11 | əu | 44 | 34.65 | iai | 7 | 5.51 |
| ou | 5 | 1.11 | ie | 37 | 29.13 | uəi | 5 | 3.94 |

二合复元音（韵母）在两个数据库中都有分布。在 UPSID 音段数据库中，ai 和 au 最为多见，其中 19 个语言存在 ai，18 个语言存在 au。较之其他二合复元音韵母，ai 和 au 的出现频率极具优势。在汉藏语言音系数据库中，ai 和 au 也是最为多见的二合复元音韵母，二者的出现比例较之 UPSID 音段数据库更具优势。除了 ai 和 au 外，两个数据库还有其他交集，比如 ui、ei、ia、ie 等。三合复元音（韵母）在 UPSID 音段数据库中没有检索到，但在汉藏语言音系数据库中极为常见，其中最为常见的分别为-iau 和-uai。比较最为常见的二合和三合复元音韵母，二者之间存在关联，即最为常见的三合复元音韵母是在最为常见的二合复元音韵母的基础上附加韵头后形成的，即-ai 增加-u-韵头，而-au 增加-i-韵头，各自所加韵头与韵尾不同。上述现象说明复元音（韵母）在世界语言音系中的分布存在共性，同时也说明二合和三合复元音韵母在汉藏语

言音系中的分布并不是孤立存在或者独自发展的，而是相互有关联的。二合复元音韵母的韵头和韵尾分布情况。

表 8.7 二合复元音韵母的韵头/韵尾的类型及比较

| 韵头/韵尾类型 | -i- | -u- | -i | -u |
|---|---|---|---|---|
| 数量 | 603 | 589 | 457 | 372 |
| 占比（%） | 29.36 | 28.68 | 22.25 | 18.11 |
| 合计 | 58.03 | | 40.36 | |

以前高展唇元音和后高圆唇元音开头（即-i-或-u-）或结尾（即-i或-u）的二合复元音韵母最为常见。在汉藏语言音系数据库中，二合复元音韵母共有 2054 个，其中以-i-和-u-作为韵头的复元音韵母共有 1192 个，约占所有二合复元音韵母的 58.03%；以-i 和-u 作为韵尾的复元音韵母共有 829 个，约占所有二合复元音韵母的 40.36%。上述数据表明，以前高展唇元音和后高圆唇元音开头或结尾的复元音韵母在汉藏语言音系中更具优势。三合复元音韵母的韵头和韵尾的分布情况，见表 8.8。

表 8.8 三合复元音韵母的韵头/韵尾及比较

| 韵头/韵尾类型 | -i- | -u- | -i | -u |
|---|---|---|---|---|
| 数量 | 107 | 77 | 96 | 81 |
| 占比（%） | 55.73 | 40.10 | 50 | 42.19 |
| 合计 | 95.83 | | 92.19 | |

在汉藏语言音系数据库中，三合元音韵母共有 192 个，其中以-i-和-u-作为韵头的三合复元音韵母共有 184 个，约占所有三合复元音韵母的 95.83%；以-i 和-u 作为韵尾的三合复元音韵母共有 177 个，约占所有三合复元音韵母的 92.19%。从上述数据可以看出，

以前高展唇元音和后高圆唇元音开头或结尾的三合复元音韵母在汉藏语言音系中占据绝对优势。

综合上述不同的数据，复元音韵母在世界语言音系中的分布很不平衡，其中在世界其他区域语言音系中较为少见，在汉藏语言音系中较为常见，在汉语方言音系中极为常见。在汉藏语言音系中，又以前高展唇元音和后高圆唇元音开头或结尾的复元音韵母最为常见。

## 8.2 复元音韵母的主要来源

汉藏语言的复元音韵母是一种后起的音系现象。就藏缅语而言，一般认为，复元音韵母的来源可能与音节合并、复辅音的简化、辅音韵尾的简化、单元音韵母的裂化以及语言的接触等有关。[①]江荻讨论了汉藏语言单元音的复音化原理，朱晓农讨论了汉语元音高顶出位的现象，田阡子讨论了汉藏语言复元音的类型和渊源。[②]从历时的角度看，复元音韵母的来源与汉藏语言音节结构的简化密切相关。从整体上看，有些是跨音节的，如音节合并，有些是音节内部的，如音节简化。其中音节简化从逻辑上又有多种可能，比如复辅音声母的简化、辅音韵尾的简化以及单元音韵母的裂化等。江荻指出：复元音（韵母）的来源“往往都很零散，各个语言很不相同，

① 《藏缅语语音和词汇》编写组：《藏缅语语音和词汇》，70~84 页，北京，中国社会科学出版社，1991。

②江荻：《汉藏语言演化的历史音变模型》，322~336 页，北京，民族出版社，2002；朱晓农：《汉语元音的高顶出位》，载《中国语文》，2004（5）；田阡子：《东亚语言复合元音的类型及渊源》，中国社会科学院研究生院博士学位论文，2009；田阡子：《复合元音在汉藏语中的语言类型》，见《汉藏语学报》（第 11 期），43~50 页，北京，商务印书馆，2015；田阡子：《汉藏语复合元音的类型及渊源》，41~104 页，北京，科学出版社，2016。

难以形成规律性的或普适性的阐释”。[①]在这些“零散”的语言现象中，音节合并和后置辅音转化具有较强的解释力，而辅音韵尾的转化和单元音韵母的裂化却表现得格外“零散”，不具有扩展性和解释性，还需进一步归纳和总结。

汉藏语言复元音韵母的类型是音节结构演变的结果。Li（1937，1973）、马学良（1991）等先后指出汉藏语言音节结构从古到今的简化趋势，包括复辅音声母的简化、辅音韵尾的简化以及声调的产生等。[②]《藏缅语语音和词汇》编写组（1991）、马学良（1991）、孙宏开（2001）、燕海雄（2011）等进一步论证了复辅音的类型和简化的可能方式。[③]复元音韵母的产生与汉藏语言音节结构的简化是紧密结合在一起的。没有音节结构的简化就不会产生成系统的、泛区域的复元音韵母类型。汉藏语言音节结构的单音节化道路（尤其是汉语）不仅“走得早”，而且“走得远”，而其他系属的或区域的语言尚未真正走上或者刚刚走上单音节化的道路。这也许就是复元音韵母极具汉藏语特色的主要原因。

---

① 江荻：《汉藏语言演化的历史音变模型》，323 页，北京，民族出版社，2002。

② Li, Fangkuei 1936~1937. Languages and Dialects. *The Chinese Year Book*, pp.121~128，上海，商务印书馆；Li, Fangkuei 1973. Languages and Dialects of China. *Journal of Chinese Linguistics*, Vol.1:1~13；马学良主编：《汉藏语概论》，4~9 页，北京，北京大学出版社，1991。

③《藏缅语语音和词汇》编写组：《藏缅语语音和词汇》，50~69、109~131 页，北京，中国社会科学出版社，1991；孙宏开：《原始汉藏语的复辅音问题——关于原始汉藏语音节结构构拟的理论思考之一》，载《民族语文》，1999（6）；孙宏开：《原始汉藏语辅音系统中的一些问题——关于原始汉藏语音节结构构拟的理论思考之二》，载《民族语文》，2001（1）；孙宏开：《原始汉藏语中的介音问题——关于原始汉藏语音节结构构拟的理论思考之三》，载《民族语文》，2001（6）；马学良主编：《汉藏语概论》，7~8 页，北京，北京大学出版社，1991；燕海雄：《论东亚语言塞音的音变规则》，160~240 页，上海，中西书局，2011。

### 8.2.1 后响复元音韵母的主要来源

后响复元音韵母的来源是多源的，其中后置辅音的转化是主要来源。后置辅音转化的更深一层的动力源自复辅音声母的简化，而复辅音声母简化的更深一层的动力源自音节结构的单音节化。《藏缅语语音和词汇》编写组认为后响复元音韵母主要来源于后置辅音的转化和单元音的分化，田阡子也有相关论述。[1]复辅音声母在汉藏语言中表现为多种类型，其中最为常见的有三种类型：[前置辅音+基本辅音]、[基本辅音+后置辅音]、[前置辅音+基本辅音+后置辅音]。其中第三种类型是第一种和第二种的组合。第一种类型[前置辅音+基本辅音]在简化的过程中，其前置辅音倾向于擦音化并逐步脱落；[2]第二种类型[基本辅音+后置辅音]在简化的过程中，其后置辅音倾向于逐步弱化为介音并进一步融入单元音韵母。试比较藏缅语的例词“蜜蜂”、侗台语的例词“额头”以及苗瑶语的例词“五”的读音。

“蜜蜂”：书面缅语[pjɑ$^{3}$]，缅语仰光话[pjɑ$^{55}$]，阿昌语[tʂua$^{31}$ɕaŋ$^{31}$]，仙岛语[tʂɔ$^{31}$jaŋ$^{31}$]，载瓦语[pjŏ$^{21}$jaŋ$^{21}$]，浪速语[pjɔ̆$^{35}$jɔ̃$^{31}$]，波拉语[pja$^{31}$]，勒期语[pjǐ$^{33}$jaŋ$^{33}$]，怒苏怒语[bia$^{55}$]

“额头”：傣语版纳话[na$^{13}$pha:k$^{35}$]，临高语[hau$^{33}$tui$^{55}$]，壮语柳江话[na$^{54}$pja:k$^{33}$]，壮语武鸣话[na$^{55}$pla:k$^{35}$]，傣语德宏话

---

① 《藏缅语语音和词汇》编写组：《藏缅语语音和词汇》，70~84 页，北京，中国社会科学出版社，1991；田阡子：《东亚语言复合元音的类型及渊源》，中国社会科学院研究生院博士学位论文，2009；田阡子：《复合元音在汉藏语中的语言类型》，见《汉藏语学报》（第 11 期），43~50 页，北京，商务印书馆，2015；田阡子：《汉藏语复合元音的类型及渊源》，41~104 页，北京，科学出版社，2016。

② 燕海雄：《论东亚语言塞音的音变规则》，197~240 页，上海，中西书局，2011。

[ho$^{35}$la$^{31}$pha:k$^{11}$]，壮语邕宁话[na$^{35}$phlak$^{53}$]，老挝语[na$^{31}$pha:k$^{31}$]，泰语[pha:k$^{11}$]，侗语[tja$^{33}$]，拉珈语[cɛu$^{52}$pla:k$^{24}$]，仫佬语[ŋɣa$^{132}$pɣa]，佯僙语[ra$^{33}$pwa:k$^{213}$]，水语[ta$^{35}$pja:k$^{55}$]，普标语[ɬi:n$^{53}$sam$^{53}$daŋ$^{53}$]，黎语通什话[pla$^{55}$da:u$^{33}$]，黎语加茂话[kɯ$^{31}$tu$^{55}$

“五”：苗语养蒿话[tsa$^{33}$]，苗语吉卫话[pz̧ɑ$^{35}$]，苗语先进话[tʂi$^{53}$]，苗语石门坎话[pɯ$^{55}$]，苗语青岩话[pe$^{55}$]，苗语高坡话[plɒ$^{24}$]，苗语宗地话[pz̧ɿ$^{32}$]，苗语复员话[pja$^{31}$]，苗语枫香话[tsa$^{33}$]，瑶语金秀话[pia$^{33}$]，布努语大化话[pjo$^{33}$]，巴哼语[tsa$^{33}$]，炯奈语龙华话[pui$^{44}$]，畲语陈湖话[pi$^{22}$]

在藏缅语“蜜蜂”的读音中，书面缅语、缅语仰光话、阿昌语、仙岛语、载瓦语以及勒期语的介音，从性质上看属于复辅音声母中的后置辅音，而在怒苏怒语中则变化为复元音韵母的韵头。侗台语“额头”词根的声母表现为多种读音，如ph-、pj-、pl-、pɣ-以及pw-，从中可以看出后置辅音有从擦音-ɣ-变化为-l-、再变化为-j-或-w-的过程。在苗瑶语“五”的读音中，与侗台语类似，同样存在由后置辅音变化为介音的过程，并且有进一步变化为复元音韵母的趋向。从这些词可以看到，复辅音类型[基本辅音+后置辅音]在简化的过程中，后置辅音的语音特征可以通过弱化传递给介音，并进一步传递给韵母。由于后置辅音在音节结构中的过渡性征，由此产生的韵头也表现为过渡性征，从紧张度、响亮度和清晰度都表现为次要成分，形成了后响复元音韵母。至于韵头到底是-i-还是-u-，应当取决于后置辅音的调音部位。当后置辅音为唇音或舌背音时，倾向于生成-u-；当后置辅音为舌面音时，则倾向于生成-i-。尽管后响复元音的来源还有其他的可能，但在没有其他确凿的证据前，一般不应解释为单元音的裂化或者其他。另外，后置辅音并不是只能转化为后响复元音的韵头，在有的语言中还有其他可能，如有的可能与基本辅音一起塞擦音化，有的可能脱落等。[①]

### 8.2.2 前响复元音韵母的主要来源

《藏缅语语音和词汇》编写组认为辅音韵尾的转化和单元音的分化可以产生前响复元音韵母，田阡子也有相关论述。[②]从调音方法上看，常见的辅音韵尾有鼻音韵尾[-m、-n、-ŋ]、塞音韵尾[-p、-t、-ɡ、-ʔ]以及[-r、-l、-s、-h]等；从调音部位上看，常见的辅音韵尾有唇音韵尾[-p、-m、-f]、齿龈音韵尾[-t、-n、-s、-l]、软腭音韵尾[-ɡ、-ŋ、-x]以及喉音韵尾-ʔ、-h等。汉藏语言的音节结构在演变的过程中，辅音韵尾倾向于脱落，其中塞音韵尾倾向于喉塞音化脱落，鼻音韵尾倾向于鼻音化脱落，而擦音类韵尾和边音韵尾倾向于直接脱落。[③]

《藏缅语语音和词汇》编写组指出：缅语支内部“部分收ŋ、l、k等韵尾的词，在长期的语音演变过程中，有向i、u韵尾转化的趋势”；尔龚语中“带u韵尾的复元音大多来自收-k的韵尾，也有少数来自s、t等韵尾的”；格曼僜语中“收-p尾的可变读为-u，收-k尾的变读为-ɯ”。[④]现有研究表明，辅音韵尾在简化的过程中可以形成复元音韵母，但尚未找到较为严格的对应关系和可以系统解释

---

① 燕海雄：《论东亚语言塞音的音变规则》，160~196 页，上海，中西书局，2011。

② 《藏缅语语音和词汇》编写组：《藏缅语语音和词汇》，77~83 页，北京，中国社会科学出版社，1991；田阡子：《东亚语言复合元音的类型及渊源》，中国社会科学院研究生院博士学位论文，2009；田阡子：《复合元音在汉藏语中的语言类型》，见《汉藏语学报》（第 11 期），43~50 页，北京，商务印书馆，2015；田阡子：《汉藏语复合元音的类型及渊源》，北京，科学出版社，2016。

③ 燕海雄：《论东亚语言塞音的音变规则》，148~154 页，上海，中西书局，2011。

④ 《藏缅语语音和词汇》编写组：《藏缅语语音和词汇》，79~80 页，北京，中国社会科学出版社，1991。

的规律。这种零散现象的形成至少有两种可能性：第一，辅音韵尾的简化与复元音韵母的来源无关；第二，辅音韵尾的简化与复元音韵母的来源有关，但不是充要条件，而是可能条件。江荻通过缅语中复元音韵母的音长数据论证了高元音韵母的复元音化的规律性，认为长短特征可能是支配复元音化的条件，并且进一步在亲属语言中得到了验证。鉴于辅音韵尾的脱落在更多的语言中并不会形成系统的复元音韵尾，截至目前尚未找到真正的对应关系，因此前响复元音韵母来自辅音韵尾的脱落还不能被认定为复元音化的动力。究其根本，复元音韵尾的性质有可能取决于该语言的元音系统，而非辅音韵尾系统。只有那些对韵母时长敏感的语言，当辅音韵尾脱落之后，单元音韵母即将获得长音特征并且具有了进一步复元音化的条件。而那些对韵母时长不太敏感的语言，单元音韵母并不会因为辅音韵尾的脱落而获得时长上的补偿，从而不具备复元音化的条件。因此，韵母时长特征可能是复元音化的主要动力。这项研究把辅音韵尾的简化和单元音韵母的复元音化有效地统一起来了。①

### 8.2.3 真性复元音韵母的主要来源

音节的合并可能形成真性复元音韵母。现代藏语的三个方言中，卫藏方言和康方言有复元音韵母，安多方言没有复元音韵母；其中真性复元音主要分布在大多数的卫藏方言和少数的康方言音系中。②现代藏语方言音系中的真性复元音韵母主要是通过音节的合并形成的。以藏语卫藏方言拉萨话中的真性复元音韵母为例。

“牛犊”：藏语拉萨话[phiu$^{13}$]，书面藏语[beɦu]，藏语巴塘话[pi$^{13}$lo$^{55}$]，藏语夏河话[witə]，藏语阿力克话[wilə]，错那门巴语

① 江荻：《缅甸语复合元音的来源》，载《民族语文》，2002（3）。
② 瞿霭堂：《藏语韵母研究》，25~26页，西宁，青海民族出版社，1991。

[pre$^{55}$pe$^{53}$]

“猴子”：藏语拉萨话[piu$^{55}$]，书面藏语[spreɦu]，藏语巴塘话[ʈʂy$^{55}$ʔa$^{55}$ɡe$^{53}$]，藏语夏河话[χwi]，藏语阿力克话[rpi]，错那门巴语[pra$^{53}$]，墨脱门巴语[zala]

“马驹”：藏语拉萨话[tiu$^{55}$]，书面藏语[rteɦu]，藏语巴塘话[ty$^{55}$zʊ$^{53}$]，藏语夏河话[htiɣə]，藏语阿力克话[rtiɣə]，错那门巴语tip$^{53}$ʈʂuʔ$^{53}$]，墨脱门巴语[kurtadaza]

从例词“牛犊”“猴子”“马驹”可以看出，书面藏语中的双音节读音在藏语拉萨话中合并为复元音韵母了。这个复元音韵母是由第一个音节和第二个音节的单元音韵母组合而成。再以藏语康方言巴塘话中的复元音韵母为例。

“细”：藏语巴塘话[ʈʂhɑu$^{13}$]，书面藏语[phrabo]，藏语拉萨话[pha$^{55}$po$^{55}$]，藏语夏河话[ʈʂhawo]，藏语阿力克话[nʈʂhawə]，错那门巴语[phra$^{53}$mo$^{53}$]，墨脱门巴语[zemo]

“肚脐”：藏语巴塘话[tiɑ$^{55}$]，书面藏语[lteba]，藏语拉萨话[tɛ$^{55}$]，藏语夏河话[hte]，错那门巴语[phɔː$^{55}$ʈʂuʔ$^{53}$]，墨脱门巴语[putima]

“鼻涕”：藏语巴塘话[n̥ɑuʔ$^{53}$]，书面藏语[snabs]，藏语拉萨话[nəp$^{55}$tu$^{52}$]，藏语夏河话[hnatɕə]，藏语阿力克话[rnætɕhə]，错那门巴语[nep$^{53}$]，墨脱门巴语[ŋinaŋ]

从“细”“肚脐”“鼻涕”可以看出，书面藏语中的双音节读音在藏语巴塘话中变化为复元音韵母。藏语拉萨话和巴塘话中的复元音韵母主要来自构词层面上的音节合并，在其他藏缅语言音系中还有构形层面上的音节合并。《藏缅语语音和词汇》编写组分别论证了土家语将行体和羌语桃坪话第三人称将来时的构形规则。土家语将行体的构形规则见表 8.9，羌语桃坪话第三人称将来时的构形规则见表 8.10。①

**表 8.9 土家语将行体的构形规则**

| 词义 | 动词原形 | 将行体 | 语法意义 |
| --- | --- | --- | --- |
| 穿 | ta$^{35}$ | tai$^{35}$ | 将穿 |
| 飞 | za$^{55}$ | zai$^{55}$ | 将飞 |
| 打 | xa$^{31}$ | xai$^{55}$ | 将打 |

**表 8.10 羌语桃坪话第三人称将来时的构形规则**

| 词义 | 动词原形 | 将行体 | 语法意义 |
| --- | --- | --- | --- |
| 说 | dʑi$^{241}$ | dʑiu$^{241}$ | （他）将说 |
| 看 | tsia$^{33}$ | tsiau$^{51}$ | （他）将看 |
| 买 | po$^{55}$ | pou$^{51}$ | （他）将买 |

音节的合并是真性复元音韵母的主要来源。汉藏语言中的音节合并会有多种可能性，其中最为常见的音变结果为闭音节韵母，而真性复元音韵母只是其中的一个较少的选项。但从音节演变的角度看，这种现象极具类型学价值。

## 8.3 小结

复元音（韵母）在世界其他区域语言音系中较为少见，在汉藏语言音系中较为常见，在汉语方言音系中极为常见。这种分布特征与音节结构的历时演变及进程有着密切的关系。从共时的角度看，

① 《藏缅语语音和词汇》编写组：《藏缅语语音和词汇》，84 页，北京，中国社会科学出版社，1991。

复元音韵母的分布极具汉藏语特色。从历时的角度看，复元音韵母是汉藏语言音节结构单音节化进程中的产物。从来源上看，后响复元音韵母主要来自后置辅音的转化，前响复元音韵母主要来自韵母长短特征的转移，真性复元音韵母主要来自音节的合并。单元音韵母的复元音化在汉藏语言音节结构演变的过程中具有重要的音系调整功能。与复辅音声母的简化、辅音韵尾的简化以及声调的产生一起，单元音韵母的复元音化可以看作是汉藏语音节结构演变的第四种发展趋势。

# 第 9 章 辅音韵尾

辅音韵尾作为音节结构中的重要组成部件，在汉藏语言音系中占有非常重要的地位。汉藏语言的音节结构是复杂的，“不仅在现状上有许多共同的特点，而且还存在许多共同的发展规律”。[①]这些“共同的发展规律”在音节演化层面上已有一些初步的共识，例如（1）复辅音声母有简化的趋势；（2）辅音韵尾有简化的趋势；（3）逐渐产生声调的趋势。辅音韵尾简化作为上述三大发展规律之一，在古代汉藏语言音节结构演变的过程中起到了重大的音系调整功能，同时也是现代辅音韵尾类型得以实现并进一步发展演变的更深层次上的动力。为了进一步解释并勾勒辅音韵尾简化的具体过程，有必要对辅音韵尾在现代汉藏语言中的分布类型和演变共性进行统计并归纳。

## 9.1 辅音韵尾的共时类型

汉藏语言存在着丰富的辅音韵尾，但分布很不均衡。[②]从辅音韵尾的数量上看，有的语言多，有的语言少，有的语言没有。从辅音韵尾的调音方法来看，有的是鼻音韵尾，有的是塞音韵尾，有的是擦音韵尾，有的是其他辅音韵尾。从辅音韵尾的性质看，有的是单辅音韵尾，有的是复辅音韵尾。没有辅音韵尾的语言以藏缅语族彝语支语言最为典型，例如彝语、纳西语、土家语以及白语等。辅音韵尾较多的语言以藏缅语族羌语支语言最为典型，例如拉坞戎语

① 马学良主编：《汉藏语概论》，4 页，北京，北京大学出版社，1991。

② 《藏缅语语音和词汇》编写组：《藏缅语语音和词汇》，109~118 页，北京，中国社会科学出版社，1991。

有 12 个单辅音韵尾，分别为-m、-n、-ɳ、-ŋ、-t、-r、-l、-s、-v、-j、-ɣ、-χ。复辅音韵尾在汉藏语言音系中较为少见，主要分布在仓洛语、独龙语以及拉坞戎语等。其中仓洛语有 9 个辅音丛韵尾，分别为-mɣ、-mj、-ml、-mn、-nʔ、-ŋʔ、-vn、-vŋ、-vz；独龙语有 3 个辅音丛韵尾，即-mʔ、-nʔ、-ŋʔ；拉坞戎语有 22 个辅音丛韵尾，分别-ɣj、-ɣn、-ɣɳ、-ɣv、-ɣz、-ln、-mɣ、-mj、-ml、-mn、-mz、-rɣ、-rj、-rn、-rɳ、-rŋ、-rz、-vl、-vn、-vɳ、-vŋ、-vz。单辅音韵尾在汉藏语言中的分布数据如下。

**表 9.1 汉藏语言辅音韵尾的分布类型及语言数量**

| 编号 | 辅音韵尾类型 | 语言数量 |
|---|---|---|
| T1 | 没有韵尾 | 19 |
| T2 | -ŋ | 6 |
| T3 | -n | 1 |
| T4 | -n、-ŋ | 13 |
| T5 | -ŋ、-ʔ | 2 |
| T6 | -n、-ŋ、-ʔ | 4 |
| T7 | -m、-n、-ŋ | 2 |
| T8 | -n、-ŋ、-t、-k | 2 |
| T9 | -m、-n、-ŋ、-l | 1 |
| T10 | -n、-ŋ、-t、-ʔ、-h | 1 |
| T11 | -m、-ŋ、-p、-ʔ、-r | 1 |
| T12 | -m、-ŋ、-p、-k、-ʔ | 1 |
| T13 | -m、-n、-ɳ、-ŋ、-ʔ | 1 |
| T14 | -m、-n、-ŋ、-p、-t、-k | 23 |
| T15 | -m、-n、-ŋ、-p、-t、-k、-ʔ | 10 |
| T16 | -m、-n、-ŋ、-p、-t、-k、-l | 1 |

续表

| 编号 | 辅音韵尾类型 | 语言数量 |
|---|---|---|
| T17 | -m、-n、-ŋ、-p、-t、-k、-r | 1 |
| T18 | -m、-n、-ŋ̥、-ŋ、-p、-t、-t̥、-k | 1 |
| T19 | -m、-n、-ŋ、-p、-t、-k、-ʔ、-r、-s | 2 |
| T20 | -m、-n、-ŋ、-p、-t、-k、-r、-l、-s | 1 |
| T21 | -m、-n、-ŋ、-p、-t、-k、-ʔ、-r、-l、-χ、-h | 1 |
| T22 | -m、-n、-ŋ̥、-ŋ、-t、-r、-l、-s、-v、-j、-ɣ、-χ | 1 |

**表 9.2 汉藏语言辅音韵尾的类型及语言实例**

| 编号 | 语言实例 |
|---|---|
| T1 | 彝语、纳西语、土家语等 |
| T2 | 基诺语、木佬语、济南话等 |
| T3 | 长沙话 |
| T4 | 羌语、仡佬语、北京话等 |
| T5 | 太原话、福州话 |
| T6 | 崩如语、合肥话、扬州话等 |
| T7 | 达让语、义都语 |
| T8 | 畲语、南昌话 |
| T9 | 尔龚语 |
| T10 | 苏龙语 |
| T11 | 藏语 |
| T12 | 潮州话 |
| T13 | 阿侬语 |
| T14 | 阿昌语、壮语、勉语、梅县话等 |
| T15 | 景颇语、临高语、厦门话等 |
| T16 | 格曼语 |

续表

| 编号 | 语言实例 |
|---|---|
| T17 | 崩尼-博嘎尔语 |
| T18 | 黎语 |
| T19 | 门巴语、仓洛语 |
| T20 | 嘉戎语 |
| T21 | 独龙语 |
| T22 | 拉坞戎语 |

综合上述数据，可以获得单辅音韵尾的常见组合类型。

**表 9.3 汉藏语言单辅音韵尾的常见组合类型及频次**

| 常见组合类型 | -m | -n | -ŋ | -p | -t | -k | -ʔ | 频次 |
|---|---|---|---|---|---|---|---|---|
| 一个单辅音韵尾的语言 | | | + | | | | | 6/7 |
| 两个单辅音韵尾的语言 | | + | + | | | | | 13/15 |
| 六个单辅音韵尾的语言 | + | + | + | + | + | + | | 23/23 |
| 七个单辅音韵尾的语言 | + | + | + | + | + | + | + | 10/12 |

从不同的语言系属来看，羌语支语言保存的辅音韵尾最为复杂，苗瑶语和侗台语次之，汉语各方言发展得较快，而部分缅语支和彝语支语言发展得最快。在现代羌语支语言音系中，常见的辅音韵尾有塞音韵尾、鼻音韵尾、擦音韵尾以及其他音类韵尾；在苗瑶语和侗台语音系中，常见的辅音韵尾有塞音韵尾和鼻音韵尾等；在现代汉语各方言音系中，常见的辅音韵尾仅有鼻音韵尾，而且鼻音韵尾的构词能力也处在衰退的过程中，比如双唇鼻音基本丧失构词能力、鼻音韵尾的构词能力不平衡。另外，粤方言音系中存在塞音

韵尾，吴方言和晋方言音系中存在喉塞音韵尾。在个别现代缅语支和彝语支语言中，辅音韵尾已经完全丧失构词能力了。

从不同的调音方法来看，辅音韵尾在汉藏语言音系中的出现频率存在较大的差异，其中鼻音韵尾出现频率最高，塞音韵尾次之，而其他辅音韵尾（即鼻音韵尾和塞音韵尾除外）最低。

**表 9.4 汉藏语言的韵尾类型及与元音搭配能力的比较**

| 鼻音韵尾 | | | | 塞音韵尾 | | | | | 其他辅音韵尾 | | | | |
|---|---|---|---|---|---|---|---|---|---|---|---|---|---|
| -m | -n | -ɳ | -ŋ | -p | -t | -ʈ | -k | -ʔ | -r | -l | -s | -χ | -h |
| 47 | 66 | 3 | 75 | 42 | 44 | 1 | 43 | 23 | 7 | 5 | 4 | 2 | 2 |
| 191 | | | | 153 | | | | | 20 | | | | |

从与元音搭配的能力来看，不同的辅音韵尾之间也存在较大的差异，其中鼻音韵尾与元音韵核的搭配能力最强，塞音韵尾次之，其他辅音韵尾最弱。[①]

**表 9.5 鼻音韵尾与元音韵核之间的搭配及比较**

| 鼻音韵尾 | -m | -n | -ɳ | -ŋ | 合计 |
|---|---|---|---|---|---|
| 韵母数量 | 234 | 369 | 13 | 388 | 1004 |

**表 9.6 塞音韵尾与元音韵核之间的搭配及比较**

| 塞音韵尾 | -p | -t | -ʈ | -k | -ʔ | 合计 |
|---|---|---|---|---|---|---|
| 韵母数量 | 207 | 252 | 3 | 242 | 128 | 832 |

① 辅音韵尾与元音韵核之间的搭配能力越强，说明该辅音韵尾在语言音系中的功能越强，发展越慢，越能体现早期语言的面貌；反之则说明功能越弱，发展越快。

**表 9.7 其他辅音韵尾与元音韵核之间的搭配及比较**

| 其他辅音韵尾 | -r | -l | -s | -χ | -v | 合计 |
|---|---|---|---|---|---|---|
| 韵母数量 | 41 | 28 | 14 | 7 | 4 | 94 |

比较上述不同辅音韵尾的出现频率和不同辅音韵尾与元音韵核之间的搭配能力，体现出一条倾向性极强的等级序列：鼻音韵尾 > 塞音韵尾 > 其他辅音韵尾。从功能的角度看，上述共时的等级序列可以表述为：不同调音方法的辅音在汉藏语言音系中充当韵尾的功能存在较大的差异，其中鼻音韵尾的组合功能最强，塞音韵尾次之，而其他辅音韵尾最弱。从历时的角度看，上述共时的等级序列可以表述为：鼻音韵尾最为稳定，塞音韵尾次之，而其他辅音韵尾最不稳定，一般最易变化。

从鼻音韵尾内部来看，不同的调音部位的出现频率是不同的，其中软腭鼻音韵尾的出现频率最高，齿龈鼻音韵尾次之，双唇鼻音韵尾较低，而龈腭鼻音韵尾最低。

**表 9.8 不同鼻音韵尾在汉藏语言中的出现频次**

| 鼻音韵尾 | -m | -n | -ȵ | -ŋ |
|---|---|---|---|---|
| 语言数量 | 47 | 66 | 3 | 75 |

软腭鼻音韵尾在 75 个语言音系中出现，例如嘉戎语 khuŋ“老虎”、侗语 maŋ$^{4}$“喜爱”、布努语 ɣaŋ$^{5}$“好”以及太原话 tuŋ$^{11}$“东”等。齿龈鼻音韵尾在 66 个语言音系中出现，例如羌语 in$^{51}$“瘾”、傣语 lin$^{6}$“泥土”、布努语 ken$^{1}$“甜”以及北京话 ban$^{51}$“半”等。双唇鼻音韵尾在 47 个语言音系中出现，例如藏语 tʂam$^{55}$“水獭”、壮语 tam$^{2}$“塘”、勉语 lam$^{4}$“仓库”以及广州话 nam$^{21}$“南”等。龈腭鼻音韵尾在 3 个语言音系中出现，分别为阿侬语 sɿȵ$^{35}$“七”、黎语 maȵ$^{1}$“躲闪”以及拉坞戎语 khuȵ$^{55}$“装”等。

从塞音韵尾内部来看，不同的调音部位出现的频率也是不同的，其中软腭塞音、齿龈塞音韵尾和双唇塞音韵尾的出现频率最高，喉塞音韵尾次之，龈腭塞音韵尾最低。

**表 9.9 不同塞音韵尾在汉藏语言中的出现频次**

| 塞音韵尾 | -p | -t | -ȶ | -k | -ʔ |
|---|---|---|---|---|---|
| 语言数量 | 42 | 44 | 1 | 43 | 23 |

齿龈塞音韵尾在 44 个语言音系中出现，例如嘉戎语 ta-khrət "锉子"、侗语 pet$^{9}$ "八"、勉语 pit$^{7}$ "撕" 以及广州话 ta$^{35}$ "打" 等。软腭塞音韵尾在 43 个语言音系中出现，例如景颇语 pjak$^{31}$ "破裂"、黎语 tak$^{7}$ "砍"、布干语 te$^{55}$kuk$^{31}$ "霜" 以及南昌话 tɕhiɔk$^{5}$ "雀" 等。双唇塞音韵尾在 42 个语言音系中出现，例如藏语 khap$^{53}$ "针"、壮语 tap$^{7}$ "肝"、勉语 ip$^{7}$ "掩盖" 以及广州话 lat$^{22}$ "辣" 等。喉塞音韵尾在 23 个语言音系中出现，例如藏语 taʔ$^{53}$ "老虎"、独龙语 miʔ$^{55}$ "捻（线）"、临高语 baʔ$^{7}$ "血" 以及厦门话 uiʔ$^{32}$ "挖" 等。龈腭塞音韵尾在 1 个语言音系中出现，例如黎语 faȶ$^{7}$ "失掉"。

从其他辅音韵尾内部来看，齿龈颤音韵尾、齿龈边音韵尾和齿龈擦音韵尾的出现频率最高，而其他擦音韵尾的出现频率较低。

**表 9.10 其他辅音韵尾在汉藏语言中的出现频次**

| 其他辅音韵尾 | -r | -l | -s | -χ | -h | -ɣ | -v | -j |
|---|---|---|---|---|---|---|---|---|
| 语言数量 | 7 | 5 | 4 | 2 | 2 | 1 | 1 | 1 |

齿龈颤音韵尾在 7 个语言音系中出现，例如门巴语 ɕar$^{55}$ "东"、独龙语 dɑr$^{55}$ "刨"、嘉戎语 ta-tɐr "棍子" 以及拉坞戎语 dzur$^{53}$ "站" 等。齿龈边音韵尾在 5 个语言音系中出现，例如独龙语 dɑl$^{55}$ "赶"、嘉戎语 ʃol thᴇ "荞糠"、拉坞戎语 thel$^{53}$ "喝" 以及尔龚语 ɕhɛl "玻

璃”等。齿龈擦音韵尾在 4 个语言音系中出现，例如嘉戎语 tə-ʃnos“唇”、门巴语 nis⁵⁵“七”以及仓洛语 ŋ̥os“疯”等。软腭擦音韵尾有且仅在 1 个语言音系中出现，例如拉坞戎语 tsɑɣ⁵³“剁”等。唇齿擦音韵尾有且仅在 1 个语言音系中出现，例如拉坞戎语 jəv⁵³“睡”等。齿龈通音韵尾有且仅在 1 个语言音系中出现，例如拉坞戎语 khuj⁵⁵“装”等。

## 9.2 辅音韵尾的组合类型

在汉藏语言音系中，辅音韵尾之间的组合因为调音方法的差异从而在不同的系属语言中体现出不同的类型和共性。羌语支语言保存得最为古老，苗瑶语和侗台语次之，汉语各方言发展得较快，而部分缅语支和彝语支语言发展得最快。羌语支语言主要有鼻音韵尾、塞音韵尾、擦音韵尾以及其他音类韵尾；苗瑶语和侗台语主要有鼻音韵尾和塞音韵尾；汉语方言主要有鼻音韵尾（例如北京话和西安话），个别方言不同程度地保留着塞音韵尾（例如广州话和潮州话）；缅语支和彝语支语言不仅没有塞音韵尾，而且鼻音韵尾也不太稳定，在个别语言中鼻音韵尾已经完全丧失构词功能。这就说明，不同的辅音韵尾类型在不同系属语言中的分布具有极强的分布共性，同时也具有演变共性的价值。

### 9.2.1 鼻音韵尾

鼻音韵尾在汉藏语言音系中极为常见，但其内部的组合类型很不均衡，有的语言多达四套鼻音韵尾，有的语言仅存一套鼻音韵尾，有的语言没有鼻音韵尾而表现为鼻化元音韵母等。鼻音韵尾的不均衡分布现状是历时演变的结果。在不同的语族或语支内部，有的语言演变得快，有的语言演变得慢。在同一语言或方言内部，有的鼻音韵尾演变得快，有的鼻音韵尾演变得慢。尽管鼻音韵尾的共时类型表现得参差不齐，但在整体发展演变的路径和方向上却表现出共性。鼻音韵尾在汉藏语言中的分布数据如下。

**表 9.11 鼻音韵尾在汉藏语言中的分布类型及语言数量**

| 编号 | 韵尾类型 | 语言数量 |
|---|---|---|
| T1 | 没有鼻音韵尾 | 19 |
| T2 | -ŋ | 8 |
| T3 | -n | 1 |
| T4 | -n、-ŋ | 20 |
| T5 | -m、-ŋ | 2 |
| T6 | -m、-n、-ŋ | 42 |
| T7 | -m、-n、-ŋ̥、-ŋ | 3 |

**表 9.12 鼻音韵尾在汉藏语言中的分布类型及语言实例**

| 编号 | 语言实例 |
|---|---|
| T1 | 彝语、纳西语、木雅语、却域语等 |
| T2 | 基诺语、木佬语、济南话、太原话等 |
| T3 | 长沙话 |
| T4 | 羌语、仡佬语、苗语、北京话等 |
| T5 | 藏语、潮州话 |
| T6 | 门巴语、壮语、勉语、广州话等 |
| T7 | 阿侬语、拉坞戎语、黎语 |

通过上述数据可以获得如下鼻音韵尾的常见组合类型。

**表 9.13 鼻音韵尾在汉藏语言中的常见组合类型及出现频次**

| 组合类型 | 常见组合类型 | m | n | ȵ | ŋ | 出现频次 |
| --- | --- | --- | --- | --- | --- | --- |
| 组合类型 1 | 一套鼻音韵尾的语言 | | | | + | 8/9 |
| 组合类型 2 | 两套鼻音韵尾的语言 | | + | | + | 20/22 |
| 组合类型 3 | 三套鼻音韵尾的语言 | + | + | | + | 42/42 |
| 组合类型 4 | 四套鼻音韵尾的语言 | + | + | + | + | 3/3 |

从上表数据还可以归纳出一条倾向性的等级序列：软腭鼻音韵尾 > 齿龈鼻音韵尾 > 双唇鼻音韵尾 > 龈腭鼻音韵尾。如果一个语言仅有一套鼻音韵尾的话，那么倾向于软腭鼻音韵尾；如果一个语言有两套鼻音韵尾的话，那么倾向于软腭鼻音韵尾和齿龈鼻音韵尾；如果一个语言有三套鼻音韵尾的话，那么倾向于软腭鼻音韵尾、齿龈鼻音韵尾以及双唇鼻音韵尾；如果一个语言有四套鼻音韵尾的话，那么倾向于软腭鼻音韵尾、齿龈鼻音韵尾、双唇鼻音韵尾以及龈腭鼻音韵尾。龈腭鼻音韵尾是一种后起的音系现象，而双唇鼻音韵尾、齿龈鼻音韵尾和软腭鼻音韵尾是一种较早时期的语音遗留现象。从历时演变的角度看，双唇鼻音韵尾最易弱化，齿龈鼻音韵尾次之，而软腭鼻音韵尾最为稳固。

### 9.2.2 塞音韵尾

塞音韵尾在藏缅语族、苗瑶语族、侗台语族以及部分汉语方言中较为常见，但其内部的组合类型也不均衡，有的语言多达四套塞音韵尾，有的语言仅存一套塞音韵尾（主要表现为喉塞音韵尾），有的语言没有塞音韵尾而表现为松紧元音韵母等。同鼻音韵尾的不均衡分布现状一样，塞音韵尾的分布现状也是历时演变的结果。有的语族发展得快（例如汉语），有的语族发展得慢（例如藏缅语族、苗瑶语族以及侗台语族）。在同一语言或方言内部，有的塞音韵尾演变得快（例如北京话），有的塞音韵尾演变得慢（例如广州话、潮州话等）。塞音韵尾在汉藏语言中的分布数据如下。

**表 9.14 塞音韵尾在汉藏语言中的分布类型及语言数量**

| 编号 | 韵尾类型 | 语言数量 |
|---|---|---|
| T1 | 没有塞音韵尾 | 42 |
| T2 | -ʔ | 7 |
| T3 | -t | 1 |
| T4 | -t、-k | 2 |
| T5 | -p、-ʔ | 1 |
| T6 | -t、-ʔ | 1 |
| T7 | -p、-t、-k | 26 |
| T8 | -p、-k、-ʔ | 1 |
| T9 | -p、-t、-k、-ʔ | 13 |
| T10 | -p、-t、-ȶ、-k | 1 |

**表 9.15 塞音韵尾在汉藏语言中的分布类型及语言实例**

| 编号 | 语言实例 |
|---|---|
| T1 | 彝语、仡佬语、苗语、北京话等 |
| T2 | 阿侬语、崩如语、太原话、福州话等 |
| T3 | 拉坞戎语 |
| T4 | 畲语、南昌话 |
| T5 | 藏语 |
| T6 | 苏龙语 |
| T7 | 嘉戎语、壮语、布干语、梅县话等 |
| T8 | 潮州话 |
| T9 | 景颇语、独龙语、临高语、厦门话等 |

续表

| 编号 | 语言实例 |
| --- | --- |
| T10 | 黎语 |

通过上述数据可以获得如下塞音韵尾的常见组合类型。

**表 9.16 塞音韵尾在汉藏语言中的常见组合类型及出现频次**

| 组合类型 | 常见组合类型 | -p | -t | -k | -ʔ | 出现频次 |
| --- | --- | --- | --- | --- | --- | --- |
| 组合类型 1 | 一套塞音韵尾的语言 | | | | + | 7/8 |
| 组合类型 2 | 三套塞音韵尾的语言 | + | + | + | | 26/27 |
| 组合类型 3 | 四套塞音韵尾的语言 | + | + | + | + | 13/14 |

如果一个语言仅有一套塞音韵尾的话，那么倾向于喉塞音韵尾。如果一个语言有三套塞音韵尾的话，那么倾向于双唇塞音韵尾、齿龈塞音韵尾以及软腭塞音韵尾。如果一个语言有四套塞音韵尾的话，那么倾向于在三套的基础上再增加喉塞音韵尾。这些常见组合类型是历时演变的结果，上述共时分布的数据能够支持历时演变的进程。燕海雄认为汉藏语言音系中的塞音韵尾倾向于喉塞音化，并最终脱落。如果以早期音系为参照点的话，三个塞音韵尾的组合类型是较早时期的，也是最为稳固的，而一个、两个以及四个塞音韵尾的组合类型是在三个塞音韵尾的基础上演变来的。[①]

## 9.3 辅音韵尾的音变共性

辅音韵尾在现代汉藏语言音系中的不平衡分布与音节结构的调整和辅音韵尾的弱化密切相关。不同调音方法的辅音韵尾在汉藏

① 燕海雄：《论东亚语言塞音的音变规则》，148~154 页，上海，中西书局，2011。

语言音系中出现的频率是不同的，其中鼻音韵尾的出现频率最高，塞音韵尾次之，而其他辅音韵尾最低。这种共时的功能差异反应在历时的演化过程中说明，鼻音韵尾最为稳定，塞音韵尾次之，而其他辅音韵尾最不稳定，一般最易变化。这个问题一直是学界研究的热点，前期的成果既有综合性的研究，也有个别语言的描写。综合性的成果有汉藏语、藏缅语、侗台语、苗瑶语以及彝缅语等，[①]个别语言的描写有藏语、羌语、缅甸语、傣语、侗语、布依语、黎语以及汉语等。[②]下文将在上述诸多研究成果的基础上，统计汉藏语言鼻音韵尾和塞音韵尾的共时类型，试图通过共时的数据支持论证历时的演变，并归纳出辅音韵尾的音变共性。

---

① 李敬忠：《试论汉藏语系辅音韵尾的消失趋势》，载《贵州民族研究》，1989（4）；马学良、戴庆厦：《藏缅语族辅音韵尾的发展》，见《语言文字学术论文集》，北京，知识出版社，1980；石林：《论侗台语辅音韵尾的发展》，见《语言研究论丛》（第五辑），天津，南开大学出版社，1988；潘承乾：《论苗瑶语辅音韵尾的演变问题》，见《民族语文研究》，成都，四川民族出版社，1983；陈其光：《苗瑶语鼻音韵尾的演变》，载《民族语文》，1988（6）；陈康：《彝缅语塞音韵尾演变轨迹》，载《民族语文》，1993（1）。

② 张济川：《古藏语塞音韵尾读音初探》，载《民族语文》，1982（6）；刘光坤：《羌语辅音韵尾研究》，载《民族语文》，1984（4）；汪大年：《缅甸语中辅音韵尾的历史演变》，载《民族语文》，1983（2）；罗美珍：《傣语长短元音和辅音韵尾的变化》，载《民族语文》，1984（6）；李钊祥：《石屏傣话的韵尾》，见《中国民族语言论文集》，成都，四川民族出版社，1986；黄勇：《李树侗话辅音尾的演变规律》，载《民族语文》，1995（2）；龙海燕：《布依语辅音韵尾变化特征》，载《民族语文》，2011（1）；徐扬、王伟：《布依语的塞音韵尾》，载《贵州民族研究》，1983（3）；占升平：《布依语塞音韵尾的演变》，载《遵义师范学院学报》，2010（3）；苑中树：《黎语塞音韵尾的演变》，载《中央民族学院学报》，1991（2）；冉启斌：《汉语鼻音韵尾的消变及相关问题》，见《汉语史研究集刊》（第八辑），成都，四川出版集团、巴蜀书社，2005；张燕芬：《中古阳声韵韵尾在现代汉语方言中的读音类型》，山东大学博士学位论文，2009。

### 9.3.1 鼻音韵尾的音变共性

鼻音韵尾在汉藏语言音系调整的过程中有多种音变选择。石林、黄勇（1996）认为鼻音韵尾的发展是错综复杂和不平衡的，但是其演变模式还是有一定的规律可寻。据他们的研究成果，-m、–n、-ŋ 的变化方向分别有如下可能：[①]

表 9.17 鼻音韵尾在汉藏语言中的变化（可能性）

| 变化项 | 生成项 | | | | |
|---|---|---|---|---|---|
| | -m | -n | -ŋ | 鼻化 | -Ø |
| -m | | + | + | + | + |
| -n | + | | + | + | + |
| -ŋ | + | + | | + | + |

鼻音韵尾的音变方向是多元的，但是常见的音变选择又是相对集中的。鼻音韵尾在脱落的过程中，一般都要经历过一个“鼻化”的阶段。一般而言，-m 最易失落，-ŋ 最保守。从不同的系属来看，鼻音韵尾所处的阶段是不同的。假设-m、–n、-ŋ 是汉藏语言的早期面貌（理想状态），那么现阶段保留下来的鼻音韵尾数量除以理想状态下的鼻音韵尾数量再乘以百分比即为“理想比例”。[②]

① 石林、黄勇：《论汉藏语系语言鼻音韵尾的发展演变》，载《民族语文》，1996（6）。

② 理想状态不是语言事实，而是一种理论假设。任何语言在任何历史时刻都不可能是一成不变的，同时在不同的历史时刻又具有不同的发展速率，导致语言系统的“参差不齐”。理想状态是语言发展过程中的早期轮廓，是历史语言学家对汉藏语言早期面貌的认识积累，可以用来描述或勾勒语言发展的整体趋势。

**表 9.18 不同鼻音韵尾在汉藏语言中的保留或发展**

| 语言系属 | -m | -n | -ŋ | 语言数量 | 理想比例（%） |
|---|---|---|---|---|---|
| 藏缅语 | 22 | 25 | 27 | 46 | 47.2 |
| 侗台语 | 19 | 21 | 22 | 22 | 93.9 |
| 苗瑶语 | 1 | 7 | 7 | 7 | 71.4 |
| 汉　语 | 5 | 13 | 19 | 20 | 61.7 |

从上表中的理想比例数据可以看出，侗台语言中的鼻音韵尾比例最高，苗瑶语次之，汉语较低，而藏缅语最低。也就是说，藏缅语言中的鼻音韵尾发展得最快，而侗台语言中的鼻音韵尾最为保守。石林、黄勇（1996）认为，汉语、苗瑶语、侗台语都是-m 最易失落，-ŋ 最保守；藏缅语则相反，-m 往往最保守。[①]

**表 9.19 双唇鼻音韵尾在汉藏语言中的出现频次及系属比较**

| 语言系属 | 出现频次 | 语言总量 | 占比（%） |
|---|---|---|---|
| 藏缅语 | 22 | 46 | 47.8 |
| 侗台语 | 19 | 22 | 86.4 |
| 苗瑶语 | 1 | 7 | 14.3 |
| 汉　语 | 5 | 20 | 25.0 |

从上表数据可以看出，侗台语言中的双唇鼻音韵尾保留最高，藏缅语言和汉语次之，苗瑶语言最低。也就是说，双唇鼻音韵尾在苗瑶语言中的演变最快，而在侗台语言中的演变最慢，保留最完整。

① 石林、黄勇：《论汉藏语系语言鼻音韵尾的发展演变》，载《民族语文》，1996（6）。

### 9.3.2 塞音韵尾的音变共性

塞音韵尾在汉藏语言音系调整的过程中也有多种音变选择。石林、黄勇（1997）分别对不同塞音韵尾的可能性变化方向做出研究。据他们的研究成果，-p、-t、-k 的变化方向分别有如下多种可能：[①]

表 9.20 塞音韵尾在汉藏语言中的变化（可能性）

| 变化项 | 生成项 | | | | | | | | | |
|---|---|---|---|---|---|---|---|---|---|---|
| | -p | -t | -k | -ʔ | -Ø | -m | -n | -ŋ | -l | -v̠ |
| -p | | + | + | + | + | + | + | + | + | + |
| -t | | | + | + | + | | + | + | + | + |
| -k | | + | | + | + | | + | + | | + |

上述变化是可能的，但变化的可能性不是均等的。马学良在《汉藏语概论》中讨论到汉藏语系语言的韵尾现象时指出，尽管塞音韵尾在不同的汉藏语言音系中表现很不平衡，但是在这种不平衡的现象中总结出汉藏语言塞音韵尾从繁到简的发展趋势，可称之为一般规律，即“塞音韵尾由部分合并（如-p 合并于-t）和转化（如-k 变为-ʔ）到全部转化为-ʔ，然后-ʔ又脱落”。[②]从不同的系属来看，塞音韵尾所处的阶段也是不同的。假设-p、–t、-k 韵尾是汉藏语言的早期面貌（即理想状态），那么现阶段保留下来的塞音韵尾数量见表 9.21。

① 石林、黄勇：《论汉藏语系语言塞音韵尾的发展演变》，载《民族语文》，1997（6）。

② 马学良主编：《汉藏语概论》，8~9 页，北京，北京大学出版社，1991。

**表 9.21 不同塞音韵尾在汉藏语言中的保留或发展**

| 语言系属 | -p | -t | -k | 语言数量 | 理想比例（%） |
|---|---|---|---|---|---|
| 藏缅语 | 17 | 18 | 16 | 46 | 37.0 |
| 侗台语 | 19 | 19 | 19 | 22 | 86.4 |
| 苗瑶语 | 1 | 2 | 2 | 7 | 23.8 |
| 汉　语 | 5 | 5 | 6 | 20 | 26.7 |

从上表中的理想比例数据可以看出，侗台语言中的塞音韵尾比例最高，藏缅语言次之，汉语和苗瑶语言最低。也就是说，苗瑶语言和汉语音系中的塞音韵尾发展得最快，而侗台语言中的塞音韵尾最为保守。石林、黄勇（1997）在研究汉藏语言塞音韵尾的发展演变时指出："就塞音韵尾的发展演变看，汉语、苗瑶语、侗台语往往是-k 尾最先丢失，-p 尾次之，-t 尾较保守；而藏缅语则是-p 尾最保守。"[①]从上表数据可以看出，双唇塞音韵尾、齿龈塞音韵尾以及软腭塞音韵尾出现的频率基本相当，演变的趋势基本平行，并不能体现出上述调音部位上的差别。燕海雄（2011）讨论了东亚语言塞音韵尾的脱落问题，认为生理需求与韵律表达习惯是塞音韵尾脱落的动力机制，这种动力机制体现在音节结构上就是复辅音简化与塞音韵尾的脱落。塞音韵尾在脱落的过程中，喉塞音是一个最为理想的"中转站"或"暂居所"。喉塞音化在汉藏语言音系变化的过程中起到了重要的音系调节功能。[②]

---

① 石林、黄勇：《论汉藏语系语言塞音韵尾的发展演变》，载《民族语文》，1997（6）

② 燕海雄：《论东亚语言塞音的音变规则》，148~154 页，上海，中西书局，2011。

### 9.3.3 塞音韵尾的擦音化共性

塞音韵尾在脱落的过程中倾向于走喉塞音化的道路，这条演变共性在汉藏语言音系中极为普遍。除此之外，塞音韵尾在脱落的过程中还有另外一种选择，尽管少见，但极具音变类型价值。拉坞戎语属于藏缅语羌语支，根据其语言结构的大小和互通话的程度，可以划分为三个方言，即观音桥方言、业隆方言与小依里方言。在上述三个方言中，业隆方言的辅音韵尾最多，保留早期的读音也最多。比较三个方言的唇音韵尾，显示出以下语音对应关系：业隆-p=观音桥-v=小依里-v。业隆方言的双唇塞音韵尾在观音桥和小依里方言里变化为双唇擦音。

表 9.22 双唇塞音韵尾在业隆方言中的对应①

| 词义 | 业隆方言 | 观音桥方言 | 小依里方言 |
|---|---|---|---|
| 平 | ɣdap⁵⁵ | ɣdav⁵³ | ɣdav⁵³ |
| 吸，吮 | ndzrop⁵⁵ | ndzrɛv⁵⁵ | ndzrʌv¹³ |

比较三个方言中的软腭音韵尾，显示出下面的语音对应规则：业隆-k=观音桥-ɣ=小依里-ɣ。业隆方言的软腭塞音韵尾在观音桥和小依里方言里都变成了软腭浊擦音-ɣ，少数例词中的-k 消失了。

表 9.23 软腭塞音韵尾在业隆方言中的对应②

| 方言点 | 毒 | 母犏牛 | 酒 | 人生果 | 六 | 岁数 |
|---|---|---|---|---|---|---|
| 业　隆 | dok⁵⁵ | vzuk⁵⁵ | vok⁵⁵ | zok⁵⁵ | xtɕok⁵⁵ | dɣuk⁵⁵ |
| 观音桥 | dɑɣ⁵³ | vzəɣ⁵⁵ | vɑɣ⁵⁵ | zɑɣ⁵³ | xtɕu⁵⁵ | dɣu⁵⁵ |
| 小依里 | dəɣ¹³ | vzəɣ¹³ | vəɯ¹³ | zəɯ⁵³ | xtʃo¹³ | dju¹³ |

① 黄布凡：《拉坞戎语研究》，170~173 页，北京，民族出版社，2007。

② 黄布凡：《拉坞戎语研究》，170~173 页，北京，民族出版社，2007。

除此之外，藏语夏河话音系中的擦音韵尾-χ 与古藏语音系中的软腭浊塞音韵尾-g 对应，可以看出夏河话音系中的擦音韵尾是由塞音韵尾变化来的。

**表 9.24 擦音韵尾在夏河话中的对应**

| | 泥，泥巴 | 腰带，带 | 咽喉 | 破碎 | 岩石 | 编织 |
|---|---|---|---|---|---|---|
| 古藏语 | ɦdambag | skerags | ʔoltɕog | tɕhag | brag | ɦthag |
| 夏河话 | ndambaχ | hkeraχ | ŋ̊ə tsaχ | tɕhaχ | tʂaχ do | thaχ |

塞音韵尾在拉坞戎语和藏语夏河话音系中的演变类型（即擦音化）与前面论述到的音变类型（即喉塞音化）截然不同，但殊途同归，最终都走向脱落。这种擦音化的演变道路说明了塞音韵尾在丧失其音系区别功能时，不仅可以在调音部位上弱化，还可以在调音方法上弱化。擦音化类型在汉藏语言音系中较为少见，或者说从共时的角度看遗留下来的痕迹较少，但在演变类型上却极具价值。

## 9.4 小结

辅音韵尾在我国境内汉藏语言音系中的分布很不平衡。从调音方法来看，不同的辅音韵尾在汉藏语言音系中的出现频率存在较大的差异，其中鼻音韵尾的出现频率最高，塞音韵尾次之，而其他辅音韵尾最低。从与元音搭配的能力来看，不同调音方法的辅音韵尾之间也存在较大的差异，其中鼻音韵尾与元音的搭配能力最强，塞音韵尾次之，其他辅音韵尾最弱。上述两种差异具有共性，体现出一条倾向性极强的等级序列：鼻音韵尾 > 塞音韵尾 > 其他辅音韵尾。从功能的角度看，不同调音方法的辅音在汉藏语言音系中充当韵尾的功能存在较大的差异，其中鼻音韵尾的组合功能最强，塞音韵尾次之，而其他辅音韵尾最弱。从历时的角度看，鼻音韵尾最为稳定，塞音韵尾次之，而其他辅音韵尾最不稳定，一般最易变化。

从鼻音韵尾内部来看，不同调音部位的出现频率是不同的，其中软腭鼻音韵尾的出现频率最高，齿龈鼻音韵尾次之，双唇鼻音韵尾较低，而龈腭鼻音韵尾最低。从塞音韵尾内部来看，不同调音部位充当韵尾的出现频率也是不同的，其中软腭塞音、齿龈塞音韵尾和双唇塞音韵尾的出现频率最高，喉塞音韵尾次之，龈腭塞音韵尾最低。从其他辅音韵尾内部来看，齿龈颤音韵尾、齿龈边音韵尾和齿龈擦音韵尾的出现频率最高，而其他擦音韵尾的出现频率较低。

从鼻音韵尾的发展演变来看，鼻音韵尾一般都要经历一个“鼻化”的阶段，最终走向脱落。从不同的调音方法来看，双唇鼻音韵尾变化最快，齿龈鼻音韵尾次之，软腭鼻音韵尾最慢。从不同的系属来看，双唇鼻音韵尾在苗瑶语言中的演变最快，而在侗台语言中的演变最慢，保留最完整。

从塞音韵尾的发展演变来看，汉藏语言音系中的塞音韵尾倾向于喉塞音化，并最终脱落。如果以早期音系为参照点的话，三个塞音韵尾的组合类型是最为稳固的，而一个、两个以及四个塞音韵尾的组合类型是在三个塞音韵尾的基础上演变来的。塞音韵尾在脱落的过程中，喉塞音是一个最为理想的“中转站”或“暂居所”。此外，塞音韵尾的擦音化在汉藏语言音系中较为少见，但在演变类型上却极具价值。尽管辅音韵尾的变化在汉藏语言音系中的可能性道路是多种多样的，但是在具体的语音环境中，现实的变化道路又是相对有限的。这种在无限中选择有限的过程，或者说在多种可能性的音变规则中选取特定的语音变化道路是音系综合因素作用下选择与竞争的结果。

# 第 10 章 结论

我国是汉藏语言的故乡，语言资源丰富，类型特征多样。从共时的角度看，有些音类（例如塞擦音、送气音以及龈腭音等）在现代汉藏语言音系中出现得多，分布得广，具有极强的音系区别功能，但在国际语音协会编制的国际音标表中并没有赋予这些音类应有的显赫地位。我国境内还有很多特殊类型且具有音系区别功能的语音现象，例如送气擦音、清化鼻音、长短元音、松紧元音、复合元音以及各种复杂的嗓音现象等。从历时的角度看，现代汉藏语言的语音类型是在古代汉藏语言的基础上发展来的。音变共性在不同语言的发展过程中起到了至关重要的作用，只是有的演变得早，有的演变得晚，有的演变得快，有的演变得慢，各自处在不同的发展阶段。

## 10.1 塞音

从共时的分布来看，塞音是最为常见的音类之一。在现代汉藏语言中，六个塞音的语言（30/95）最为常见，九个塞音的语言（24/95）较为常见，八个和十个塞音的语言（10/95）较为少见，没有塞音的语言未见。从不同的语言系属来看，塞音在藏缅语（9.3）中最多，侗台语（8.8）和苗瑶语（8.3）中次之，汉语方言（6.7）中最少。从调音部位来看，双唇塞音（95/95）、齿龈塞音（95/95）以及软腭塞音（95/95）最为常见，喉塞音（36/95）和小舌塞音（22/95）较为常见，硬腭塞音（10/95）、卷舌塞音（6/95）以及龈腭塞音（1/95）较为少见。从调音部位的组合来看，三套塞音（46/95）的语言最为常见，四套塞音（26/95）和五套塞音（21/95）的语言较为常见，其他组合较为少见。如果一个语言有三套塞音，则倾向于[双唇+齿龈+软腭]（46/46）；如果有四套塞音，则有两种可能，要么在三套塞音的基础上选择喉塞音（12/26），要么在三套塞音的基础上选择小舌塞音（10/26）；如果有五套塞音，也有两种可能，要么在三套塞音的基础上选择喉塞音和小舌塞音（9/21），要么在三套塞音的基础上选择喉塞音和硬腭塞音（7/21）。从发声类型来看，塞音在现代汉藏语言中主要表现为清浊特征、送气特征之间的对立，其中最为常见的是不送气清塞音（324/813），比较常见的是送气清塞音（302/813）与不送气浊塞音（148/813），而比较少见的是送气浊塞音（3/813）。

从历时的演变来看，塞音是最为稳定的音类之一。从调音部位来看，最为常见的塞音（包括双唇塞音、齿龈塞音以及软腭塞音）是语音遗留现象，而比较常见的塞音（喉塞音和小舌塞音）需要具体讨论，而比较少见的塞音（硬腭塞音、卷舌塞音以及龈腭塞音）则是语音创新现象。

小舌塞音在现代汉藏语言中主要分布在侗台语、苗瑶语以及部分藏缅语中。参考孙宏开（2001）构拟的原始汉藏语、梁敏和张均如（1996）构拟的原始侗台语、王辅世和毛宗武（1995）构拟的原始苗瑶语、本尼迪克特（1972）构拟的原始藏缅语以及潘悟云（1997）构拟的上古汉语的音系，学界逐渐认识到小舌塞音在古代汉藏语言音系中起到了重要的音系区别功能。随着音系的发展和音类的分合，小舌塞音逐渐淡出现代汉藏语言音系，仅仅保留在个别语言音系中。燕海雄认为，小舌塞音的软腭音化、喉塞音化以及擦音化在汉藏语言音系演化的过程中起到了重要的维系功能。从调音部位上看，小舌塞音在汉藏语言中主要变化为软腭塞音与喉塞音；从调音方法上看，小舌塞音在汉藏语言中主要变化为小舌擦音、软腭擦音与喉擦音。基于这样的认识，组合类型[双唇，齿音，软腭，小舌]

是古音遗留，而其他类型都是在这个基础上发展来的。

喉塞音是一个过渡的音类，既有调音的性质，也有发声的性质。侗台语中的喉塞音最为常见，藏缅语中比较常见，而苗瑶语与汉语方言中比较少见。位于基本辅音位置上的喉塞音主要来源于古代汉藏语言音系中的小舌塞音，而位于辅音韵尾位置上的喉塞音则主要来源于古代汉藏语言音系中的双唇塞音、齿龈塞音以及软腭塞音。喉塞音只是塞音韵尾简化过程中最为理想的“中转站”或“暂居所”，随着不断的弱化，喉塞音最终脱落。硬腭塞音在现代汉藏语言音系中较为少见，属于语音创新现象。从历时的角度看，硬腭塞音主要来源于早期语言中的软腭塞音，即软腭塞音的硬腭音化。龈腭塞音在现代汉藏语言音系中并不罕见，但作为音位意义上的龈腭塞音却不多见，很多时候作为齿龈塞音或硬腭塞音的音位变体。在现代汉藏语言音系中，龈腭塞音主要分布在侗台语与苗瑶语中。从历时的角度看，龈腭塞音主要来源于古代汉藏语言音系中的齿龈塞音与软腭塞音，前者属于齿龈塞音的龈腭音化，后者属于软腭塞音的龈腭音化。

从发声类型的组合方式来看，常见组合类型[不送气清塞音，不送气浊塞音]具有相对的原生性质，可以看作古音遗留；而常见组合类型[不送气清塞音，送气清塞音]和[不送气清塞音，送气清塞音，不送气浊塞音]具有相对的创新性质，可以看作较为后起的类型。

## 10.2 塞擦音

塞擦音在现代汉藏语言中极为常见，但在世界其他区域语言音系中较为少见。从塞擦音的数量来看，四个塞擦音（24/95）和两个塞擦音（21/95）的语言最为常见，六个塞擦音（15/95）和九个塞擦音（14/95）的语言较为常见，十二个塞擦音（8/95）的语言较为少见。从不同的系属看，藏缅语（7.5）中的塞擦音最多，汉语（4.2）和苗瑶语（4.0）中次之，侗台语（2.4）中的最少。从调音部位来看，齿龈塞擦音（198/509）和龈腭塞擦音（157/509）最为常见，卷舌塞擦音（94/509）和龈后塞擦音（48/509）较为常见，其他塞擦音较为少见。从调音部位的组合类型看，两个调音部位（36/95）的语言最为常见，一个调音部位（26/95）和三个调音部位（23/95）的语言较为常见，四个调音部位（9/95）和五个调音部位（9/95）的语言较为少见。如果一个语言仅有一个调音部位的塞擦音，则倾向于选择齿龈部位；如果有两个调音部位，则倾向于选择齿龈和龈腭部位；如果有三个调音部位，则倾向于选择齿龈、龈腭以及卷舌部位；如果有四个调音部位，则倾向于选择齿龈、龈腭、卷舌以及龈后部位。从发声类型看，塞擦音在汉藏语言音系中有不送气清塞擦音、送气清塞擦音、不送气浊塞擦音以及送气浊塞擦音，主要表现为清浊特征、送气特征之间的对立。其中不送气清塞擦音（207/509）最为常见，送气清塞擦音（195/509）较为常见，不送气浊塞擦音（107/509）较为少见，送气浊塞擦音未见。

从历时的角度看，塞擦音是一个后起的语音现象，徐世璇（1995）论证了缅彝语中塞擦音的来源，孙宏开（2001）论证了汉藏语言中塞擦音的来源，张琨（1976）论证了苗瑶语中塞擦音的来源，张均如（1983）论证了侗台语中塞擦音的来源。塞擦音从无到有，从少到多，是一个逐渐塞擦音化的过程。从不同的系属来看，南岛语处在一个极端，藏缅语则处在另外一个极端。这个塞擦音化的进程可以描述为：无塞擦音阶段>南岛语>侗台语>苗瑶语>汉语>藏缅语。从地理分布上看，塞擦音的多寡从东至西、自南往北逐渐增多。

龈腭塞擦音和卷舌塞擦音在汉藏语言音系中最为常见。龈腭塞擦音主要来源于古代汉藏语言音系中的复辅音声母[塞音+龈腭介音]，即位于龈腭介音-j-之前的塞音，如果要塞擦音化，那么将塞擦音化为龈腭塞擦音。龈腭介音-j-应当是与近音[j]具有类似调音空间的音段集合体，其最典型表征是硬腭浊近音[j]。卷舌塞擦音主要来源于古代汉藏语言音系中的复辅音声母[塞音+卷舌介音]，即位于卷舌介音-r-之前的塞音，如果要塞擦音化，那么将塞擦音化为卷舌塞擦音。卷舌介音-r-应当是与近音[ɻ]具有类似调音空间的音段集合体，其最典型表征是近音[ɻ]。复辅音声母[塞音+卷舌介音]的卷舌塞擦音化与[塞音+龈腭介音]的龈腭塞擦音化相比，较为少见。这主要是由于有些语言中的复辅音声母[塞音+卷舌介音]首先发生了 r>j，然后再与塞音组成复辅音声母[塞音+龈腭介音]进行龈腭塞擦音化或者别的音变行为，从而导致前者在音变现象中较为少见。

唇齿塞擦音、龈后塞擦音以及硬腭塞擦音在现代汉藏语言音系中较为少见。唇齿塞擦音主要来源于齿龈塞音的唇齿塞擦音化，即齿龈塞音在唇腭介音-w-的作用下，可能变化为唇齿塞擦音。唇腭介音-w-应当是与唇-腭浊近音[w]具有类似调音空间的音段集合体，唇-腭浊近音[w]是唇腭介音-w-的典型表征。龈后塞擦音与硬腭塞擦音也是一种后起的音系现象。至于这两类音到底是直接来自塞音（调音方法的塞擦音化），还是来自塞擦音（调音部位的自身调整），目前的论证尚显不足，暂无定论。

## 10.3 擦音

从共时的角度看，擦音在世界诸语言中并不少见，但分布并不均衡。从擦音的数量来看，五个擦音的语言（18/95）最多为常见，六个擦音的语言（13/95）、四个擦音的语言（12/95）、八个擦音的语言（11/95）以及七个擦音的语言较为常见，其他类型较为少见。擦音的多少在不同的系属语言中具有显著性差别，其中藏缅语（8.6）最多，苗瑶语（6.7）和侗台语（5.9）次之，汉语（4.7）最少（燕海雄 2017）。从调音部位之间的组合类型来看，四套擦音的类型最为常见，其次是五套、六套、三套等。四套擦音的语言有两种常见类型，分别为[齿龈+唇齿+龈腭+软腭]和[齿龈+唇齿+龈腭+喉]；五套擦音的语言也有两种常见类型，分别为[齿龈+唇齿+龈腭+软腭+卷舌]和[齿龈+唇齿+龈腭+软腭+喉]；六套擦音的常见类型为[齿龈+唇齿+龈腭+软腭+卷舌+喉]；三套擦音的语言也有两种常见类型，分别为[齿龈+喉+唇齿]和[齿龈+喉+龈腭]。从擦音与其他音类之间的组合类型来看，擦音与塞音、塞擦音等音类之间体现出一定的等级序列：（1）龈腭塞擦音 > 龈腭擦音 > 龈腭塞音；（2）卷舌塞擦音 > 卷舌擦音 > 卷舌塞音；（3）齿龈塞音 > 齿龈擦音 > 齿龈塞擦音。以第（1）条等级序列为例，如果一个语言有龈腭塞音，那么会有龈腭擦音；如果有龈腭擦音，那么会有龈腭塞擦音。从发声类型的角度看，不送气清擦音（409/664）最为常见，不送气浊擦音（239/664）较为常见，送气清擦音（14/664）少见。

擦音可以跟其他辅音组合成复辅音声母，其他辅音音类体现出一定的等级序列：［塞音，塞擦音，鼻音］>［边音，闪音，近音］> 擦音。在塞音和塞擦音内部，也体现出一定的等级序列：［不送气清塞音，不送气浊塞音］> 送气清塞音。

从历时的角度看，擦音从来不是有与没有的问题，而是多与少的问题（孙宏开 2001，本尼迪克特 1972，梁敏、张均如 1996，王辅世、毛宗武 1995，沙加尔 1999）。在现代汉藏语言音系中，擦音具有明显的历史层次，即有的来源于古代的语言（属于语音遗留），有的来自后期的发展（属于语音创新）。唇齿擦音在现代汉藏语言音系中较为常见，主要来源于古代汉藏语言音系中的双唇塞音。位于龈腭介音-j-之前的双唇塞音，可能存在两种音变途径，要么塞擦音化（生成龈腭塞擦音），要么擦音化（生成唇齿擦音）。此外，位于前置辅音位置上的塞音（包括双唇塞音、齿音塞音以及软腭塞音），随着复辅音简化的洪流，都会弱化为相应部位的擦音（即唇齿擦音、齿音擦音以及软腭擦音）。擦音化只是复辅音简化的中间阶段，进一步简化将会脱落。在现代汉藏语言音系中，擦音可以充当前置辅音。这种现象属于语音遗留现象，随着语言的发展，其功能逐渐在弱化，主要体现在两个方面：一个是可以充当前置辅音的擦音的数量在逐渐减少；另一个是可以与擦音（作为前置辅音）组合成复辅音的音类在减少。

## 10.4 鼻音

鼻音在现代汉藏语言音系中极为常见，但分布也不均衡，其中苗瑶语（6.7）最多，侗台语（4.9）和藏缅语（4.7）次之，汉语（3.5）最少。95 个汉藏语言音系中有 361 个常态鼻音和 80 个清化鼻音。在汉藏语言音系中，常态鼻音所占的比例为 81.9%，清化鼻音所占的比例为 18.1%；而在 UPSID 数据库中，常态鼻音所占的比例为 88.4%，清化鼻音所占的比例为 3.4%（Maddieson 1984）。比较鼻音在两个数据库中的分布差异，鼻音的清浊对立在汉藏语言音系中具有较大的区别功能。

从语言系属上看，清化鼻音主要分布在藏缅语、侗台语以及苗瑶语中。从地理分布上看，清化鼻音主要分布在我国西南的云南省、贵州省、广西壮族自治区以及与上述三省区毗邻的地区。从中可以看出，清化鼻音是我国西南少数民族语言中的一个显著的区域特征（燕海雄 2015）。

从调音部位看，双唇、齿龈和软腭部位的鼻音最为常见，龈腭部位的鼻音较为常见，其他部位的鼻音较为少见。从发声类型的角度看，有清化鼻音的语言一定有相同调音部位的常态鼻音。从鼻音的组合类型看，三个鼻音、四个鼻音以及八个鼻音的类型最为常见，其中三个鼻音的类型是双唇、齿龈和软腭部位的常态鼻音，四个鼻音的类型是在三个常态鼻音的类型上增加了龈腭部位的常态鼻音，而八个鼻音的类型则是在四个常态鼻音的基础上增加了与之对应的清化鼻音。

鼻音在不同的音节结构中所担负的音系功能存在强弱的差别。在基本辅音位置（声母）中，双唇鼻音和齿龈鼻音较之软腭鼻音更加常见，而在鼻音韵尾位置（韵母）中，软腭鼻音和齿龈鼻音较之双唇鼻音更为常见。从历时的角度看，软腭鼻音位于基本辅音位置上时更易于变化，而双唇鼻音位于辅音韵尾位置上时更易于变化。

## 10.5 元音

元音在现代汉藏语言音系中的出现频率具有显著性差别，其中/i，u，o，a，e/最为常见，/y，ɛ，ə，ɯ，ɔ/较为常见，/ɑ，ø/较为少见。在/i，u，o，a，e/中，/i，u，a/更为常见。在汉藏语言中，元音会有长/短、松/紧、口/鼻等对立特征，上述显著性差异在这些对立特征中依然适用。

从元音与鼻音韵尾的组合能力来看，齿龈鼻音韵尾-n和软腭鼻音韵尾-ŋ最强，双唇鼻音韵尾-m次之，龈腭鼻音韵尾-ȵ最弱。从元音与塞音韵尾的组合能力来看，齿龈塞音韵尾-t最强，双唇塞音韵尾-p和软腭塞音韵尾-k次之，而喉塞音韵尾-ʔ最弱。

前高圆唇元音在汉藏语言中的出现频率为 49.5%，远远高于UPSID 数据库（5.75%）。从不同的系属来看，前高圆唇元音在汉语方言（80%）中最为常见，在藏缅语（47.8%）中比较常见，在侗台语（31.8%）和苗瑶语（28.6%）中比较少见。从组合关系上看，前高圆唇元音、前高展唇元音以及后高圆唇元音之间具有密切的蕴涵关系：有前高圆唇元音必有相应的前高展唇元音，反之则不然；有前高圆唇元音必有相应的后高圆唇元音，反之则不然。上述两条蕴涵关系还可以表述为：如果一个语言中存在前高圆唇元音，那么必然会有前高展唇元音和后高圆唇元音，反之则不然。较之前高展唇元音和后高圆唇元音，前高圆唇元音属于有标记音段。

从来源上看，前高圆唇元音是一种后起的语音现象，主要来源于早期的后高圆唇元音。从音变条件来看，有的来源与声母的性质有关（以现代汉语方言为典型代表），有的来源与韵尾的性质有关（以现代藏语方言为典型代表）。两种类型的语音条件截然不同，发展演化的机制存在差别，具有类型学意义。

复合元音在世界语言音系中的分布不平衡，其中在汉语方言音系中最为常见，在东亚语言音系中较为常见，在其他区域的语言音系中较为少见。Lindau、Norlin & Svantesson（1985）曾经指出，世界上大约有三分之一的语言有复合元音，在这些存在复合元音的语言中，又有 75%的语言存在/ai/，65%的语言存在/au/。在汉藏语言音系中，最为常见的二合元音有/ai/、/au/、/ei/、/oi/、/ui/、/ei/等，最为常见的三合元音有/uai/、/iau/、/uei/、/iəu/、/iai/、/iɑu/等。不管是二合元音还是三合元音，复合元音的分布在世界语言音系中存在共性，即以前高展唇元音/i/和后高圆唇元音/u/开头或结尾的复合元音更具有优势。这种优势在汉语方言音系中表现的尤为突出。从地理的角度看，复合元音的分布具有“东亚特色”；从语言的角度看，复合元音的分布极具“汉语特色”。从历时的角度看，现代汉藏语言中的复合元音主要来源于长短元音、复辅音以及辅音韵尾等因素有关，其中长元音裂变是复合元音形成的充分和必要条件，而复辅音和辅音韵尾是复合元音产生的重要途径。

## 10.6 复元音韵母

复元音韵母在世界语言音系中的分布很不平衡，其中在汉语方言音系中极为常见，在汉藏语言音系中较为常见，在其他区域的语言音系中较为少见。汉藏语言中又以前高展唇元音和后高圆唇元音开头或结尾的最为常见。从语言的角度看，复元音韵母的分布极具“汉藏语特色”。

从历时的角度看，复元音韵母是汉藏语音节结构单音节化进程中的产物。从来源上看，后响复元音韵母主要来自后置辅音的转化，前响复元音韵母主要来自韵母长短特征的转移，真性复元音韵母主要来自音节的合并等。单元音韵母的复元音化在汉藏语言音节结构演变的过程中具有重大的音系调整功能。与复辅音声母的简化、辅音韵尾的简化以及声调的产生一起，单元音韵母的复元音化可以看作是汉藏语音节结构演变的第四种发展趋势。

## 10.7 辅音韵尾

辅音韵尾在我国境内汉藏语言音系中的分布很不平衡。从调音方法来看，不同的辅音韵尾在汉藏语言音系中的出现频率存在较大的差异，其中鼻音韵尾的出现频率最高，塞音韵尾次之，而其他辅音韵尾最低。从与元音搭配的能力来看，不同调音方法的辅音韵尾之间也存在较大的差异，其中鼻音韵尾与元音的搭配能力最强，塞音韵尾次之，其他辅音韵尾最弱。上述两种差异具有共性，体现出一条倾向性极强的等级序列：鼻音韵尾 > 塞音韵尾 > 其他辅音韵尾。从功能的角度看，不同调音方法的辅音在汉藏语言音系中充当韵尾的功能存在较大的差异，其中鼻音韵尾的组合功能最强，塞音韵尾次之，而其他辅音韵尾最弱。从历时的角度看，鼻音韵尾最为稳定，塞音韵尾次之，而其他辅音韵尾最不稳定，一般最易变化。

从鼻音韵尾内部来看，不同调音部位的出现频率是不同的，其中软腭鼻音韵尾的出现频率最高，齿龈鼻音韵尾次之，双唇鼻音韵尾较低，而龈腭鼻音韵尾最低。从塞音韵尾内部来看，不同调音部位充当韵尾的出现频率也是不同的，其中软腭塞音、齿龈塞音韵尾和双唇塞音韵尾的出现频率最高，喉塞音韵尾次之，龈腭塞音韵尾最低。从其他辅音韵尾内部来看，齿龈颤音韵尾、齿龈边音韵尾和齿龈擦音韵尾的出现频率最高，而其他擦音韵尾的出现频率较低。

从鼻音韵尾的发展演变来看，鼻音韵尾一般都要经历过一个“鼻化”的阶段，最终走向脱落。从不同的调音方法来看，双唇鼻音韵尾变化最快，齿龈鼻音韵尾次之，软腭鼻音韵尾最慢。从不同的系属来看，双唇鼻音韵尾在苗瑶语言中的演变最快，而在侗台语言中的演变最慢，保留最完整。

从塞音韵尾的发展演变来看，汉藏语言音系中的塞音韵尾倾向于喉塞音化，并最终脱落。如果以早期音系为参照点的话，三个塞音韵尾的组合类型是最为稳固的，而一个、两个以及四个塞音韵尾的组合类型是在三个塞音韵尾的基础上演变来的。塞音韵尾在脱落的过程中，喉塞音是一个最为理想的“中转站”或“暂居所”。此外，塞音韵尾的擦音化在汉藏语言音系中较为少见，但在演变类型上却极具价值。尽管辅音韵尾的变化在汉藏语言音系中的可能性道路是多种多样的，但是在具体的语音环境中，现实的变化道路又是相对有限的。这种在无限中选择有限的过程，或者说在多种可能性的音变规则中选取特定的语音变化道路是音系综合因素作用下选择与竞争的结果。

## 10.8 结语

汉藏语言从古到今的发展过程中，既有继承，更有发展。继承是发展的前提，发展是继承的必然要求。从音类的增减来看，有存古，有消失，有分流，有合并，也有创新。保留的、分流的以及合并的音类维系着古代面貌，而消失的和创新的音类则形成了类型多样的现代类型。存古的音类主要有双唇塞/鼻音、齿龈塞/擦/鼻音、软腭塞/擦/鼻音、前高展唇元音/i/、后高圆唇元音/u/以及前低展唇元音/a/等；消失的音类主要有小舌音、送气擦音、清化鼻音等；分流的音类主要有前置辅音/辅音韵尾位置上的塞音以及后高圆唇元音等；合并的音类主要有常态鼻音/清化鼻音、常态擦音/送气擦音、长/短元音以及松/紧元音等；创新的音类主要有塞擦音、送气音、硬腭塞音、龈腭塞音、前高圆唇元音、复合元音以及声调等。在上述众多的音变行为中，去小舌音化、塞擦音化以及送气音化改变了古代汉藏语言的辅音类型，复元音化改变了古代汉藏语言的元音类型，去（复杂）嗓音化改变了古代汉藏语言的发声类型，而声调化则改变了古代汉藏语言的韵律类型。这些音变行为在汉藏语言音系的演化过程中起到了重大的调整功能。

# 参考文献


[1] 白碧波，许鲜明，邵丹.哈尼语语法标注文本.北京：社会科学文献出版社，2016.

[2] 白碧波，许鲜明，等.撒都语研究.北京：民族出版社，2012.

[3] 白涤洲.关中方音调查报告.喻世长,整理.北京：中国科学院出版社，1954.

[4] 白宛如.广州方言词典.南京：江苏教育出版社，1998.

[5] 薄文泽.木佬语研究.北京：民族出版社，2003.

[6] 薄文泽.佯僙语研究.上海：上海远东出版社，1997.

[7] 鲍厚星，崔振华，沈若云，等.长沙方言词典.南京：江苏教育出版社，1998.

[8] 鲍士杰.杭州方言词典.南京：江苏教育出版社，1998.

[9] 北京大学中国语言文学系语言学教研室.汉语方音字汇.北京：语文出版社，2008.

[10] 本尼迪克特.汉藏语言概论. 乐赛月，罗美珍，译.中国社会科学院民族研究所语言室，1984.

[11] 蔡国璐.丹阳方言词典.南京：江苏教育出版社，1995.

[12] 曹志耘.金华方言词典.南京：江苏教育出版社，1996.

[13] 曾晓渝.汉语水语关系论.北京：商务印书馆，2004.

[14] 常竑恩.拉祜语简志.北京：民族出版社，1986.

[15] 陈保亚.论语言接触与语言联盟.北京：语文出版社，1996.

[16] 陈国庆.克蔑语研究.北京：民族出版社，2005.

[17] 陈国庆.克木语研究.北京：民族出版社，2002.

[18] 陈海宏.云南兰坪柔若语.北京：商务印书馆，2019.

[19] 陈鸿迈.海口方言词典.南京：江苏教育出版社，1996.

[20] 陈康.彝缅语塞音韵尾演变轨迹.民族语文，1993（1）.

[21] 陈其光.苗瑶语鼻音韵尾的演变.民族语文，1988（6）.

[22] 陈士林，边仕明，李秀清.彝语简志.北京：民族出版社，1985.

[23] 陈忠敏.音变研究的回顾与前瞻.民族语文，2008（1）.

[24] 陈忠敏.有关历史层次分析法的几个问题//浙江大学汉语史研究中心.汉语史学报（第五辑）.上海：上海教育出版社，2005.

[25] 陈忠敏.语音层次的定义及其鉴定的方法//丁邦新.历史层次与方言研究.上海：上海教育出版社，2007.

[26] 陈忠敏.作为古百粤语底层形式的先喉塞音在今汉语南方方言里的表现与分布.民族语文，1995（3）.

[27] 戴庆厦，崔志超.阿昌语简志.北京：民族出版社，1985.

[28] 戴庆厦，蒋颖，孔志恩.波拉语研究.北京：民族出版社，2007.

[29] 戴庆厦，朱艳华.20 年来汉藏语系的语言类型学研究.云南民族大学学报（哲学社会科学版），2011（5）.

[30] 戴庆厦.阿昌语的清鼻音.民族语文，1985（2）.

[31] 戴庆厦.藏缅语族某些语言弱化音节探源.民族语文，1984（2）.

[32] 戴庆厦.分析性语言的单音节性与双音节化——以景颇语为例.黔南民族师范学院学报，2019（5）.

[33] 戴庆厦.景颇语词的双音节化对语法的影响.民族语文，1997（5）.

[34] 戴庆厦.浪速语研究.北京：民族出版社，2005.

[35] 戴庆厦.彝缅语鼻冠声母的来源及发展——兼论彝缅语语音演变的“整化”作用.民族语文，1992（1）.

[36] 戴庆厦.彝语支语言的清浊声母.中央民族大学学报（哲学社会科学版），1981（2）.

[37] 刀洁.布芒语研究.北京：民族出版社，2007.

[38] 丁邦新，孙宏开.汉藏语同源词研究（一）.南宁：广西民族出版社，2000.

[39] 丁邦新，孙宏开.汉藏语同源词研究（二）.南宁：广西民族出版社，2001.

[40] 丁邦新，孙宏开.汉藏语同源词研究（三）.南宁：广西民族出版社，2004.

[41] 丁邦新，孙宏开.汉藏语同源词研究（四）.南宁：广西民族出版社，2011.

[42] 丁邦新.上古汉语的音节结构//丁邦新.丁邦新语言学论文集.北京：商务印书馆，1998.

[43] 董同龢.汉语音韵学.北京：中华书局，2001.

[44] 范峻军.湖南桂阳县敖泉土话同音字汇.方言，2000（1）.

[45] 冯爱珍.福州方言词典.南京：江苏教育出版社，1998.

[46] 冯英.复音词的产生与复音化的关系——汉藏系语言词汇复音化思考.云南师范大学学报（哲学社会科学版），2005（1）.

[47] 符昌忠.黎语坡春话概况.民族语文，2000（6）.

[48] 符昌忠.那斗语研究.北京：民族出版社，2020.

[49] 盖兴之.基诺语简志.北京：民族出版社，1986.

[50] 高永奇.布兴语研究.北京：民族出版社，2004.

[51] 高永奇.莽语研究.北京：民族出版社，2003.

[52] 根呷翁姆.四川道孚尔龚语.北京：商务印书馆，2019.

[53] 龚煌城.古藏文的 y 及其相关问题//汉藏语研究论文集.北京：北京大学出版社，2004.

[54] 龚群虎.扎巴语研究.北京：民族出版社，2007.

[55] 国际语音学会.国际语音学会手册（中文版）.江荻，译.上海：上海教育出版社，2008.

[56] 韩正康，袁晓文，齐卡佳.四川冕宁多续话.北京：商务印书馆，2019.

[57] 和即仁，姜竹仪.纳西语简志.北京：民族出版社，1986.

[58] 贺嘉善.仡佬语简志.北京：民族出版社，1983.

[59] 贺巍.洛阳方言词典.南京：江苏教育出版社，1996.

[60] 侯精一.现代晋语的研究.北京：商务印书馆，1999.

[61] 黄布凡.藏缅语族语言词汇.北京：中央民族学院出版社，1992.

[62] 黄布凡.拉坞戎语研究.北京：民族出版社，2007.

[63] 黄成龙，王保锋，毛明军，等.四川松潘羌语.北京：商务印书馆，2019.

[64] 黄晓东.浙江临海方言音系.方言，2007（1）.

[65] 黄雪贞.梅县方言词典.南京：江苏教育出版社，1995.

[66] 黄勇.李树侗话辅音尾的演变规律.民族语文，1995（2）.

[67] 江荻，李大勤，孙宏开.达让语研究.北京：民族出版社，2013.

[68] 江荻.《尔雅》词汇形式证明汉语曾是多音节词语言.古汉语研究，2014（3）.

[69] 江荻.藏语拉萨话语法标注文本.北京：社会科学文献出版社，2016.

[70] 江荻.藏语语音史研究.北京：民族出版社，2002.

[71] 江荻.汉藏语言演化的历史音变模型.北京：民族出版社，2002.

[72] 江荻.缅甸语复合元音的来源.民族语文，2002（3）.

[73] 江荻.王念孙的联绵词“天籁”说证.语言科学，2013（5）.

[74] 江荻.义都语研究.北京：民族出版社，2005.

[75] 蒋军凤.湘乡翻江镇方言奉母字今读[kh]声母.方言，2007（3）.

[76] 蒋颖.云南兰坪普米语.北京：商务印书馆，2019.

[77] 金鹏.藏语简志.北京：民族出版社，1983.

[78] 蓝利国.壮语语法标注文本.北京：社会科学文献出版社，2016.

[79] 李兵，常敏.汉语方言入声音节的类型学观察.中国语文，2020（2）.

[80] 李大勤，郭晓，宗晓哲.义都语语法标注文本.北京：社会科学文献出版社，2019.

[81] 李大勤，朱苗苗，刘洁，等.西藏察隅格曼语.北京：商务印书馆，2019.

[82] 李大勤.格曼语研究.北京：民族出版社，2002.

[83] 李大勤.苏龙语研究.北京：民族出版社，2004.

[84] 李方桂.上古音研究.北京：商务印书馆，2003.

[85] 李锦芳，曾宝芬，康忠德.贵州六枝仡佬语.北京：商务印书馆，2019.

[86] 李锦芳.布央语研究.北京：中央民族大学出版社，1999.

[87] 李敬忠.试论汉藏语系辅音韵尾的消失趋势.贵州民族研究，1989（4）.

[88] 李连进.平话音韵研究.南宁：广西人民出版社，2000.

[89] 李如龙，侯小英，林天送，等.茶洞语研究.北京：民族出版社，2012.

[90] 李如龙，潘渭水.建瓯方言词典.南京：江苏教育出版社，1998.

[91] 李树俨，张安生.银川方言词典.南京：江苏教育出版社，1999.

[92] 李永燧，王尔松.哈尼语简志.北京：民族出版社，1986.

[93] 李永燧.桑孔语研究.北京：中央民族大学出版社，2002.

[94] 李云兵.布赓语研究.北京：民族出版社，2005.

[95] 李钊祥.石屏傣话的韵尾//中国民族语言论文集.成都：四川民族出版社，1986.

[96] 梁德曼，黄尚军.成都方言词典.南京：江苏教育出版社，1998.

[97] 梁敏，张均如.侗台语族概论.北京：中国社会科学出版社，1996.

[98] 梁敏，张均如，李云兵.普标语研究.北京：民族出版社，2007.

[99] 梁敏.标话研究.北京：中央民族大学出版社，2002.

[100] 梁敏.侗语简志.北京：民族出版社，1980.

[101] 梁敏.临高语研究.上海：上海远东出版社，1997.

[102] 梁敏.毛难语简志.北京：民族出版社，1980.

[103] 林焘，王理嘉.语音学教程.北京：北京大学出版社，1992.

[104] 林向荣.嘉戎语研究.成都：四川民族出版社，1993.

[105] 林幼菁.嘉戎语卓克基话语法标注文本.北京：社会科学文献出版社，2016.

[106] 刘宾，林鑫，江荻，等.西藏察隅义都语.北京：商务印书馆，2019.

[107] 刘宾，孟佳仪，李大勤.达让语语法标注文本.北京：社会科学文献出版社，2019.

[108] 刘斌.赣榆（刘沟）方言同音字汇.方言，1990（1）.

[109] 刘彩凤.广东两阳粤语语音研究.广州：暨南大学硕士学位论文，2015.

[110] 刘村汉.柳州方言词典.南京：江苏教育出版社，1999.

[111] 刘丹青.汉藏语言的音节显赫及其词汇语法表征.民族语文，1998（2）.

[112] 刘丹青.南京方言词典.南京：江苏教育出版社，1995.

[113] 刘光坤.羌语辅音韵尾研究.民族语文，1984（4）.

[114] 刘璐.景颇族语言简志（景颇语）.北京：民族出版社，1984.

[115] 刘泽民.汉语南方方言入声韵尾的类型及其演变.上海师范大学学报（哲学社会科学版），2009（5）.

[116] 刘照雄.东乡语简志.北京：民族出版社，1981.

[117] 龙从军.藏语噶尔话语法标注文本.北京：社会科学文献出版社，2021.

[118] 龙海燕.布依语辅音韵尾变化特征.民族语文，2011（1）.

[119] 芦珺，谭晓平.藏缅语鼻音的类型与共性.三峡论坛（三峡文学•理论版），2018（2）.

[120] 芦珺.藏缅语辅音韵尾的类型学考察.四川民族学院学报，2022（5）.

[121] 芦珺.藏缅语语音的类型学研究.宜昌：三峡大学硕士学位论文，2018.

[122] 芦珺.藏缅语元音系统的类型学考察.南开语言学刊，2021（1）.

[123] 陆绍尊.错那门巴语简志.北京：民族出版社，1986.

[124] 陆绍尊.门巴语方言研究.北京：民族出版社，2002.

[125] 陆绍尊.普米语方言研究.北京：民族出版社，2001.

[126] 陆绍尊.普米语简志.北京：民族出版社，1983.

[127] 罗常培，傅懋勣.国内少数民族语言文字的概况.中国语文三月号，1954.

[128] 罗常培，王均.普通语音学纲要.北京：科学出版社，1957.

[129] 罗福腾.牟平方言词典.南京：江苏教育出版社，1997.

[130] 罗福滕.<牟平方言词典>引论.方言，1995（1）.

[131] 罗美珍.傣语长短元音和辅音韵尾的变化.民族语文，1984（6）.

[132] 马辉.彝语凉山话语法标注文本.北京：社会科学文献出版社，2021.

[133] 马学良，戴庆厦.藏缅语族辅音韵尾的发展//语言文字学术论文集.北京：知识出版社，1980.

[134] 马学良.汉藏语概论.北京：北京大学出版社，1991.

[135] 麦耘.<切韵>知，庄，章组及相关诸声母的拟音//音韵与方言研究.广州：广东人民出版社，1995.

[136] 麦耘.对国际音标理解和使用的几个问题.方言，2005（2）.

[137] 毛秉生.湖南衡山方言音系.方言，1995（2）.

[138] 毛宗武，李云兵.炯奈语研究.北京：中央民族大学出版社，2002.

[139] 毛宗武，李云兵.优诺语研究.北京：民族出版社，2007.

[140] 毛宗武，蒙朝吉，郑宗泽.瑶族语言简志.北京：民族出版社，1982.

[141] 毛宗武，蒙朝吉.畲语简志.北京：民族出版社，1986.

[142] 毛宗武.巴哼语研究.上海：上海远东出版社，1997.

[143] 毛宗武.瑶族勉语方言研究.北京：民族出版社，2004.

[144] 苗东霞.甘肃肃南西部裕固语.北京：商务印书馆，2019.

[145] 木仕华.卡卓语研究.北京：民族出版社，2003.

[146] 欧阳觉亚，郑贻青.黎语简志.北京：民族出版社，1980.

[147] 欧阳觉亚.村语研究.上海：上海远东出版社，1998.

[148] 欧阳觉亚.珞巴族语言简志.北京：民族出版社，1985.

[149] 潘承乾.论苗瑶语辅音韵尾的演变问题//民族语文研究.成都：四川民族出版社，1983.

[150] 潘悟云.汉藏语中的次要音节//石锋，潘悟云.中国语言学的新拓展.香港：香港城市大学，1999.

[151] 潘悟云.喉音考.民族语文，1997（5）.

[152] 潘悟云.历史音韵学.上海：上海教育出版社，2000.

[153] 齐卡佳.多续语语法标注文本.北京：社会科学文献出版社，2020.

[154] 钱曾怡.济南方言词典.南京：江苏教育出版社，1997.

[155] 钱虹.汉藏语系鼻辅音的类型及历史演变.芜湖：安徽师范大学硕士学位论文，2011.

[156] 桥本万太郎.语言地理类型学.余志鸿,译.北京：世界图书出版公司，2008.

[157] 瞿霭堂，劲松.汉藏语言研究的理论和方法.北京：中国藏学出版社，2000.

[158] 瞿霭堂.藏语韵母研究.西宁：青海民族出版社，1991.

[159] 冉启斌.汉语鼻音韵尾的消变及相关问题//四川大学汉语史研究所.汉语史研究集刊（第八辑）.成都：四川出版集团，巴蜀书社，2005.

[160] 沈明.太原方言词典.南京：江苏教育出版社，1994.

[161] 施向东.原始汉藏语的音节结构和构词类型再议.天津大学学报（社会科学版），2004（1）.

[162] 石林，黄勇.论汉藏语系语言鼻音韵尾的发展演变.民族语文，1996（6）.

[163] 石林，黄勇.论汉藏语系语言塞音韵尾的发展演变.民族语文，1997（6）.

[164] 石林.论侗台语辅音韵尾的发展//南开大学中文系《语言研究论丛》编委会.语言研究论丛（第五辑）.天津，南开大学出版社，1988.

[165] 时建，蒋光友，赵燕珍.云南芒市潞西阿昌语.北京：商务印书馆，2019.

[166] 宋成，谢颖莹，李大勤，等.西藏察隅松林语.北京：商务印书馆，2019.

[167] 宋伶俐.贵琼语研究.北京：民族出版社，2011.

[168] 宋伶俐.四川康定贵琼语.北京：商务印书馆，2019.

[169] 苏晓青，吕永卫.徐州方言词典.南京：江苏教育出版社，1996.

[170] 孙宏开，胡增益，黄行.中国的语言.北京：商务印书馆，2007.

[171] 孙宏开，江荻.汉藏语言系属分类之争及其源流.当代语言学，1999（2）.

[172] 孙宏开，李云兵.拉基语研究.北京：中央民族大学出版社，2000.

[173] 孙宏开，刘光坤.阿依语研究.北京：民族出版社，2005.

[174] 孙宏开，刘璐.怒族语言简志（怒苏语）.北京：民族出版社，1986.

[175] 孙宏开，齐卡佳，刘光坤.白马语研究.北京：民族出版社，2007.

[176] 孙宏开，徐丹，刘光坤.史兴语研究.北京：民族出版社，2014.

[177] 孙宏开.20 世纪的中国少数民族语言文字研究//刘坚.二十世纪的中国语言学.北京：北京大学出版社，1998.

[178] 孙宏开.独龙语简志.北京：民族出版社，1982.

[179] 孙宏开.羌语简志.北京：民族出版社，1981.

[180] 孙宏开.柔若语研究.北京：中央民族大学出版社，2002.

[181] 孙宏开.原始汉藏语的复辅音问题——关于原始汉藏语音节结构构拟的理论思考之一.民族语文，1999（6）.

[182] 孙宏开.原始汉藏语辅音系统中的一些问题——关于原始汉藏语音节结构构拟的理论思考之二.民族语文，2001（1）.

[183] 孙宏开.原始汉藏语中的介音问题——关于原始汉藏语音节结构构拟的理论思考之三.民族语文，2001（6）.

[184] 覃远雄，韦树关，卞成林.南宁平话词典.南京：江苏教育出版社，1997.

[185] 谭晓平.苗瑶语鼻音系统的类型学考察.语言研究，2018（4）.

[186] 谭晓平.苗瑶语擦音系统的类型学考察.民族语文，2020（5）.

[187] 谭晓平.苗瑶语唇齿擦音的来源//张玉来.汉语史与汉藏语研究（第一辑）.北京：中国社会科学出版社，2019.

[188] 谭晓平.苗瑶语龈腭鼻音的来源.三峡论坛（三峡文学·理论版，2014（4）.

[189] 谭晓平.苗瑶语语音的类型学研究.北京：中国社会科学出版社，2022.

[190] 谭晓平.苗瑶语元音系统的类型学考察.语言研究，2016（4）.

[191] 谭晓平.黔东苗语送气擦音的来源.中央民族大学学报（哲学社会科学版，2015（1）.

[192] 汤珍珠，陈忠敏，吴新贤.宁波方言词典.南京：江苏教育出版社，1997.

[193] 田德生，何天贞，等.土家语简志.北京：民族出版社，1986.

[194] 田阡子.东亚语言复合元音的类型及渊源.北京：中国社会科学院研究生院博士学位论文，2009.

[195] 田阡子.复合元音在汉藏语中的语言类型//戴庆厦，罗仁地.汉藏语学报（第 11 期）.北京：商务印书馆，2015.

[196] 田阡子.汉藏语复合元音的类型及渊源.北京：科学出版社，2016.

[197] 汪大年.缅甸语与汉藏语系比较研究.北京：昆仑出版社，2008.

[198] 汪大年.缅甸语中辅音韵尾的历史演变.民族语文，1983（2）.

[199] 汪平.贵阳方言词典.南京：江苏教育出版社，1998.

[200] 王锋.白语语法标注文本.北京：社会科学文献出版社，2016.

[201] 王辅世，毛宗武.苗瑶语古音构拟.北京：中国社会科学出版社，1995.

[202] 王辅世.苗语简志.北京：民族出版社，1985.

[203] 王洪君.汉语非线性音系学.北京：北京大学出版社，2008.

[204] 王军虎.西安方言词典.南京：江苏教育出版社，1996.

[205] 王均，郑国乔.仫佬语简志.北京：民族出版社，1980.

[206] 王世华，黄继林.扬州方言词典.南京：江苏教育出版社，1999.

[207] 王双成，沈向荣，张梦翰.藏语清化鼻音.民族语文，2018（2）.

[208] 王双成.安多藏语的小舌音.语言科学，2011（5）.

[209] 韦茂繁，韦树关.五色话研究.北京：民族出版社，2011.

[210] 韦庆稳，覃国生.壮语简志.北京：民族出版社，1980.

[211] 韦学纯.水语语法标注文本.北京：社会科学文献出版社，2016.

[212] 韦远诚，李佳.台语元音的高化、低化及复化演变.广西民族大学学报（哲学社会科学版），2013（6）.

[213] 韦远诚.借鉴语音类型学深化侗台语研究.中国社会科学报， 2020-8-18（3）.

[214] 韦远诚.台语韵母系统演变研究.上海：上海师范大学博士学位论文，2015.

[215] 韦远诚.台语支后高展唇元音的音变类型.民族语文，2020（4）.

[216] 韦远诚.现代台语的元音类型及韵母结构.百色学院学报，2015（4）.

[217] 魏钢强.萍乡方言词典.南京：江苏教育出版社，1998.

[218] 魏琳.甘肃文县白马语.北京：商务印书馆，2019.

[219] 温端政，张光明.忻州方言词典.南京：江苏教育出版社，1995.

[220] 吴建生，赵宏因.万荣方言词典.南京：江苏教育出版社，1997.

[221] 吴艳.黎语白沙话语法标注文本.北京：社会科学文献出版社，2021.

[222] 向柏霖.嘉戎语研究.北京：民族出版社，2008.

[223] 谢留文.于都方言词典.南京：江苏教育出版社，1998.

[224] 谢志礼，苏连科.藏缅语清化鼻音、边音的来源.民族语文，1990（4）.

[225] 熊正辉.南昌方言词典.南京：江苏教育出版社，1998.

[226] 徐琳，木玉璋，盖兴之.傈僳语简志.北京：民族出版社，1986.

[227] 徐琳，赵衍荪.白语简志.北京：民族出版社，1984.

[228] 徐世璇，周纯禄，鲁美艳.土家语语法标注文本.北京：社会科学文献出版社，2017.

[229] 徐世璇.毕苏语研究.上海：上海远东出版社，1998.

[230] 徐世璇.缅彝语言塞擦音声母初探.民族语文，1995（3）.

[231] 徐婷丽.国内藏缅语族辅音类型研究.上海：上海师范大学硕士学位论文，2017.

[232] 徐悉艰，徐桂珍.景颇族语言简志（载瓦语）.北京：民族出版社，1984.

[233] 徐扬，王伟.布依语的塞音韵尾.贵州民族研究，1983（3）.

[234] 许宝华，陶寰.上海方言词典.南京：江苏教育出版社，1997.

[235] 许鲜明，白碧波，尹明.云南玉溪撒都语.北京：商务印书馆，2019.

[236] 颜清徽，刘丽华.娄底方言词典.南京：江苏教育出版社，1994.

[237] 颜森.黎川方言词典.南京：江苏教育出版社，1995.

[238] 燕海雄，江荻.藏语甘孜话语法标注文本.北京：社会科学文献出版社，2016.

[239] 燕海雄，江荻.国际音标符号的分类、名称、功能与Unicode 编码.语言科学，2007（6）.

[240] 燕海雄，江荻.论鼻音在中国语言中的类型与共性.语言科学，2015（2）.

[241] 燕海雄，孙宏开，江荻.中国南方民族语言塞擦音的类型与系属特征.语言研究，2010（4）.

[242] 燕海雄.藏语甘孜话的历史与现状研究.北京：民族出版社，2022.

[243] 燕海雄.从汉藏语的音变看调音部位的远近关系//戴庆厦.汉藏语学报（第 14 期）.北京：商务印书馆，2023.

[244] 燕海雄.从我国语言看国际音标表的修订与完善.民族语文，2012（5）.

[245] 燕海雄.汉藏语言复元音韵母的类型及来源.民族语文，2022(03).

[246] 燕海雄.汉藏语言软腭擦音的主要来源.百色学院学报，2021（2）.

[247] 燕海雄.建立语言历史音变规则的基本方法//潘悟云，陆丙甫.《东方语言学》（第六辑）.上海：上海教育出版社，2009.

[248] 燕海雄.论东亚语言塞音的音变规则.上海：中西书局，2011.

[249] 燕海雄.论汉藏语言擦音的类型与共性//《中国民族语言学报》编委会.中国民族语言学报（第一辑）.北京：商务印书馆，2017.

[250] 燕海雄.论汉藏语言高元音的类型与共性.常熟理工学院学报，2018（4）.

[251] 燕海雄.论汉藏语言前元音的类型与共性//戴庆厦，罗仁地.汉藏语学报（第 12 期）.北京：商务印书馆，2021.

[252] 燕海雄.论汉藏语言塞音的类型与共性.云南师范大学学报，2015（2）.

[253] 燕海雄.论汉藏语言小舌塞音的音变共性.中央民族大学学报，2016（6）.

[254] 燕海雄.论汉藏语言龈腭塞音的来源//戴庆厦.汉藏语学报（第 5 期）.北京：商务印书馆，2011.

[255] 燕海雄.论汉藏语言硬腭塞音的来源.民族语文，2011(5).

[256] 燕海雄.论前高圆唇元音在中国语言中的类型与主要来源.满语研究，2018（1）.

[257] 燕海雄.论我国境内汉藏语言的语音类型与音变共性.语言研究，2022（2）.

[258] 杨将领.独龙语语法标注文本.北京：社会科学文献出版社，2020.

[259] 杨通银.莫语研究.北京：中央民族大学出版社，2000.

[260] 杨艳.哈尼语窝尼话语法标注文本.北京：社会科学文献出版社，2020.

[261] 叶祥苓.苏州方言词典.南京：江苏教育出版社，1998.

[262] 叶晓锋.汉语方言语音的类型学研究.上海：复旦大学博士学位论文，2011.

[263] 意西微萨•阿错.倒话研究.北京：民族出版社，2004.

[264] 尹世超.哈尔滨方言词典.南京：江苏教育出版社，1997.

[265] 尹蔚彬.纳木兹语语法标注文本.北京：社会科学文献出版社，2016.

[266] 游汝杰，杨乾明.温州方言词典.南京：江苏教育出版社，1998.

[267] 游汝杰.中国语言系属研究述评.云梦学刊，1996（3）.

[268] 喻翠容，罗美珍.傣语简志.北京：民族出版社，1980.

[269] 喻翠容.布依语简志.北京：民族出版社，1980.

[270] 苑中树.黎语塞音韵尾的演变.中央民族学院学报，1991（2）.

[271] 《藏缅语语音和词汇》编写组.藏缅语语音和词汇.北京：中国社会科学出版社，1991.

[272] 詹伯慧，陈晓锦.东莞方言词典.南京：江苏教育出版社，1997.

[273] 占升平.布依语塞音韵尾的演变.遵义师范学院学报，2010（3）.

[274] 张成材.西宁方言词典.南京：江苏教育出版社，1994.

[275] 张光宇.论汉语方言的层次分析//北京大学汉语语言学研究中心《语言学论丛》编委会.语言学论丛（第三十三辑）.北京：商务印书馆，2006.

[276] 张惠英.崇明方言词典.南京：江苏教育出版社，1998.

[277] 张济川.仓洛门巴语简志.北京：民族出版社，1986.

[278] 张济川.古藏语塞音韵尾读音初探.民族语文，1982（6）.

[279] 张均如，梁敏，欧阳觉亚，等.壮语方言研究.成都：四川民族出版社，1999.

[280] 张均如.侗台语轻唇音的产生和发展.民族语文，1995（1）.

[281] 张均如.水语简志.北京：民族出版社，1980.

[282] 张均如.壮侗语族塞擦音的产生和发展.民族语文，1983（1）.

[283] 张琨.原始苗语的声母.民族语文研究情报资料集，1976（2）.

[284] 张燕芬.中古阳声韵韵尾在现代汉语方言中的读音类型.济南：山东大学博士学位论文，2009.

[285] 张振兴，蔡叶青.雷州方言词典.南京：江苏教育出版社，1998.

[286] 郑贻青.回辉话研究.上海：上海远东出版社，1997.

[287] 郑贻青.黎语话语材料.民族语文，1981（1）.

[288] 钟隆林.湖南省耒阳方言记略.方言，1987（3）.

[289] 钟耀萍.纳西语语法标注文本.北京：社会科学文献出版社，2020.

[290] 周德才.末昂语研究.北京：民族出版社，2014.

[291] 周磊.乌鲁木齐方言词典.南京：江苏教育出版社，1995.

[292] 周耀文，罗美珍.傣语方言研究.北京：民族出版社，2001.

[293] 周长楫.厦门方言词典.南京：江苏教育出版社，1998.

[294] 朱建颂.武汉方言词典.南京：江苏教育出版社，1995.

[295] 朱晓农，寸熙.试论清浊音变圈——兼论吴、闽语内爆音不出于侗台底层.民族语文，2006（3）.

[296] 朱晓农，焦磊，严至诚，洪英.入声演化三途.中国语文，2008（4）.

[297] 朱晓农，刘泽民，徐馥琼.自发新生的内爆音——来自赣语、闽语、哈尼语、吴语的第一手材料.方言，2009（1）.

[298] 朱晓农.非肺部气流辅音.《东方语言学》第三辑，上海：上海教育出版社，2009.

[299] 朱晓农.汉语元音的高顶出位.中国语文，2004（5）.

[300] 朱晓农.汉语元音的高顶出位.中国语文，2004（5）.

[301] 朱晓农.近音——附论普通话日母.方言，2007（1）.

[302] 朱晓农.内爆音.方言，2006（1）.

[303] 朱晓农.说鼻音.语言研究，2007（3）.

[304] 朱晓农.说流音.语言研究，2008（4）.

[305] 朱晓农.说元音.语言科学，2008（5）.

[306] 朱晓农.语音学.北京：商务印书馆，2010.

[307] 宗晓哲，李大勤，宋成，等.西藏察隅达让语.北京：商务印书馆，2019.

[308] Benedict, Paul K. 1942. Thai, Kadai and Indonesian: A New Alignment in Southeastern Asia. *American Anthropologist*, Vol. 44.

[309] Benedict, Paul K. 1972. *Sino-Tibetan: A Conspectus*. Cambridge: Cambridge University Press.

[310] Benedict, Paul K. 1975. *Austro-Thai Language and Culture, with A Glossary of Roots*. New Haven: Human Relations Area Files Press.

[311] Campbell, Lyle 1999. *Historical Linguistics: An Introduction*. Cambridge: The MIT Press.

[312] Coblin, Weldon S. 1986. *A Sinologist's Handlist of Sino-Tibetan Lexical Comparisons*. Nettetal: Steyler Verlag.

[313] Comrie, Bernard（eds.） 1987. *The World's Major Languages*. New York: Oxford University Press.

[314] Comrie, Bernard 1989. *Language Universals and Linguistic Typology: Syntax and Morphology*. Chicago: University of Chicago Press.

[315] Comrie, Bernard 1990. *The Major Languages of East and South-East Asia*. London: Routledge.

[316] Goddard, Cliff 2005. *The Languages of East and Southeast Asia: An Introduction*. New York: Oxford University Press.

[317] Greenberg, Joseph H. 1978. *Universals of Human Language*. Stanford: Stanford University Press.

[318] International Phonetic Association 1999. *Handbook of the International Phonetic Association: A Guide to the Use of the International Phonetic Alphabet*. New York: Cambridge University Press.

[319] Katzner, Kenneth 2002. *The Languages of the World*. London: Routledge.

[320] Konow, Sten 1909. The Tibeto-Burman Family. *Linguistic Survey of India* Vol.3.

[321] Labov, William 1972. *Sociolinguistic Patterns*. Philadelphia: University of Pennsylvania Press.

[322] Labov, William 1994. *Principles of Linguistic Change: Internal Factors*. Oxford: Blackwell.

[323] Labov, William 2001. *Principles of Linguistic Change: Social Factors*. Oxford: Blackwell.

[324] Ladefoged, Peter & Maddieson, Ian 1996. *The Sounds of the World's Languages*. Oxford: Blackwell.

[325] Ladefoged, Peter 1967. *Three Areas of Experimental Phonetics: Stress and Respiratory Activity, the Nature of Vowel Quality, Units in the Perception and Production of Speech*. London: Oxford University Press.

[326] Ladefoged, Peter 1971. *Preliminaries to Linguistic Phonetics*. Chicago: University of Chicago Press.

[327] Ladefoged, Peter 1996. *Elements of Acoustic Phonetics*. 2nd ed. Chicago: University of Chicago Press.

[328] Ladefoged, Peter 2001. *Vowels and Consonants: An Introduction to the Sounds of Languages*. Oxford: Blackwell.

[329] Ladefoged, Peter 2006. *A Course in Phonetics*. Boston: Thomson Wadsworth.

[330] Maddieson, Ian 1984. *Patterns of Sounds*. Cambridge: Cambridge University Press.

[331] Matisoff, James A. 1973. *The Grammar of Lahu*. Berkeley, Los Angeles, London: University of California Press.

[332] Matisoff, James A. 1991. Sino-Tibetan Linguistics: Present State and Future Prospects. *Annual Review of Anthropology* 20.

[333] Matisoff, James A. 2003. *Handbook of Proto-Tibeto-Burman: System and Philosophy of Sino-Tibetan Reconstruction*. Berkeley: University of California Press.

[334] Ruhlen, Merritt 1987. *A Guide to the World's Languages*. Stanford: Stanford University Press.

[335] Sagart, Laurent 1999. *The Root of Old Chinese*. Amsterdam: John Benjamins Publishing Company.

[336] Shafer, Robert 1955. Classification of the Sino-Tibetan Languages. *Word* 11.

[337] Shafer, Robert 1974. *Introduction to Sino-Tibetan*. Wiesbaden: Otto Harrassowitz.

[338] Shearer, Walter & Sun, Hongkai. 2017. *Encyclopedia of the 140 Languages of China: Speakers, Dialects, Linguistics Elements, Script, and Distribution*. Lewiston•Lampeter: The Edwin Mellen Press.

[339] Thurgood, Graham & LaPolla, Randy J.(eds.) 2003. *The Sino-Tibetan Languages*. London: Routledge.

[340] William S-Y. Wang(eds.) 1995. The Ancestry of the Chinese Language. *Journal of Chinese Linguistics* 8.

# 附录 1 国际音标符号的分类、名称、功能与 Unicode 编码

## 1.1 缘起

本文主要介绍和讨论国际音标的基本分类、功能和中文定名，目的是为国内教学、研究和国际音标应用提供可参考的、规范的国际音标中文定名和功能描述。

国际语音字母表（简称国际音标表）是国际语音学会为世界各种语言提供的一套标音符号系统。它采用一种简单的图表方式对音标符号进行分类和命名，目前在国际语言学界以及语言教学领域具有很高的声誉，应用广泛。图表方式的国际音标虽然简洁明了，给实际应用带来灵活度和可扩展空间，但另一方面对国际音标的标准化和规范化造成一定难度。这种现象至少表现在两个方面，一是国际音标系统蕴含的命名原则如何具体落实到每一个音标符号，命名是音标分类和音标功能的形式呈现，有高度的系统性和规范性内涵。二是如何用各国本地语给国际音标符号定名，要充分符合原名的分类和功能性质，也要满足本地语的术语命名表达习惯，甚至本地语的语法构词和韵律规则。

1999 年国际语音学会出版了《国际语音学会手册：国际音标使用指南》（以下简称《国际语音学会手册》），该书附录有关国际音标符号的列表，基本解决了每个具体符号的命名问题，也给各国对国际音标符号的本地语定名铺垫了基础。

## 1.2 国际音标符号的中文定名

《国际语音学会手册》的附录 2 标题是“国际音标的计算机编码”。也正是在世界信息化发展大背景下，国际音标遭遇到计算机应用问题。这项应用推动了学会的计算机编码工作，同时也催生了国际音标符号的逐一命名实现。本文主要依据《国际语音学会手册》附录 2 对国际音标符号的命名确定每个符号的中文名称，中文定名的另一个重要的参考依据则来自国内汉语和少数民族语言有关国际音标使用的经验。

《国际语音学会手册》的附录并不是一般意义上的附录，从全书的编排上看，这个附录编排为第三部分，实际上是全书的主体部分之一。附录 2 按照不同内容和排列顺序编排了 6 个音标符号表，例如，依据符号形状仿字母表顺序排列，依据 IPA 编号顺序排序。本文为了与影响广泛的“国际音标（简）表”配合，拟按照简表的分类逐类描述。不过考虑到“国际音标（简）表”通常未列入送气音类，本文在表下注解了这类对东亚语言（尤其是对汉藏语言）具有音位价值的重要音标。

国际音标（简）表由六个符号区域构成，分别是：肺部气流辅音（表），非肺部气流辅音（表），其他（辅音）符号（表），元音（表），附加符号（表），超音段符号（表）。

### 1.2.1 肺部气流辅音

肺部气流辅音是最基本的辅音符号，本文的定名项目包括：发音部位，发音方法和次类发音方法描述，其中又分为：噪音类型（清/浊），气流类型（送气/不送气）。定名原则是：被动发音部位+次类发音方法描述（气流类型+噪音类型）+发音方法。由于次类发音方法描述通常都分有标记与无标记两类。清与浊，清是无标记项，浊是有标记项；送气与不送气，送气是有标记项，不送气是无标记项。

因此按照语言学描写惯例，只出现无标记项情况下，无标记项可以省略（本文用括号括起来）。

以下列表还包括了“国际音标编号”（IPA 编号），这个编号是 1988 年国际语音学会召开基尔（Kiel）大会制定的，即为国际音标字母建立一套无歧义的数字对应编号。表中的另一个重要代码是“UCS 码”，即计算机用“统一编码”（Unicode 编码）。AFII 码是国际字符信息交换学会编码，用于字形登记。“符号称谓”基本是原书直译，因为其中包含了西方文字传统和习惯。“符号功能名称”则是在基本定名原则下拟选的中文名称。

**表附录 1.1 肺部气流辅音（表）的中文名称**[①]

| 符号 | 符号称谓 | 符号功能名称 |
|---|---|---|
| p | 小写字母 P | 双唇（清）塞音[②] |
| b | 小写字母 B | 双唇浊塞音 |
| t | 小写字母 T | 齿龈[③]（清）塞音 |
| d | 小写字母 D | 齿龈浊塞音 |
| ʈ | 带长尾 T | 卷舌（清）塞音 |
| ɖ | 带右尾 D | 卷舌浊塞音 |
| c | 小写字母 C | 硬腭[④]（清）塞音 |
| ɟ | 带中划线无点 J | 硬腭浊塞音 |
| k | 小写字母 K | 软腭（清）塞音 |
| ɡ | 开口尾 G | 软腭浊塞音 |

① 本附录中的表附录 1.1、表附录 1.2、表附录 1.3、表附录 1.4、表附录 1.5 以及表附录 1.6 删去了原表中的“IPA 编码”“UCS 码”“AFII 码”。具体可参考原文。

② 本附录将原文中的“爆发音”统一修订为“塞音”。后文不再注释。

③ 本附录将原文中的“齿/龈”统一修订为“齿龈”。后文不再注释。

④ 本附录将原文中的“[前]硬腭”统一修订为“硬腭”。后文不再注释。

续表

| 符号 | 符号称谓 | 符号功能名称 |
|---|---|---|
| q | 小写字母 Q | 小舌（清）塞音 |
| ɢ | 小形大写字母 G | 小舌浊塞音 |
| ʔ | 喉塞音 | 喉塞音 |
| m | 小写字母 M | 双唇鼻音 |
| ɱ | 带左向尾M （右边） | 唇齿鼻音 |
| n | 小写字母 N | 齿龈鼻音 |
| ɳ | 带右向尾N | 卷舌鼻音 |
| ɲ | 带左向尾 N （左边） | 硬腭鼻音 |
| ŋ | Eng | 软腭鼻音 |
| ɴ | 小形大写字母 N | 小舌鼻音 |
| ʙ | 小形大写字母B | 双唇浊颤音 |
| r | 小写字母 R | 齿龈[①]浊颤音 |
| ʀ | 小形大写字母 R | 小舌浊颤音 |
| ɾ | 鱼钩R | 齿龈浊闪音 |
| ɽ | 带右尾 R | 卷舌浊闪音 |
| ɸ | 希腊字母 Phi | 双唇（清）擦音 |
| β | 希腊字母 Beta | 双唇浊擦音 |
| f | 小写字母 F | 唇齿（清）擦音 |
| v | 小写字母 V | 唇齿浊擦音 |
| θ | 希腊字母 Theta | 齿间[②]（清）擦音 |
| ð | Eth | 齿间浊擦音 |

① 本附录将原文中的“齿或龈”统一修订为“齿龈”。后文不再注释。
② 本附录将原文中的“齿[间]”统一修订为“齿间”。后文不再注释。

续表

| 符号 | 符号称谓 | 符号功能名称 |
|---|---|---|
| s | 小写字母 S | 齿龈[①]（清）擦音 |
| z | 小写字母 Z | 齿龈浊擦音 |
| ʃ | Esh | 龈后（清）擦音 |
| ʒ | Ezh；有尾 Z | 龈后浊擦音 |
| ʂ | 带右尾 S（左边） | 卷舌（清）擦音 |
| ʐ | 带右尾 Z | 卷舌浊擦音 |
| ç | 带底钩小写字母 C | 硬腭（清）擦音 |
| ʝ | 卷尾 J | 硬腭浊擦音 |
| x | 小写字母 X | 软腭（清）擦音 |
| ɣ | 希腊字母 Gamma | 软腭浊擦音 |
| χ | 希腊字母 Chi | 小舌（清）擦音 |
| ʁ | 倒转小形大写字母 R | 小舌浊擦音 |
| ħ | 带划线 H | 咽（清）擦音 |
| ʕ | 反转喉塞音 | 咽浊擦音或近音 |
| h | 小写字母 H | 喉（清）擦音 |
| ɦ | 带顶钩 H | 喉浊擦音 |
| ɬ | 束腰带 L | 齿龈（清）边擦音 |
| ɮ | L-Ezh 连字 | 齿龈浊边擦音 |
| ʋ | 草书 V | 唇齿浊近音 |
| ɹ | 倒转小写字母 R | 齿龈浊近音 |
| ɻ | 倒转小写字母 R，右带尾 | 卷舌浊近音 |

① 本附录将原文中的“龈”统一修订为“齿龈”。后文不再注释。

续表

| 符号 | 符号称谓 | 符号功能名称 |
|---|---|---|
| j | 小写字母 J | 硬腭浊近音 |
| ɰ | 倒转小写字母 M，右带长腿 | 软腭浊近音 |
| l | 小写字母 L | 齿龈浊边近音 |
| ɭ | 带右尾 L | 卷舌浊边近音 |
| ʎ | 倒转小写字母 Y | 硬腭浊边近音 |
| ʟ | 小形大写字母 L | 软腭浊边近音 |

说明：[p]相应的清送气音符号是[$p^h$]，符号称谓是“小写字母 P 上标送气符”，符号功能名称是“双唇送气（清）塞音”。相应地，[$t^h$]的符号称谓是“小写字母 T 上标送气符”，符号功能名称是“齿龈送气（清）塞音”；[$ʈ^h$]的符号称谓是“长尾 T 上标送气符”，符号功能名称是“卷舌送气（清）塞音”；[$c^h$]的符号称谓是“小写字母 C 上标送气符”，符号功能名称是“硬腭送气（清）塞音”；[$k^h$]的符号称谓是“小写字母 K 上标送气符”，符号功能名称“软腭送气（清）塞音”；[$q^h$]的符号称谓是“小写字母 Q 上标送气符”，符号功能名称是“小舌送气（清）塞音”。

### 1.2.2 非肺部气流辅音

非肺部气流辅音分三类，其中只有内爆音在中国部分语言中较普遍。内爆音都是浊音，因此与上文说的清、浊标记性相反，即浊为无标记项，清为有标记项，这倒与鼻音相似。朱晓农称浊音为内爆音的“底伏义”（by default)，尤为恰当（私人通信讨论）。下文把“浊”字用括号括起来。

倒吸气音未必是一个特别恰当的名称，这类音依靠砸唇或弹舌的阻塞造成口腔负压，气流从外部进入口腔形成。外挤气音也不涉及肺部气流的进出，基本依靠口腔内某些部位阻塞形成气压差，除阻后气流外泄形成。

非肺部气流辅音的定名原则与肺部气流辅音的定名原则基本相同。

**表附录1.2 非肺部气流辅音（表）的中文名称**

| 符号 | 符号称谓 | 符号功能名称 |
|---|---|---|
| ʘ | 公牛眼 | 双唇倒吸气音 |
| ǀ | 笛管 | 齿龈倒吸气音 |
| ǃ | 叹号 | 龈后倒吸气音 |
| ǂ | 带双线笛管 | 龈腭倒吸气音 |
| ǁ | 双管 | 龈边倒吸气音 |
| ɓ | 带顶钩小写字母 B | 双唇（浊）内爆音 |
| ɗ | 带顶钩小写字母 D | 齿龈（浊）内爆音 |
| ʄ | 顶钩带划线无点 J | 硬腭（浊）内爆音 |
| ɠ | 带顶钩小写字母 G | 软腭（浊）内爆音 |
| ʛ | 带顶钩小形大写字母 G | 小舌（浊）内爆音 |
| p’ | 小写字母 P+外挤气符 | 双唇外挤气音 |
| t’ | 小写字母 T+外挤气符 | 齿龈外挤气音 |
| k’ | 小写字母 K+外挤气符 | 软腭外挤气音 |
| s’ | 小写字母 S+外挤气符 | 龈外挤气擦音 |

### 1.2.3 其他辅音符号

这部分辅音由于多方面原因无法纳入肺部气流辅音（表），倒不是它们不是肺部气流辅音的原因。这些辅音的调音部位大多有两个成音部位，并且发音时同时起作用。如果要放入第一个表中就得放在两个成音位置，并且与其他单一部位辅音共占一栏。另一些辅音要纳入第一张表就要扩展表的纵列栏，把硬腭分为前硬腭和后硬腭两栏，加上会厌栏等。[①] “其他辅音符号”的定名原则与（肺部气流）辅音的定名原则相同。

**表附录 1.3 其他辅音符号（表）的中文名称**

| 符号 | 符号称谓 | 符号功能名称 |
|---|---|---|
| ʍ | 倒转小写字母 W | 唇-软腭（清）擦音 |
| w | 小写字母 W | 唇-软腭浊近音 |
| ɥ | 倒转小写字母 H | 唇-硬腭浊近音 |
| ʜ | 小形大写字母 H | 会厌（清）擦音 |
| ʢ | 带划线反转喉塞音 | 会厌浊擦音或近音 |
| ʡ | 划线喉塞音 | 会厌塞音 |
| ɕ | 卷尾小写字母 C | 龈腭（清）擦音 |
| ʑ | 卷尾小写字母 Z | 龈腭浊擦音 |
| ɺ | 倒转长腿 R | 龈边浊闪音 |
| ɧ | 带顶钩 Heng | 龈后与软腭协同（清）擦音 |
| k͡p | 带连音符的 K 和 P | k 与 p 协同发音 |
| t͡s | 带连音符的 T 和 S | t 与 s 协同发音 |

### 1.2.4 元音

元音符号的定名项有舌位项和唇状项。舌位指舌尖或舌面的水平维度和垂直维度，分别是高、次高、半高、中、次低、半低、低等；舌位的前后维度可以进一步细分为前、近前、央、靠后、后等；唇状的圆展维度可以分为圆唇与展唇等，通常展唇为无标记项或常

① 本附录将原文中的“前硬腭”统一修订为“龈腭”，“后硬腭”统一修订为“硬腭”。此处删除了原文中的表格。具体参考原文。

项，可以省略。[①]元音的中文定名顺序是：舌位水平维度项+舌位垂直维度项+唇状项。

**表附录1.4 元音（表）的中文名称**

| 符号 | 符号称谓 | 符号功能名称 |
|---|---|---|
| i | 小写字母 I | 前高（展唇）元音 |
| e | 小写字母 E | 前半高（展唇）元音 |
| ɛ | 希腊字母 Epsilon | 前半低（展唇）元音 |
| a | 小写字母 A | 前低（展唇）元音 |
| ɑ | 手写体小写字母 A | 后低（展唇）元音 |
| ɔ | 开口小写字母O | 后半低圆唇元音 |
| o | 小写字母 O | 后半高圆唇元音 |
| u | 小写字母 U | 后高圆唇元音 |
| y | 小写字母 Y | 前高圆唇元音 |
| ø | 带斜线小写字母 O | 前半高圆唇元音 |
| œ | 小写字母O-E连写 | 前半低圆唇元音 |
| ɶ | 小形大写字母O-E连写 | 前低圆唇元音 |
| ɒ | 倒转手写体A | 后低圆唇元音 |
| ʌ | 倒转小写字母 V | 后半低（展唇）元音 |
| ɤ | 公羊角 | 后半高（展唇）元音 |
| ɯ | 倒转小写字母 M | 后高（展唇）元音 |
| ɨ | 带划线小写字母 I | 央高（展唇）元音 |
| ʉ | 带划线小写字母U | 央高圆唇元音 |
| ɪ | 小形大写字母 I | 近前次高（展唇）元音 |
| ʏ | 小形大写字母 Y | 近前次高圆唇元音 |

① 本附录将原文中的“非圆唇”统一修订为“展唇”。后文不再注释。

续表

| 符号 | 符号称谓 | 符号功能名称 |
|---|---|---|
| ʊ | 希腊字母 Upsilon | 靠后次高圆唇元音 |
| ə | 非重读元音符 Schwa | 央（中）元音 |
| ɵ | 带划线小写字母 O | 央半高圆唇元音 |
| ɐ | 倒转小写字母 A | 央次低元音 |
| æ | 小写字母 A-E 连写; Ash | 前次低（展唇）元音 |
| ɜ | 反转希腊字母 Epsilon | 央半低（展唇）元音 |
| ɞ | 闭合反转 Epsilon | 央半低圆唇元音 |
| ɘ | 反转小写字母 E | 央半高（展唇）元音 |

说明：[ɚ]（327）未列入简表，是 r 色彩央元音，汉语多表儿化音。[ɘ]（396）是早期[ɞ]（395）的用法，目前被 395 替代。[ɷ]（398）经常用于阿尔泰语，目前被 321 替代。[ɩ]（399）也是早期用法，目前被 319 替代。

### 1.2.5 附加符号

附加符号主要对所附加的音标作语音性质和状态上的进一步描述，包括音变的描述。附加符号的种类较多，目前的版本与早期版本相比改变较多，应予重视。

**表附录 1.5 附加符号（表）的中文名称**

| 符号 | 符号称谓 | 符号功能名称 | 位置/状态 |
|---|---|---|---|
| ’ | 撇号 | 外挤气音 | p’ k’ ts’ tʃ’ |
| ̥ | 圈下置 | 清化 | n̥ d̥ |
| ̊ | 圈上置 | 清化 | ŋ̊ g̊ |
| ̬ | 下置楔形符 | 浊化 | s̬ k̬ |

续表

| 符号 | 符号称谓 | 符号功能名称 | 位置/状态 |
|---|---|---|---|
| ʰ | 上标小写字母 H | 送气 | pʰ tʰ |
| ◌̹ | 下置右半圈 | 更圆 | e̹ ɔ̹ |
| ◌̜ | 下置左半圈 | 略展 | ɔ̜ |
| ◌̟ | 下置加号 | 偏前 | u̟ |
| ◌̠ | 下置横条 | 偏后 | e̠ |
| ◌̈ | 上置元音变音符 | 央化 | ë |
| ◌̽ | 上置叉形符 | 央-中化 | e̽ |
| ◌̩ | 下置音节性标记 | 音节性 | ɹ̩ n̩ l̩ |
| ◌̯ | 下置拱形符 | 非音节性 | e̯ |
| ˞ | 右(上角带)钩 | 卷舌性 | e˞ ə˞ ɑ˞ a˞ |
| ◌̤ | 下置元音变音符 | 气嗓声 | b̤ a̤ |
| ◌̰ | 下置波纹符 | 哑嗓声 | b̰ a̰ |
| ◌̼ | 下置海鸟符 | 舌唇性 | t̼ d̼ |
| ʷ | 上标小写字母 W | 唇化 | tʷ dʷ |
| ʲ | 上标小写字母 J | 硬腭化 | tʲ dʲ |
| ˠ | 上标希腊字母 Gamma | 软腭化 | tˠ dˠ |
| ˤ | 上标反转喉塞音 | 咽化 | tˤ dˤ |
| ◌̴ | 中插波纹符 | 软腭化或咽化 | n̴d̴ |
| ◌̝ | 上升符 | 偏高 | e̝ ɹ̝ (e˔ o˔) |
| ◌̞ | 下降符 | 偏低 | e̞ β̞ (e˕ o˕) |
| ◌̘ | 靠前 | 舌根偏前 | u̘ |
| ◌̙ | 靠后 | 舌根偏后 | e̙ |
| ◌̪ | 下置桥形符 | 齿化 | n̪ d̪ |
| ◌̺ | 下置倒转桥形符 | 舌尖性 | n̺ d̺ |

续表

| 符号 | 符号称谓 | 符号功能名称 | 位置/状态 |
|---|---|---|---|
| ̻ | 下置方形符 | 舌叶性 | n̻ d̻ |
| ˜ | 上置波纹符 | 鼻化 | ẽ ã |
| ⁿ | 上标小写字母 N | 鼻音除阻 | dⁿ |
| ˡ | 上标小写字母 L | 边音除阻 | dˡ |
| ˥ | [上标]转角符 | 无听感除阻 | p̚ d̚ |
| ͡ | 顶端连字符 | 塞擦或双部位音 | k͡p g͡b t͡s d͡ʒ |

说明：中国语言中习惯使用的（弱）送气音符号[ʻ]（反转撇号）已于 1979 年版中取消。表示卷舌性的[ ̢ ：e̢ʁ̢a̢ɔ̢ ]（下置右钩）1989 年后被 419 替代。部分教材中下置[ ̮ ]表示唇化的符号被 420 替代。表示偏前和偏后的加号和减号也分别改用 413 和 414 或者 417 和 418 表示。

### 1.2.6 超音段符号

欧美语言大多没有音节性声调（字调），反之，有些语言有所谓词音高重调（pitch accent / word accent），于是描写东方语言时，欧美语言学家往往采用类似重调符号来表示。例如[ ˇ ]（楔形符）表示降升调，[ ˆ ]（曲折符）表示升降调，1989 年国际语音学会都予以重新定义。另外，还应该注意，声调分为平调与仄调，仄调也可称为曲折调。为此，欧美学者声调语言描写论著中标在音标符号上方的附加符号不能望文生义，无论平调栏的上斜或下斜符号都是平调，只是高低有别罢了。仄调栏的上升或下降或是升调或是降调，也可能是曲折调。

**表附录1.6 超音段符号（表）的中文名称**

| 符号 | 符号称谓 | 符号功能名称 | 位置/状态 |
|---|---|---|---|
| ˈ | 上角竖线 | 重音 | ˌfoʊnəˈtɪʃən |
| ˌ | 下角竖线 | 次重音 | ˌfoʊnəˈtɪʃən |
| ː | 长度符 | 长音 | eː |
| ˑ | 半长符 | 半长音 | eˑ |
| ˘ | 短音符 | 更短 | ĕ |
| . | 句号 | 分音节符 | ɹi.ækt |
| \| | 竖线（粗） | 小（音步）韵律段 | 略 |
| ‖ | 双竖线（粗） | 大（语调）韵律段 | 略 |
| ‿ | 底端连字符 | 连接（无间隔出现） | ˌfɑːɹ‿əˈweɪ |
| ˝ | 双锐重音符(上) | 高平 | a̋ |
| ˊ | 锐重音符(上) | 次高平 | á |
| ˉ | 长音符 | 中平 | ā |
| ˋ | 钝重音符(上) | 次低平 | à |
| ̏ | 双钝重音符(上) | 低平 | ȁ |
| ˥ | 高调符 | 高平 | ma˥ |
| ˦ | 次高调符 | 次高平 | ma˦ |
| ˧ | 中调符 | 中平 | ma˧ |
| ˨ | 次低调符 | 次低平 | ma˨ |
| ˩ | 低调符 | 低平 | ma˩ |
| ˇ | 楔形符 | 升调 | ǎ |
| ˆ | 曲折符 | 降调 | â |
| ᷄ | 长音+锐重音 | 高升调 | a᷄ |
| ᷅ | 钝重音+长音 | 低升调 | a᷅ |
| ᷈ | 钝音+锐音+钝重音 | 升降调 | a᷈ |

续表

| 符号 | 符号称谓 | 符号功能名称 | 位置/状态 |
|---|---|---|---|
| ˩˥ | 升调符 | 升调 | ma˩˥ |
| ˥˩ | 降调符 | 降调 | ma˥˩ |
| ˧˥ | 高升调符 | 高升调 | ma˧˥ |
| ˩˧ | 低升调符 | 低升调 | ma˩˧ |
| ˧˥˧ | 升降调符 | 升降调 | ma˧˥˧ |
| ↓ | 向下箭头 | 降阶 | 略 |
| ↑ | 向上箭头 | 升阶 | 略 |
| ↗ | 上斜箭头 | 全上升 | 略 |
| ↘ | 下斜箭头 | 全下降 | 略 |

## 1.3 结语

国际语音学会以及由它倡导制定的国际音标表迄今已经迈过了 120 年的久远历程（1886-2007）。随着语音学、语言学以及国际音标应用的发展，国际音标表也经历了多次的更新和修改。譬如，中国读者熟悉的塞擦音[ʦ，ʣ，ʧ，ʤ，ʨ，ʥ]等也曾经列入国际音标表，只是近年版本仍采用组合方式表示，例如[ʦ]=[t]（103）+[s]（132），[ʨ]=[t]（103）+[ɕ]（182）。还有一些曾设置但难以证实的音标后来被取消了，例如[ᶑ]曾作为“卷舌浊内破音”设置。也有重叠设置或设置不合理而被取消的音标，例如[ƫ]设置为“齿龈硬腭化（清）塞音”，因为硬腭化采用音标右上方添加[ ʲ ]表示，单独设立这个音标就没有必要，1989 年予以取消。类似情况取消的音标符号还有[ɫ]（齿龈软腭化浊边近音）、[ɼ]、[ʆ]、[ʓ]等。

关于国际音标的中文定名，还涉及更复杂的情况。有些附加符号可能造成更复杂的中文名称，例如鼻化、清化、浊化、唇化、腭化、软腭化、音节性、卷舌性等。这些复杂组合的辅音可以描述为"X化/性/（的）+中文定名"；元音可以描述为"中文定名+X化/性/（的）"，其中X表示附加符号描述。例如：

**表附录1.7 复杂组合音段的中文定名**

| b̥ | 清化双唇浊塞音 | b̩ | 音节性双唇浊塞音 |
|---|---|---|---|
| ɓ̥ | 清化双唇（浊）内爆音 | ɓ̩ | 音节性双唇（浊）内爆音 |
| z̥ | 清化齿龈浊擦音 | ɦ̩ | 音节性声门浊擦音 |
| bʲ | 腭化双唇浊塞音 | bˠ | 软腭化双唇浊塞音 |
| ɓʲ | 腭化双唇（浊）内爆音 | ɓˠ | 软腭化双唇（浊）内爆音 |
| zʲ | 腭化齿龈浊擦音 | zˠ | 软腭化齿龈浊擦音 |
| m̥ | 清化双唇鼻音 | m̩ | 音节性双唇鼻音 |
| r̥ | 清化齿龈浊颤音 | r̩ | 音节性齿龈浊颤音 |
| z̩ | 音节性齿龈浊擦音 | s̬ | 浊化齿龈清擦音 |
| t̬ | 浊化齿龈清塞音 | ɸ̂ | 浊化双唇清擦音 |
| s̻ | 舌叶（部位的）齿龈清擦音 | l̺ | 舌尖（部位的）齿龈浊边音 |
| ã | 前低（展唇）鼻化元音 | a̱ | 前低（展唇）紧元音 |
| ɒ̃ | 后低圆唇鼻化元音 | ɒ̱ | 后低圆唇紧元音 |
| ə̃ | 央中鼻化元音 | ə̱ | 央中紧元音 |

少量音标还可能有其他表达习惯，例如m̥可以描述为"清化双唇鼻音"或"双唇清化鼻音"。

在当今信息社会发展中，音标符号不再单纯是教学和少数学人科研工作的工具。国际音标的规范化和标准化已跨入更广泛的应用领域，进入了国际标准组织（the International Standards Organization，ISO）和统一编码联盟（Unicode Consortium）的工作领域。这也意味着，在国际互联网以及多元社会交往中，国际音标已成为每一个人的规范与标准。正确理解和使用国际音标已成为人们知识体系中必要的环节。本文倡议建立规范的国际音标中文定名正是在这个意义上开展的。

**参考文献：**

黄笑山：《国际音标及其译名的理解》，载《浙江大学学报（人文社会科学版）》，2006（5）。

李蓝：《“中国通用音标符号集”及若干问题的说明》，载《方言》，2006（3）。

罗常培、王均：《普通语音学纲要》，北京：商务印书馆，2002。

麦耘：《对国际音标理解和使用的几个问题》，载《方言》，2005（2）。

孙宏开、江荻：《描写中国语言使用的国际音标及附加符号》，载《民族语文》，2004（1）。

中国语言学会语音学分会：《国际音标（修订至2005年）中文版》，载《方言》，2007（1）。

朱晓农：《实验语音学与汉语语音研究》，载刘丹青主编：《语言学前沿与汉语研究》，上海：上海教育出版社，2005。

朱晓农：《内爆音》，载《方言》，2006（1）。

朱晓农：《音韵研究》，北京：商务印书馆，2006。

International Phonetic Association 1999. *Handbook of the International Phonetic Association: A Guide to the Use of the International Phonetic Alphabet*. New York: Cambridge University Press.

Ladefoged, Peter & Maddieson, Ian 1996. *The Sounds of the World's Languages*. Oxford: Blackwell.

Ladefoged, Peter 2006. *A Course in Phonetics*. Boston: Thomson Wadsworth.

Ladefoged, Peter 2001. *Vowels and Consonants: An Introduction to the Sounds of Languages*. Oxford: Blackwell.

Pullum, Geoffrey K. and Ladusaw, William A. 1996. *Phonetic symbol guide* (2nd edition). Chicago: University of Chicago Press.

Trask, Robert L. 1996. *A dictionary of phonetics and phonology*. London: Routledge.

Unicode Consortium. *The Unicode Standard 5.0.-Beta* [EB/OL]. http://www.unicode.org/Public/5.0.0/.

# 附录 2 从我国语言看国际音标表的修订与完善

## 2.1 引言

随着语言调查的种类越来越多，范围越来越大，类型越来越复杂，语言学家逐渐认识到基于西方语言基础上创制的国际音标表在记录和描写有些语言时可能会遇到困难，尤其在调查与西方语言类型迥异的东亚语言时，最新的国际音标表（修订至 2005 年）有进一步修订与完善的必要。国际语音学会也非常重视国际音标表的修订，自从该表创制以来，已经经过多次修订（例如 1989 版、1993 版、1996 版以及 2005 版等）。正是在这样的背景下，本文讨论修订与完善国际音标表才具有了现实的意义，同时也具备一定的可操作性。

国际语音学会在创制国际音标表的过程中要遵循学会制定的相关原则，但是在特殊的情况下，有些原则并不一定会贯彻到底，从而弱化了国际音标表在世界语言中的普适性。国际音标表之所以要不断地修订与完善，至少应该包括以下几个方面的原因：第一，语言调查是逐渐展开的，不管从区域上看，还是在类型上看，我们对语言的认识必然是不对称的，并且是逐渐加深的；第二，世界语言的语音材料是丰富的，也是复杂的，我们对于它的认识必然会具有历史局限性；第三，国际语音学会的人员构成并不是按照语言区域或语言类型来按照一定的比例均匀分布的，这可能会导致对语音材料的认识不太客观。正是在上述多重因素的作用下，2005 版的国际音标表尽管在之前的基础上有所修订，但是有一些问题依然可以继续讨论，例如塞擦音（affricate）与龈腭音（alveolar-palatal）在世界语言音系中具有重要的音位区别功能，但这种地位并没有在国际音标表中体现出来。塞擦是对调音方法而言的，而龈腭是对调音部位而言的。这是个非常重要的问题，因为它涉及的不是某一个音段，而是两个音类集合，影响到我们对于语音系统的认识。正是从这个意义上而言，塞擦音与龈腭音在国际音标表中的位置不仅仅能够体现出它们在世界语言音系中的可能性地位，更能够反映出我们对于语音材料的认知与分类方式。

本文以中国的语言为例，分别统计了塞擦音与龈腭音在 128 个中国少数民族语言中的分布与出现次数，并与相关的一些语音现象进行比较，认识到塞擦音与龈腭音在中国的语言音系中具有极其重要的区别功能，建议在遵守国际语音学会修订国际音标表的相关程序下，提升塞擦音与龈腭音在国际音标表中的地位，并对修订方案以及音标符号的表示方式做出相关的解释与说明。[①]

## 2.2 塞擦音的修订与完善

塞擦音在国际音标表（2005 版）中的"其他辅音表"中有所体现，属于举例性质。一般认为塞擦音是独立的音段，既与常见塞音（simple stops）不同，也与复辅音序列（同部位的塞音和擦音组合而成）不同。在通常情况下，塞音在除阻的同时，如果其收紧点处足够狭窄的话，气流从该处通过时将会形成湍流。这个瞬间的摩擦一般被认为是塞音除阻时破裂的一部分。因此，在这个意义上说，塞擦音的性质更加接近于常态塞音，只是由于其收缩除阻的方式从

① 孙宏开、胡增益、黄行主编：《中国的语言》，北京，商务印书馆，2007。

而导致除阻之后的摩擦阶段延长。[①]正是在这样的认识下，国际语音学会从来没有否认过塞擦音的存在，相反在国际音标符号集中已经承认了齿龈（alveolar）、龈腭（alveolar-palatal）以及龈后（postalveolar）塞擦音，其音标符号没有采用“一音一符”的形式，而是利用塞音符号（同部位或相近部位）与擦音符号的组合形式来体现，例如[ts，dz]表示齿龈塞擦音，[tɕ，dʑ] 表示龈腭塞擦音，[tʃ，dʒ]表示龈后塞擦音。在国际音标表中，塞擦音在其他符号表中以举例的形式出现。至于为什么要把其他音标符号单列出来，《国际语音学会手册》作了如下解释。

> 为了描述方便，其他音标符号在国际音标里单列出来。这部分包括不适合放入主要辅音表发音部位和发音方法表格的几种符号。在某些情况下，例如会厌音（epiglottal）和龈腭音（alveolo-palatal），由于这些音较为少见，音类数量不多，国际音标表没有提供相应的发音部位栏目。还有一些其他情况，例如[w]同时涉及两个发音部位，在表格里排列起来不方便。如果为所有有双重部位的辅音单独设立表格栏目，那么表格的大小将变得难以处理。大部分设计多重发音部位的辅音都用一个连接符(tie bar)[ ͡ ]组合两个符号书写，例如[k͡p]表示唇-软腭清塞音（voiceless labial-velar plosive）。[②]

凡是被安排在该表中的音标符号，大概有两个方面的原因：第一，“不适合放入主要辅音表发音部位和发音方法表格”中；第

---

① Ladefoged, Peter & Maddieson, Ian 1996. *The Sounds of the World's Languages*. Oxford: Blackwell.

② 国际语音学会：《国际语音学会手册》（中文版），江荻译，23~24页，上海，上海教育出版社，2008。

二，“这些音较为少见，音类数量不多”。至于塞擦音属于哪一类，《手册》并没有直接说明。塞擦音显然不属于第一个原因，因为如果承认塞擦音作为一个独立音类的话，那么这个问题非常容易处理，即在塞音之下（在塞音行与鼻音行之间）插入行，然后在相应的单元格内添加塞擦音符号即可。但是国际音标表并没有这样设计，那么只能是第二个原因了。塞擦音在世界语言音系中“较为少见，音类数量较少”吗？数据证明，塞擦音在世界语言音系中极其普遍，尤其在东亚语言中具有重要的音系区别功能。以我国的语言为例来看塞擦音的音系地位。

**表附录 2.1 塞擦音在我国语言音系中的分布状况**

| 符号 | 调音部位 | 数量 | 符号 | 调音部位 | 数量 |
|---|---|---|---|---|---|
| tθ | 齿间 | 1 | tʂ | 卷舌 | 46 |
| tθh | 齿间 | 0 | tʂh | 卷舌 | 35 |
| dð | 齿间 | 0 | dʐ | 卷舌 | 34 |
| dðh | 齿间 | 0 | dʐh | 卷舌 | 0 |
| ts | 齿龈 | 94 | tɕ | 龈腭 | 65 |
| tsh | 齿龈 | 70 | tɕh | 龈腭 | 53 |
| dz | 齿龈 | 43 | dʑ | 龈腭 | 42 |
| dzh | 齿龈 | 0 | dʑh | 龈腭 | 0 |
| tʃ | 龈后 | 41 | cç | 硬腭 | 3 |
| tʃh | 龈后 | 24 | cçh | 硬腭 | 3 |
| dʒ | 龈后 | 27 | ɟj | 硬腭 | 3 |
| dʒh | 龈后 | 1 | ɟjh | 硬腭 | 0 |

表附录 2.1 是塞擦音在 128 个中国少数民族语言中的出现情况。需要说明的是，唇齿塞擦音在部分汉语方言与民族语言方言音

系中具有音位价值，只是在上述 128 个中国少数民族语言中没有体现出来，因此在表附录 2.1 中并没有唇齿塞擦音的数据。这些数据说明，几乎四分之三的语言中拥有齿龈塞擦音音位，二分之一的语言中拥有龈腭塞擦音音位，三分之一的语言中拥有卷舌塞擦音与龈后塞擦音，这样的数据足以说明塞擦音在中国的语言中具有极其重要的音系地位。①基于上述考虑，塞擦音应当在国际音标表中占有一席之地，目前仅仅在其他辅音表中以举例性质的形式出现有些不太符合其音系地位。

通过中国的语言数据来看，塞擦音应该被纳入到国际音标表中。那么如何纳入？这是问题的关键。前文已有说明，在 2005 版国际音标表的基础上，结合塞擦音与塞音之间的密切关系，如果将塞擦音置于塞音之下应该是可行的，即在塞音与鼻音之间插入行，并在相应的单元格内添加塞擦音符号。考虑到国际语音学会已经接受了利用[塞音+擦音]的组合形式来表示相应部位的塞擦音，就没有必要再重新创造一套新的符号形式，原因至少有以下两个方面：第一，组合形式符合我们的使用习惯；第二，塞擦音音类下摄多个音段，新创符号无疑增加了国际音标符号的总量。在这样的情况下，我们建议遵守国际语音学会已采用的组合规则，即用塞音符号（同部位或相近部位）与擦音符号的组合形式来表示不同部位的塞擦音，例如用[pf，bv]表示唇齿塞擦音，用[tθ，dð]表示齿间塞擦音，用[tʂ，dʐ]表示卷舌塞擦音，用[cç，ɟʝ]表示硬腭塞擦音。

此外，哪些部位一定存在塞擦音？哪些部位可能存在、但至今尚未发现塞擦音？哪些部位一定不会存在塞擦音？随着语言调查的积累，唇齿、齿间、齿龈、龈后、卷舌、龈腭、硬腭等部位的塞擦音是存在的，双唇、软腭、小舌、会厌部位是否存在塞擦音尚

① 燕海雄：《中国南方民族语言塞擦音的类型与系属特征》，载《语言研究》，2010（4）。

需进一步讨论。

### 2.3 龈腭音的修订与完善

国际音标表尚未把龈腭音纳入到主要辅音表中，而是把它放在其他符号表。在其他符号表中，只有龈腭擦音[ɕ，ʑ]，没有龈腭塞音与龈腭塞擦音。对于为什么要把龈腭音列入其他符号表中，《国际语音学会手册》有明确的解释，即“由于这些音较为少见，音类数量不多，国际音标表没有提供相应的发音部位栏目”。事实果真如此吗？除了龈腭擦音之外，是否存在龈腭塞音与龈腭塞擦音等？在中国的语言音系中，龈腭音是具有音位价值的。

**表附录 2.2 龈腭音在我国语言中的分布状况**

| 塞音 | 数量 | 塞擦音 | 数量 | 擦音 | 数量 | 鼻音 | 数量 |
|---|---|---|---|---|---|---|---|
| ȶ | 4 | tɕ | 65 | ɕ | 70 | ȵ | 75 |
| ȶh | 4 | tɕh | 53 | ɕh | 3 | ȵh | 1 |
| ȡ | 0 | dʑ | 42 | ʑ | 36 | ȵ̥ | 18 |
| ȡh | 0 | dʑh | 0 | ʑh | 0 | ȵ̥h | 2 |

通过上表数据可以看出，龈腭塞音在我国语言音系中的区别功能较小，但在个别语言音系中依然具有一定的音位价值，例如侗语、水语、莫语以及佯僙语等。龈腭塞擦音和龈腭擦音大概在二分之一强的语言中具有音位价值，足以说明二者在我国语言音系中具有极其重要的音系区别功能。[①]表附录 2.3 以卷舌部位为例、表附录 2.4 以硬腭部位为例来对比说明龈腭部位的音系地位。

① 燕海雄：《论汉藏语言龈腭塞音的来源》，见《汉藏语学报》（第 5 期），北京，商务印书馆，2011。

**表附录 2.3 卷舌音在我国语言中的分布状况**

| 塞音 | 数量 | 塞擦音 | 数量 | 擦音 | 数量 | 鼻音 | 数量 |
|---|---|---|---|---|---|---|---|
| ʈ | 5 | tʂ | 46 | ʂ | 41 | ɳ | 1 |
| ʈh | 3 | tʂh | 35 | ʂh | 2 | ɳh | 0 |
| ɖ | 4 | dʐ | 34 | ʐ | 33 | ɳ̊ | 0 |
| ɖh | 0 | dʐh | 0 | ʐh | 0 | ɳ̊h | 0 |

**表附录 2.4 硬腭音在我国语言中的分布状况**

| 塞音 | 数量 | 塞擦音 | 数量 | 擦音 | 数量 | 鼻音 | 数量 |
|---|---|---|---|---|---|---|---|
| c | 10 | cç | 3 | ç | 7 | ɲ | 3 |
| ch | 8 | cçh | 3 | çh | 0 | ɲh | 0 |
| ɟ | 3 | ɟʝ | 3 | ʝ | 0 | ɲ̊ | 1 |
| ɟh | 0 | ɟʝh | 0 | ʝh | 0 | ɲ̊h | 0 |

通过表附录 2.3 与表附录 2.2 的数据比较，可以看出卷舌部位在塞音层面上的音系区别功能与龈腭部位基本相当，而在塞擦音、擦音以及鼻音层面，龈腭部位则明显强于卷舌部位。通过表附录 2.4 与表附录 2.2 的数据比较，可以看出硬腭部位在塞音层面上的音系区别功能强于龈腭部位，但在塞擦音、擦音以及鼻音层面，龈腭部位占有绝对的领先地位。如此看来，《国际语音学会手册》中龈腭音没有进入肺部气流辅音表的理由是不充分的。既然卷舌部位与硬腭部位都被纳入到主要辅音表中，那么龈腭部位理所当然应该进入到肺部气流辅音表中。龈腭音有另外一个别名，叫“前硬腭音”，那么不妨把龈腭部位放在硬腭部位之前，即在卷舌列与硬腭列之间插入列，然后在相应的单元格内添加龈腭音符号。

在国际音标符号集中，龈腭擦音的形式是[ɕ，ʑ]，龈腭塞擦音的形式是[tɕ，dʑ]，而龈腭塞音与龈腭鼻音尚没有符号表示。结合龈腭擦音的符号形式，龈腭塞音最好用卷尾的方式[ȶ，ȡ]来表示，龈腭鼻音最好也用卷尾的方式[ȵ]来表示。这样的好处是一方面与已有的龈腭擦音保持一致，另一方面也与我国传统的记音习惯相符，不需要再创设新的符号。

## 2.4 结语

从调音方法上看，塞擦音在中国的语言中具有重要的音系地位；从调音部位的角度看，龈腭音在中国的语言中同样具有重要的音系地位。因此，国际音标表（2005 版）关于塞擦音与龈腭音的处理不能反映出二者在现实世界语言音系中的地位，需要对其进行进一步的修订与完善。从调音方法看，应当将塞擦音纳入国际音标肺部气流辅音（表）中；从调音部位看，应当将龈腭音纳入国际音标肺部气流辅音（表）中。[①]

**参考文献：**

麦耘：《对国际音标理解和使用的几个问题》，载《方言》，2005（2）。

李蓝：《“中国通用音标符号集”及若干问题的说明》，载《方言》，2006（3）。

黄笑山：《国际音标及其译名的理解》，载《浙江大学学报》，2006（5）。

孙宏开、胡增益、黄行主编：《中国的语言》，北京，商务印书馆，2007。

中国语言学会语音学分会：《国际音标（修订至 2005 年）》，载《方言》，2007（1）。

---

① 此处删除了表格。具体请参考原文。

燕海雄、江荻：《国际音标符号的分类、名称、功能与 Uicode 编码》，载《语言科学》，2007（6）。

国际语音学会：《国际语音学会手册：国际音标使用指南》（中文版），上海，上海教育出版社，2008。

江荻：《组合音标符号的语音性质与中文定名方法》，载《语言研究》，2009（3）。

燕海雄：《中国南方民族语言塞擦音的类型与系属特征》，载《语言研究》，2010（4）。

燕海雄：《论汉藏语言龈腭塞音的来源》，见《汉藏语学报》（第 5 期），北京，商务印书馆，2011。

Ladefoged, Peter & Maddieson, Ian 1996. *The Sounds of the World's Languages*. Oxford: Blackwells.

International Phonetic Association 1999. *Handbook of the International Phonetic Association: A Guide to the Use of the International Phonetic Alphabet*. New York: Cambridge University Press.

# 附录 3 从汉藏语的音变看调音部位的远近关系

## 3.1 引言

国际音标表（the International Phonetic Alphabet，简称为 IPA）是由国际语音学会制定的，可以用来记录语言的语音或音系结构，也可以为其他书面语言系统或以前没有文字的语言设计正字法。[①] 世界语言的语音材料异常丰富，据 Ladefoged & Maddieson 报道，当代世界语言音系中大约有 200 多个元音音段与 600 多个辅音音段。[②]这些语音材料的分布并不平衡，有些音段普遍存在于世界语言音系中，有些音段分布在部分语言区域中，有些音段分布在个别语言音系中，有些音段在音理上可能存在、但尚未在现实语言中发现。随着语言调查和研究的深入和新的语音材料及新的组织方式的发现，国际语音学会不断地修订国际音标表的语音知识和排列方式，把最新的认知水平尽可能地反映到国际音标表的设计方案中，力求准确描写和分析可能存在的声音。

国际音标表由 6 个符号区域构成，分别为肺部气流辅音表、非肺部气流辅音表、其他（辅音）符号表、元音表、附加符号表以及

---

① International Phonetic Association 1999. *Handbook of the International Phonetic Association: A Guide to the Use of the International Phonetic Alphabet*. New York: Cambridge University Press；国际语音学会：《国际语音学会手册》，江荻译，上海，上海教育出版社，2008。

② Ladefoged, Peter & Maddieson, Ian 1996. *The Sounds of the World's Languages*. Oxford: Blackwell.

超音段符号表。肺部气流辅音表分为不同的调音部位和不同的调音方法。横行表示调音部位，分别为双唇、唇齿、齿间、齿龈、龈后、卷舌、硬腭、软腭、小舌、咽以及喉等 11 个调音部位；竖列表示调音方法，分别为塞音、鼻音、颤音、拍音或闪音、擦音、边擦音、近音以及边近音等 8 个调音方法。①

从被动调音部位来看，人类的调音器官是一个连续统，从前到后可以粗略地分为 11 个调音部位，或者称之为“调音目的区域”（articulation target region）。世界语言音系中的语音材料是丰富多彩的，但在同一语言音系中能够起到音位区别功能的语音材料又是极其有限的。用上述 11 个被动调音部位来描写和分析世界语言中的音位系统在大多数情况下是可行的，但涉及跨语言比较、语音识别与合成等时，上述分类体系还有进一步细化的必要。在不同的语言音系中，相同的音标符号所指内容可能有所不同。同一个主动调音器官可以与多个被动调音部位匹配，同一个被动调音部位也可以与多个主动调音器官匹配。②在这样的情况下，语言的调查和研究（尤其是语言描写）就显得尤为重要。语言描写的学者在音位归纳和说明中需要尽可能地提供更多的更加准确的主动/被动调音信息，为后期的深入研究提供可行操作的基础。

## 3.2 被动/主动调音之间的匹配关系

从人类发音器官的调音过程来看，被动调音部位只是实现调音的一个必要条件，而主动调音器官则是实现调音的另外一个必要条

---

① 此处删除了表格，具体可参考原文。燕海雄、江荻：《国际音标符号的分类、名称、功能与 Unicode 编码》，载《语言科学》，2007（6）。

② 麦耘：《对国际音标理解和使用的几个问题》，载《方言》，2005（2）；朱晓农：《语音学》，北京，商务印书馆，2010；燕海雄：《论东亚语言塞音的音变规则》，112~117 页，上海，中西书局，2011。

件。主动调音器官与被动调音部位之间的匹配关系不是唯一的，同时又是有限的。Ladefoged & Maddieson（1996）曾经对这种可能性的匹配关系做过研究。

**表附录 3.1 被动-主动调音器官之间的匹配关系**①

| 序号 | 调音部位 | 调音目的区域 | 活动器官 | 音标示例 |
|---|---|---|---|---|
| 1 | 双唇 | 唇 | 下唇 | p b m |
| 2 | 唇齿 | 齿 | 下唇 | ɱ |
| 3 | 舌叶-唇 | 唇 | 舌叶 | t̼ d̼ n̼ |
| 4 | 齿间 | 齿 | 舌叶 | t̟ d̟ n̟ |
| 5 | 舌尖-齿 | 齿 | 舌尖 | t̪ d̪ n̪ |
| 6 | （舌叶）齿-齿龈 | 齿或齿龈 | 舌叶 | t̺ d̺ n̺ |
| 7 | 舌尖-齿龈 | 齿龈 | 舌尖 | t d n |
| 8 | 舌叶-齿龈 | 齿龈 | 舌叶 | t̻ d̻ n̻ |
| 9 | 舌尖-卷舌 | 龈后 | 舌尖 | t d n |
| 10 | （舌叶）硬腭-齿龈 | 龈后 | 舌叶 | t̠ d̠ n̠ |
| 11 | 舌尖后（卷舌） | 硬腭 | 下舌叶 | ʈ ɖ ɳ |
| 12 | 硬腭 | 硬腭 | 舌面前 | c ɟ ɲ |
| 13 | 软腭 | 软腭 | 舌面后 | k g ŋ |
| 14 | 小舌 | 小舌 | 舌面后 | q ɴ |
| 15 | 咽 | 咽 | 舌根 | ħ ʕ |
| 16 | 会厌 | 会厌 | 会厌 | ʡ ʜ ʢ |
| 17 | 喉 | 喉 | 声带 | ʔ |

上述 17 种匹配关系是可能性的，并不是必然的。从调音部位

---

① Ladefoged, Peter & Maddieson, Ian 1996. *The Sounds of the World's Languages*. Oxford: Blackwell.

上看，任何音系中的任何辅音音段都可以在上述可能性中找到对应的语音描述，当然这种对应关系是粗略的。即使将上述17种匹配关系进一步细分，在语音层面上也达不到理论上的精确对应，而只能是粗略对应。这主要是由于人类调音器官是连续的、动态的，而音标符号却是间断的、静态的，这是用有限（间断性）去描述无限（连续性）的必然结果。从音系学上看，这些匹配关系在同一语言音系中是很难共现的，或者说在同一个语言音系中很难达到如此精细的区别度；但是从语音学的角度看，由于个体生理特征、语流环境、语用目的的差异等，上述大多数的匹配关系有可能作为语音变异在同一音系中不同的语音环境中共现。

如果从连续统的观念出发，可以得出以下典型推理：相邻的匹配关系比相隔的匹配关系在语音性质上更加接近。这个推理有其合理的成分，但不能无限扩展。根据上述论断可以得出第一个判断：双唇音与唇齿音之间是相邻关系，双唇音与舌叶-唇音之间是相隔关系，那么前者之间的相邻关系要比后者之间的相隔关系更加接近。这个判断在汉藏语的历时音变材料中常有体现，主要表现为唇齿擦音的来源。①在汉语音韵学界有一个为人熟知的音变现象，即“古无轻唇音”，反映的就是这种现象。在侗台语中，张均如（1995）认为原始侗台语和原始台语没有轻唇音声母（即唇齿擦音），现代侗台语音系中的唇齿擦音是后起的，是从重唇音中分化出来的。②除了上述能够反映历时音变现象的语音对应材料，在汉藏语中还存在更多的语音变异材料。戴庆厦（2005）指出缅语支浪速语音系中的部分声母ph存在自由变体[f]，例如“叶子”[phɔʔ⁵⁵]，可以变读为

① 燕海雄：《论东亚语言塞音的音变规则》，197~213页，上海，中西书局，2011。

② 张均如：《侗台语轻唇音的产生和发展》，载《民族语文》，1995（1）。

[fɔʔ⁵⁵]。[①]类似这样的音位变体材料在汉藏语音系中随处可见，尤其在那些尚未产生唇齿擦音或双唇擦音的语言中。

在连续统观念的基础上还可以进一步得出第二个判断：舌叶-唇音与唇齿音之间是相邻关系，而舌叶-唇音与舌尖-齿音之间是相隔关系，那么前者之间的相邻关系比后者之间的相隔关系更加接近。这个判断不仅在生理上得不到支持，而且在汉藏语的音变现象中也得不到证明。从音标符号的形式看，舌叶-唇音的音标符号来自齿龈塞音[t，d，n]的音标符号，即在[t，d，n]的基础上附加了舌唇性标记。从国际音标的创立思想来看，舌叶-唇音与舌尖-齿音的关系应该大于舌叶-唇音与唇齿音的关系。也就是说，尽管舌叶-唇音与舌尖-齿音之间（都属于舌冠音的范围）是相隔关系，但在语音学的角度看，这种相隔关系并不能割裂二者之间的亲密关系。舌叶-唇音紧挨着唇齿音，但这种相邻关系在语音学上却存在较大的“鸿沟”。在汉藏语的音变现象中，舌冠音内部的语音对应规则较为多见，而舌冠音与唇音之间的语音对应规则却较为少见。这种现象说明，在各种可能的被动/主动匹配关系中，相邻的匹配关系并不一定比相隔的匹配关系更加接近。人类的口腔通道是一个连续统，调音部位从前到后的移动在一定区域内表现为量的积累，但是当这种后移超出某一临界点时有可能会发生质变，在声学参数上和语音性质上可能表现为突变和跳跃性。Ladefoged & Maddieson（1996）曾经对上述 17 种匹配关系分为 5 个更大的类，相互的对应统摄关系见下表。

---

① 戴庆厦：《浪速语研究》，北京，民族出版社，2005。

**表附录 3.2 主动-被动调音器管之间的对应分类**[1]

<table>
<tr><td colspan="2" rowspan="2">唇　音</td><td>1.双唇</td></tr>
<tr><td>2.唇齿</td></tr>
<tr><td rowspan="9">舌冠音</td><td rowspan="5">舌叶音</td><td>3.舌叶-唇</td></tr>
<tr><td>4.齿间</td></tr>
<tr><td>5.舌尖-齿</td></tr>
<tr><td>6.（舌叶）齿-齿龈</td></tr>
<tr><td>7.舌尖-齿龈</td></tr>
<tr><td rowspan="3">舌尖音</td><td>8.舌叶-齿龈</td></tr>
<tr><td>9.舌尖-卷舌</td></tr>
<tr><td>10.（舌叶）硬腭-齿龈</td></tr>
<tr><td>舌尖下音</td><td>11.舌尖后（卷舌）</td></tr>
<tr><td colspan="2" rowspan="3">舌面音</td><td>12.硬腭</td></tr>
<tr><td>13.软腭</td></tr>
<tr><td>14.小舌</td></tr>
<tr><td colspan="2" rowspan="2">舌根音</td><td>15.咽</td></tr>
<tr><td>16.会厌</td></tr>
<tr><td colspan="2">喉　音</td><td>17.喉</td></tr>
</table>

这 17 种可能性的匹配关系可以归属于 5 个大类，分别为唇音（LABIAL）、舌冠音（CORNAL）、舌面音（DORSAL）、舌根音（RADICAL）以及喉音（LARYNGEAL）。我们将这种基于主动调音器官的、具有更大管束性的大类称为“音族”，其中唇音族包括

---

① 本表中的数字表示不同的被动/主动调音部位的匹配关系，与表附录 3.2 中的 17 种匹配关系一一对应。Ladefoged, Peter & Maddieson, Ian 1996. *The Sounds of the World's Languages*. Oxford: Blackwell.

双唇音（bilabial）和唇齿音（labiodental），舌冠音族包括齿间音（dental）、齿龈音（alveolar）、龈后音（postalveolar）、卷舌音（retroflex）以及龈腭音（alveolar-palatal），舌面音族包括硬腭音（palatal）、软腭音（velar）以及小舌音（uvular），舌根音族包括咽音（pharyngeal）和会厌音（epiglottal），喉音族只包括喉音（glottal）。各个音族内部成员之间在语音性质上具有更多的共性，而与其他音族成员之间的共性则小于族内成员之间的共性，这种趋势并随着相隔距离的增大而增大。作为唇音族的双唇音与唇齿音在调音部位上具有较为一致的音理特征，作为舌面音族的硬腭音、软腭音与小舌音在调音部位上具有较为一致的音理特征与声学特征等。

## 3.3 族内辅音的连续变化

调音器官的连续性取决于被动调音部位，而跳跃性则取决于主动调音器官。不同的调音部位之间存在着亲疏远近的关系，有的近一些，有的远一些；有的可以归属于同一音族，有的可以划分为不同的音族。同族之间的关系更近，异族之间的关系更远；同族内部成员之间的区别度更小，相互之间的变异或变化就相对容易；而异族之间的区别度更大，相互之间的变异或变化就相对困难。这种基于连续性基础上的跳跃性认识在解释汉藏语的音变现象时具有重要的作用。

### 3.3.1 唇音内部的连续变化

唇音包括双唇音和唇齿音。在唇音内部，双唇音变化为唇齿音在汉藏语中极为多见。唇齿擦音在现代汉藏语言音系中较为常见，从历时的角度看主要来源于古代汉藏语言音系中的双唇塞音。双唇塞音变化为唇齿擦音一般发生在以下三种环境中：（1）当双唇塞音充当基本辅音并位于龈腭介音-j-之前，可能存在两种音变途径，要么发生塞擦音化音变（生成龈腭塞擦音），要么发生擦音化音变（生成唇齿擦音）。（2）当双唇塞音充当前置辅音时，随着复辅音声母的简化，双唇塞音也有变化为唇齿擦音的可能，并随着前置辅音的进一步弱化而脱落。（3）当双唇塞音充当辅音韵尾时，随着辅音韵尾的简化，双唇塞音也有变化为唇齿擦音的可能，并随着辅音韵尾的进一步弱化而脱落。第（3）种变化尽管少，但极具类型特征。①

### 3.3.2 舌冠音内部的连续变化

在舌冠音内部，舌叶音、舌尖音以及舌尖后音之间的变异或变化非常多见。从严式记音的角度看，当舌叶-龈后塞音后接唇-腭浊近音[w]或与唇-腭浊近音[w]具有类似调音空间的元音音段时，经常表现为舌叶-唇音[t̼，d̼，n̼]；当后接近音[j]或与近音[j]具有类似调音空间的元音音段时，经常表现为硬腭-齿龈音[ȶ，ȡ，ȵ]；当后接近音[ɻ]或与近音[ɻ]具有类似调音空间的元音音段时，经常表现为舌尖后-卷舌音[ʈ，ɖ，ɳ]。在汉藏语言辅音的变化中主要表现为龈腭塞音的来源。

龈腭塞音在现代汉藏语言音系中并不罕见，但作为音位意义上的龈腭塞音比较少见，经常作为齿龈塞音的音位变体。在现代汉藏语言音系中，龈腭塞音主要分布在侗台语与苗瑶语中。从历史语言学的角度看，不管是作为音位变体的龈腭塞音，还是作为独立音位的龈腭塞音，现代汉藏语言中的龈腭塞音主要来源于古代汉藏语言

① 燕海雄：《论东亚语言塞音的音变规则》，197~213 页，上海，中西书局，2011；燕海雄：《论汉藏语言擦音的类型与共性》，见《中国民族语言学报》（第一辑），北京，商务印书馆，2017。

的齿龈塞音。[①]在音位变体方面，崩如语属于景颇语支，其音系中的齿龈塞音声母与元音[i]或以[i]为韵头的韵母相拼时，其音值近似为龈腭塞音。[②]

### 3.3.3 舌面音内部的连续变化

在舌面音内部，相互之间的变异或变化比较多见。当软腭塞音充当基本辅音并后接前元音时，经常变异或变化为硬腭音[c，ɟ，ɲ]；当后接后元音时，经常变异或变化为小舌音[q，ɢ，ɴ]。当小舌塞音充当基本辅音并后接前元音时，其调音部位可能前移，变异或变化为软腭音[k，g，ŋ]；并在软腭音的基础上还可以进一步前移到硬腭调音部位。在汉藏语的音变中主要表现为硬腭塞音的来源。

硬腭塞音在现代汉藏语言音系中较为少见，属于语音创新现象。与汉语、侗台语以及苗瑶语比较，藏缅语音系中的硬腭塞音却相对多见，例如藏语拉萨话、错那门巴语、仙岛语、毕苏语、拉坞戎语、堂郎语、苏龙语以及独龙语等音系中都存在硬腭塞音。从历时的角度看，现代汉藏语言音系中的硬腭塞音主要来自古代语言音系中的软腭塞音，即当软腭塞音的后接音段具有龈腭介音-j-的性质时，尤其是龈腭浊近音[j]或前高元音[i]时，软腭塞音就具有了硬腭音化的驱动力。[③]除了语音对应材料外，在汉藏语中还有更为常见

① 燕海雄：《论东亚语言塞音的音变规则》，140~148页，上海，中西书局，2011；燕海雄：《论汉藏语言龈腭塞音的来源》，见《汉藏语学报》（第5期），北京，商务印书馆，2011；燕海雄：《论汉藏语言塞音的类型与共性》，载《云南师范大学学报》，2015（2）。

② 孙宏开、胡增益、黄行主编：《中国的语言》，708页，北京，商务印书馆，2007。

③ 燕海雄：《论东亚语言塞音的音变规则》，118~128页，上海，中西书局，2011；燕海雄：《论汉藏语言硬腭塞音的来源》，载《民族语文》，2011（5）；燕海雄：《论汉藏语言塞音的类型与共性》，载《云南师范大学学报》，2015（2）。

的音位变体材料。堂郎语属于藏缅语彝语支，其音系中的软腭塞音声母与韵母[i]拼合时，音值近似硬腭塞音声母。[①]达让语属于藏缅语景颇语支，其音系中的软腭塞音声母与韵母[i]或介音[j]相拼时，音值与硬腭塞音相近似。[②]义都语也属于藏缅语景颇语支，其音系中的软腭塞音声母与高元音[i]相拼时，音值近似硬腭塞音声母。堂郎语属于藏缅语彝语支，其音系中的软腭塞音声母与韵母[i]拼合时，音值近似硬腭塞音声母。[③]尔苏语属于藏缅语羌语支，其音系中的软腭塞音声母与元音[i]相拼时，音值近似硬腭塞音声母。[④]

### 3.3.4 舌根音内部的连续变化

舌根音内部的变化相对少见，至少包括以下两方面的原因：（1）属于该音族的音段数量本来就少，相互之间的变化玩不出太多的花样；（2）属于该音族的音段很难与舌面音以及喉音之间形成音位对立，因此在音系处理的时候，大抵上都归纳到之前或之后的音族里面去了。

### 3.3.5 喉音内部的连续变化

喉音内部只包括 1 个调音部位，不存在族内连续变化的可能。

---

① 孙宏开、胡增益、黄行主编：《中国的语言》，366~378 页，北京，商务印书馆，2007。

② 孙宏开、胡增益、黄行主编：《中国的语言》，603~624 页，北京，商务印书馆，2007。

③ 孙宏开、胡增益、黄行主编：《中国的语言》，647~665 页，北京，商务印书馆，2007。

④ 孙宏开、胡增益、黄行主编：《中国的语言》，950~968 页，北京，商务印书馆，2007。

## 3.4 族际辅音的跨界变化

调音部位的连续性为音变过程的解释提供了可能性，而跳跃性为音变方向的解释提供了可能性。做一个形象的比喻，如果将连续性比喻为一块独立的地理单元，而跳跃性犹如横亘在这块地理单元上的山脉，或者大河。在这块地理单元内的族群有可能在该地理单元内自由迁徙，但这种迁徙的方向大抵上会与山脉或大河的走向具有一定的对应关系。从前面的讨论中可以看出，在一定的语音环境下，不同的调音部位之间有可能连续变化，但这种变化并不是没有限制的。这主要表现为两个方面：第一，从同一音族内部来看，相邻音段之间的音变可能性大于相隔音段之间的音变可能性；第二，从不同的音族之间来看，相邻族际之间的音变可能性大于相隔族际之间的音变可能性。在汉藏语音系中存在相邻族际之间的跨界变化，其中以小舌音的变化和发展最为典型。

小舌音属于舌面音，在现代汉藏语音系中的区别功能较弱，主要分布在侗台语、苗瑶语以及部分藏缅语中，但在古代汉藏语音系中则具有较大的音位功能。根据语音类型学和历史语言学的研究成果来看，小舌塞音从古到今发生了较大的变化，在现代汉藏语音系中有多种表现形式，即有的变化为软腭塞音（属于族内辅音之间的连续变化），有的变化为硬腭音（属于族内辅音之间的连续变化），有的变化为龈腭音（属于族际辅音之间的跨界变化），有的变化为喉音（属于族际辅音之间的跨界变化），有的脱落消失。[①]小舌塞音

① 潘悟云：《喉音考》，载《民族语文》，1997（5）；王双成：《安多藏语的小舌音》，载《语言科学》，2011（5）；燕海雄：《建立语言历史音变规则的基本方法》，见《东方语言学》（第六辑），96~108页，上海，上海教育出版社，2009；燕海雄：《论东亚语言塞音的音变规则》，128~140页，上海，中西书局，2011；燕海雄：《论汉藏语言小舌塞音的音变共性》，载《中央民族大学学报》，2016（6）。

在现代汉藏语中的多种表现形式说明了它在历时演变过程中的重要性，同时也说明了小舌塞音对周边语音环境的依赖性和敏感性。当小舌塞音充当基本辅音并后接前元音时，其调音部位前移，可以变异或变化为软腭塞音，还可以进一步前移调音部位变化为硬腭音或龈颚音；当小舌塞音充当基本辅音并后接后元音时，其调音部位后移，可以变异或变化为喉音，还可以进一步脱落。[①]

从汉藏语的音变看，舌冠音、舌面音以及喉音之间的族际变化是较为多见的，而上述三类音与唇音之间在音变现象上却相对少见。这是因为唇音的性质与其余特征群的性质存在较大的差别，这一点可以从音理知识上得到解释。唇音位于人类调音通道的最外缘，其调音部位不存在前移的可能，而后移是有可能的。如果从连续统的角度看，由于唇音处在最外缘，其后移的选择是最多的，在现实音变选择上却是极其有限的。究其原因，唇音与其他音族之间在调音过程中有着较大的区别，即唇腔在调音过程中的作用不同。对于舌冠音、舌面音以及喉音而言，口腔调音与唇腔调音都起到了作用，其中口腔调音为主，唇腔调音为辅。对于唇音而言，唇腔调音是主要的也是唯一的调音手段。正是基于这样的差别性，唇音与其余族际之间在语音对应现象上的关系较为疏远。唇音与其他族际之间的这种关系，从而导致与之具有相邻关系的舌冠音在音变方向上更多地趋向于后移。

尽管唇音与舌冠音、舌面音以及喉音之间的族际变化较为少见，但在汉藏语的音变中也能发现一定数量的语音对应现象。唇音可能与舌冠音对应，也有可能与舌面音对应。唇音与舌冠音之间的

---

① 燕海雄：《建立语言历史音变规则的基本方法》，见《东方语言学》（第六辑），96~108 页，上海，上海教育出版社，2009；燕海雄：《论东亚语言塞音的音变规则》，128~140 页，上海，中西书局，2011；燕海雄：《论汉藏语言小舌塞音的音变共性》，载《中央民族大学学报》，2016（6）。

对应关系在大多数情况下与复辅音有关系，尤其是与复辅音声母[双唇音+卷舌介音或齿龈边音]有着密切的关系。以壮语方言音系为例：

**表附录3.3 复辅音声母[双唇音+卷舌介音]在壮语方言中的对应**

| 方言点 | 黄瓜 | 裂开 | 晒 | 篾条 |
|---|---|---|---|---|
| 武鸣 | —— | ɣe:k⁹ | ɣa:k⁹ | ɣuk⁷ |
| 柳江 | pja:ŋ¹ | te:k⁹ | ta:k⁹ | tuk⁷ |
| 来宾 | pi:ŋ¹ | te:k⁹ | ta:k⁹ | tuk⁷ |
| 田东 | tiaŋ¹ | te:k⁹ | ta:k⁹ | tuk⁷ |
| 邕南 | the:ŋ¹' | the:k¹⁰ | tha:k¹⁰ | thuk⁷ |
| 龙州 | phe:ŋ¹ | phe:k⁹ | phja:k⁷ | phjo:k⁷ |
| 砚山 | thiaŋ¹ | thiak⁹ | thak⁹ | thok⁹ |

比较上述词条的读音，双唇塞音与齿龈塞音之间具有一定的对应关系。张均如、梁敏等（1996）把形成上述语音对应关系的早期形式构拟为*pr-：“-r促使龙州话变成送气声母ph或phj；在其他一些地方则使p的发音部位后移，变成t或th；在武鸣塞辅音消失，r变成ɣ。各地发展的步调不太一致，即使同一地方，如柳江、来宾也有参差的现象。”①根据被动调音部位的连续性思路，唇音要变化为舌冠音跨越了音族的界限。张均如、梁敏的解释不失为一种解释的思路，但不是唯一的。我们为这种音变的实现提供另外两种可资参考的解释方法，即与其说柳江、来宾等地的t或th来自p的调音部位的后移，不如说是r的调音方法在p的影响下强化为t或th，或者是复辅音pr-融合的结果。这里将以上三种解释用音变

① 梁敏、张均如：《侗台语族概论》，81页，北京，中国社会科学出版社，1996。

规则的形式描述如下：（1）p>t, th/-r；（2）r>t, th/p-；（3）p+r>t, th。上述三种解释是不同的，在解释（1）中，双唇塞音是变化项，卷舌介音-r-是条件项；在解释（2）中，介音是变化项，双唇塞音是条件项；在解释（3）中，双唇塞音与介音都是变化项，或者可以说互为条件。解释（1）重在双唇塞音 p-，解释（2）重在卷舌介音 -r-，解释（3）重在复辅音 pr-。从音理的角度看，由于解释（1）跨越了音族界限（由唇音变化为舌冠音），说服力不强；解释（2）和解释（3）较之解释（1）在音理层面上更容易接受，双唇塞音作为条件项在调音方法层面对介音有所扰动，从而导致介音在调音方法上强化为塞音；解释（3）的优势在于并不区分谁是音变主体的问题，二者都是变化项，在音变行为中都发挥了积极的作用，双唇塞音提供了调音方法的信息，介音提供了调音部位的信息。①当然可能还有其他更好的解释，这里就不再继续讨论了。

至于唇音与舌面音之间的关系，主要表现为双唇音与软腭音之间的对应。在汉藏语言中，唇音与复辅音[kw]或唇化辅助调音[$k^w$]有着密切关系。这里以侗台语的语音对应关系为例：

**表附录 3.4 *skw-在侗台语族语言中的语音对应规则②**

| 侗语南部方言、拉珈语 | 锦语、莫语 | 佯僙语 | 标语 |
|---|---|---|---|
| khw | kh | v | w |
| 侗语北部方言 | 水语、毛南语、仫佬语 | 泰语 | 其他 |
| p | f | w | v |

① 江荻：《汉藏语言演化的历史音变模型》，434~508 页，北京，民族出版社，2002；燕海雄：《论东亚语言塞音的音变规则》，323~325 页，上海，中西书局，2011。

② 梁敏、张均如：《侗台语族概论》，108 页，北京，中国社会科学出版社，1996。

表附录 3.5 *xkw-在侗台语族语言中的语音对应规则[1]

| 泰语、老挝语 | 傣语 | 布依语 | 壮语武鸣话 |
|---|---|---|---|
| kh | x | k | h |
| 临高语临城话 | 锦语、莫语 | 水语、佯僙语 | 毛南语 |
| v | k | p | pj |

比较上述读音，唇音与软腭音之间具有对应关系，梁敏、张均如将表附录 3.4 的早期读音构拟为*skw-，表附录 3.5 的早期读音构拟为*xkw-。这种构拟可以解释表附录 3.4 中水语等地的唇齿擦音来自早期读音的介音（前置塞音与基本塞音脱落），侗南等地的软腭塞音来自早期的基本辅音（介音脱落），而表附录 3.5 中侗南等地的双唇塞音则来自复辅音的综合音变行为。

综合上面分析可以看出，唇音与舌冠音或者舌面音之间存在语音对应现象。尽管少见，但极其重要。这种对应是否说明唇音已经突破了音族内部的限制还需要进一步深入讨论，但一个不可否认的现象是：这种对应与复辅音声母或者复杂辅音声母（经常表现为辅助调音）可能有着密切的关系。唇音与舌冠音之间的对应关系可能与复辅音声母或复辅音声母中的介音有关，而唇音与舌面音、喉音之间的对应关系可能与辅助调音有关。

## 3.5 结语

调音部位从前到后是一个连续统，既有连续性，更有跳跃性。在同一音族内部，相邻调音部位之间的音变可能性大于相隔调音部位之间的音变可能性；在不同音族之间，相邻族际之间的音变可能

① 梁敏、张均如：《侗台语族概论》，109 页，北京，中国社会科学出版社，1996。

性大于相隔族际之间的音变可能性。在跳跃性方面，舌冠音、舌面音以及喉音之间的族际变化较为多见，而上述三个音族与唇音之间的族际变化较为少见。唇音与舌冠音的对应关系可能与复辅音声母的介音有关，而唇音与舌面音、喉音之间的对应关系可能与辅助调音有关。

**参考文献：**

戴庆厦：《浪速语研究》，北京，民族出版社，2005。

国际语音学会：《国际语音学会手册》，江荻译，上海，上海教育出版社，2008。

江荻：《汉藏语言演化的历史音变模型》，北京，民族出版社，2002。

梁敏、张均如：《侗台语族概论》，北京，中国社会科学出版社，1996。

麦耘：《对国际音标理解和使用的几个问题》，载《方言》，2005（2）。

潘悟云：《喉音考》，载《民族语文》，1997（5）。

王双成：《安多藏语的小舌音》，载《语言科学》，2011（5）。

燕海雄、江荻：《国际音标符号的分类、名称、功能与 Unicode 编码》，载《语言科学》，2007（6）。

燕海雄：《建立语言历史音变规则的基本方法》，载《东方语言学》（第六辑），上海，上海教育出版社，2010。

燕海雄：《论东亚语言塞音的音变规则》，上海，中西书局，2011。

燕海雄：《论汉藏语言龈腭塞音的来源》，见《汉藏语学报》（第5期），北京，商务印书馆，2011。

燕海雄：《论汉藏语言硬腭塞音的来源》，载《民族语文》，2011（5）。

燕海雄：《论汉藏语言塞音的类型与共性》，载《云南师范大学学报》，2015（2）。

燕海雄：《论汉藏语言小舌塞音的音变共性》，《中央民族大学学报》2016 年第 6 期。

燕海雄：《论汉藏语言擦音的类型与共性》，载《中国民族语言学报》（第一辑），北京，商务印书馆，2017。

张均如：《侗台语轻唇音的产生和发展》，载《民族语文》，1995（1）。

朱晓农：《语音学》，北京，商务印书馆，2010。

International Phonetic Association 1999. *Handbook of the International Phonetic Association: A Guide to the Use of the International Phonetic Alphabet*. New York: Cambridge University Press.

Ladefoged, Peter & Maddieson, Ian 1996. *The Sounds of the World's Languages*. Oxford: Blackwell.

# 后 记

本成果是国家社会科学基金课题一般项目“中国境内汉藏语言的语音类型与音变共性研究”（批准号：16BYY145）的结项成果。该项目的原申请单位是中国社会科学院民族学与人类学研究所，后因工作调动，责任单位变更为中国人民大学。本成果受到中国人民大学 2022 年度“中央高校建设世界一流大学（学科）和特色发展引导专项资金”的支持。

本书的部分成果在不同的语言学专业期刊和辑刊上发表，吸收了编辑部和审稿专家的意见。感谢《民族语文》《语言科学》《语言研究》《满语研究》等期刊编辑部，感谢《中国民族语言学报》《汉藏语学报》《东方语言学》等辑刊编辑部，感谢《暨南学报》《中央民族大学学报》《云南师范大学学报》《常熟理工学院学报》《百色学院学报》等学报编辑部。这些成果在发表以前，参加过中国民族语言学会及其专业委员会主办（或承办）的历次学术会议（或论坛）并作过学术报告，得到了学会专家和与会学者的建议。感谢中国民族语言学会及语言类型学专业委员会、描写语言学专业委员会、汉藏语言文化专业委员会以及民族语文应用专业委员会等搭建的各类学术交流平台，促进了我国民族语言研究学科的高质量发展。

中国人民大学文学院语言学及应用语言学专业的朱晟民和王曼曼两位同学阅读了书稿的全部内容，提出了具体的校对意见，在此表示谢忱。感谢民族出版社，感谢民族出版社刘海涛老师的悉心指导和辛苦付出。民族出版社是我国惟一的国家级民族出版机构，长期以来发掘和整理各民族的文化遗产，弘扬各民族优秀文化，为我国民族语言文化研究做出了重要的贡献。